职业院校

# 主题班会

方案设计

主编　王永保

江苏凤凰美术出版社

全国百佳图书出版单位

**图书在版编目(CIP)数据**

职业院校主题班会 / 王永保主编. -- 南京：江苏
凤凰美术出版社，2019.2
ISBN 978 - 7 - 5580 - 5867 - 7

Ⅰ．①职… Ⅱ．①王… Ⅲ．①班会－高等职业教育－
教学参考资料 Ⅳ．①G718.5

中国版本图书馆 CIP 数据核字(2019)第 032521 号


责任编辑　贲　炜　朱　岩
责任监印　唐　虎


| 书　　名 | 职业院校主题班会 |
|---|---|
| 主　　编 | 王永保 |
| 出版发行 | 江苏凤凰美术出版社(南京市中央路 165 号　邮编 210009) |
| 出版社网址 | http://www.jsmscbs.com.cn |
| 排　　版 | 南京布克文化发展有限公司 |
| 印　　刷 | 江苏天旭印务有限公司 |
| 开　　本 | 787 mm×1092 mm　1/16 |
| 印　　张 | 16 |
| 版　　次 | 2019 年 2 月第 1 版　2019 年 2 月第 1 次印刷 |
| 标准书号 | ISBN 978 - 7 - 5580 - 5867 - 7 |
| 定　　价 | 45.80 元 |

营销部电话　025 - 68155667　营销部地址　南京市中央路 165 号 5 楼
江苏凤凰美术出版社图书凡印装错误可向承印厂调换

# 前　言

　　职业院校主题班会是围绕职业院校的学生主题而举行的班级会议，是指在班主任的指导下，由班委会组织领导开展的一种自我教育自学成才的班级活动，是班主任对学生进行思想教育的一个重要途径，是班主任向学生进行思想品德教育的一种有效形式和重要阵地。主题班会能充分发挥集体的智慧和力量，让个人在集体活动中受教育、受熏陶，从而提高综合素质。如果组织得好，对学生思想的转化和良好的班风的形成有不可低估的作用。

　　教育家陶行知曾说："因为道德是做人的根本，根本一坏，纵然你有一些学问和本领，也无甚用处。"所以职业院校班主任工作的重点是首先教会学生如何做一个有德之人。本书编者都是富有经验的班主任，他们根据学生的思想动态，有针对性地确立和策划班会的主题。因此，本书紧紧围绕以下四个问题确立与策划好主题：（1）学生共同关心感兴趣的问题；（2）学生之间认识有分歧的问题；（3）集体中产生的较重大的问题；（4）学生成长中的生理和心理问题等。如，"我们成长的精神家园——班集体建设""静待花开——青春期情感教育""感恩父母，感恩老师""营造晴朗的手机网络空间""诚信行天下""行规你我知，习惯你我晓"等。主题的策划，具有导向性作用，它将确立班会的发展方向，并达到预期的目的。其次，选择形式和实施问题。班会的形式要符合职业院校的特点，不拘一格、丰富多彩；充分发挥学生的主体作用。把班会的思想性、知识性、教育性、趣味性统一起来，融为一体。第三，善于深化主题的巩固成果。每个学生通过参与和组织主题班会而满足自身的需要，在班会活动中发展自己，成熟自己；同时，自己的优良品德也影响着并作用于他人和社会。唯有把德育渗透到活动中去才能真正打动学生的心灵，激发学生内心的共鸣。

　　本书内容丰富，思想明确，具有教育性、知识性、趣味性。书中每个主题都尽可能发挥每个学生的专长、爱好和创造性，形式活泼生动，安排紧凑，气氛和谐；

能达到提高认识、发展个性、愉悦生活、促进良好班风形成等目的。

在写作过程中,作者参阅了大量教育学、心理学著作、教材和论文,引用了有关的文献资料,在此对这些原著作者表示衷心的感谢。

本书由王永保担任主编,程利、邱丽担任副主编。

全书由邱丽反复征求意见并落实撰写任务。撰写人员有:马继、周红东、伏双艳、何芹芹、李凯亮、邱丽、朱严、张延梅、吴艳、李聃。本书由王永保、程利、邱丽统稿修改并定稿。

班会的形式是多种多样的,主题班会是一种极受师生欢迎的极富教育意义的组织形式。由于作者水平所限,书中疏漏和不妥之处在所难免,我们诚恳地希望学界同仁能给予批评指正。

编者

2018 年 12 月

# 目 录

主题一：惜时篇

# 明重任 惜时光

【教育背景】

众所周知,中等职业学校的学生是一个相对复杂的群体,更是一个需要特别关注的特殊群体。因为大多数的中职学生在初中时由于自控能力差、贪图玩乐且学习不得法,成绩普遍较差,进入职业学校前饱受老师的批评、同学的冷漠和家长的训斥,总觉得自己低人一等,加上现在许多人不了解中职学校,认为中职学生都是劣等生,职校新生对于今后的目标追求、认识还比较模糊,尤其是接下来自己该做些什么,向哪个方向努力更是开学伊始不容忽视的问题,可见此时对他们进行目标教育是非常必要的。

因此,我们在第一节班会课"明重任,惜时光"上,首先就是让学生明白自己身担的重任,明确自己的目标,并认识到目标是前进的灯塔,古往今来的成功人士都有自己明确、坚定的目标。为了使新生能尽快找到适合自己的目标,我告诉学生:"不管你过去表现怎样,来到我们学校就是一个新的开始,你们现在就是一张白纸,今后在纸上如何构建一幅最新最美的图画,将由你们自己把握,所以你们要努力去学习技能,认真去做好每一件事。"

【教育目标】

1. 知识目标:学生明确时间的重要性,树立正确的目标。
2. 行为目标:学生能根据专业特长与兴趣爱好树立目标。
3. 情感目标:学生能养成良好的学习习惯与生活习惯,能根据自己的专业更好地感受生活和服务社会,珍惜时间,为自己的目标去努力奋斗。

## 【班情分析】

我班为广告设计专业一年级。多数学生的成绩都不很理想，基础不扎实；部分学生入学前有一定的绘画基础和爱好，所以选择本专业；另有一些学生是跟着同乡一起报的，没有自己的主见。

军训期间，通过我们的共同努力，获得了"军训优秀班集体"的称号，同学们都很振奋。可一旦在他们眼中是枯燥的学习生活开始之后，就开始变得有点松懈，有的回到了初中懒散的状态，有的出现了上课打瞌睡、说话、玩手机等不良行为。部分同学缺乏"自信心"，对未来没有树立具体的目标和理想，缺乏努力精神，情绪消极。

## 【设计思路】

本次班会课的设计从职业学校广告专业一年级新生的实际问题出发，引导学生珍惜时间，明确自己的重任，制定自己的目标。

## 【活动准备】

《光荣与梦想》相关视频；《双手托举职业梦视频》；两个故事；毕业学生的调研分析；梦想树的制作。

## 【教育方法】

小组讨论法；案例分析法；自主探究法。

## 【教学环节展示】

### 导入：(4分钟)

播放《光荣与梦想》视频，观看黄晓明、李冰冰和陈龙等学生喜欢和熟悉的名人对目标的诠释：不管你是什么职业，只要你对得起国家、民族、社会和家庭，你就是在为中国梦助力，为国家的发展和建设助力！

激发学生重拾对未来的信心，对目标的追求和探索，不管将来从事什么职业，都可以和明星们一样光彩，加入为国家的建设和发展助力的行动中来。

【设计意图】 通过明星榜样诠释，激发学生向往之情，珍惜现在的美好时光,把握青春,做时间的主人,将目标的春风吹进学生的心里。

## 第一乐章　明确重任,珍惜时光(11分钟)

1. 拥有目标最重要——故事启迪智慧。

故事一:白龙马和驴子的故事

白龙马随唐僧西天取经回来,名动天下。众驴子羡慕不已,都来找白龙马咨询怎样才能成功。白龙马说:"其实我去取经的时候,你们也没有闲着,甚至比我还忙还累。我走一步,你们也走一步,只不过我有目标,知道走向何方,而你们只是在磨坊原地打转而已。"众驴子愕然。

教师:白龙马和驴子的共同点和不同点是什么?

大家讨论生成观点:共同点是都在奔跑,不同点是一个有目标,一个没目标。所以很多时候,我们的悲剧不是无法实现自己的目标,而是不知道自己的方向和目标是什么,可见拥有目标是至关重要的。

故事二:美国汽车大王亨利·福特,在12岁的那一年,随着父亲驾着马车到城里,偶然间见到一部以蒸汽做动力的车子,他觉得十分新奇,并在心中想着:既然可以用蒸气做动力,那么用汽油应该也可以,我要试试!

这虽然是个遥不可及的梦想,但是从那时候起,他便为自己立下了10年内创造一辆以汽油做动力的车子。

他告诉父亲说:"我不想留在农场里当一辈子的农民,我要当发明家。"

然后他离开家乡到工业大城底特律去,当了一名最基本的机械学徒,逐渐对机械有了更深入的认识。工作之余,他一直没有忘记他的梦想,每天从工厂下班后虽然很疲乏,但仍孜孜不倦地从事他的研发工作。

29岁那年,他终于成功了。在试车大会上,有记者问他:"你成功的要诀是什么?"福特想了一下说:"因为我有远大的目标,所以成功。"

教师:成功,需要及早设定目标,更需要努力去实现。我们每个人都有许多梦想,但是许多年过去了,因为没有行动去配合,梦想就成了空想。福特不只有梦想,更有行动,并且持续了17年,所以他成功了。让我们用行动去完成我们的梦想吧!

【设计意图】　通过这两个故事,让学生共同认识到珍惜时间,拥有目标是至关重要的。

### 第二乐章　制定目标，青春中国志（30分钟）

2. 举例分享广告专业学生结合自己的专业特长和梦想给自己确定职业的目标，让学生不忘初心，目标不灭，希望永在。

举例：广告专业以往的学长们的职业发展：

景观设计师　　　　　　　室内建筑师　　　　　　　服装设计师

上帝没有给我们翅膀，却给了我们一颗会飞的心，一个会思考的大脑，于是让我们大家都拥有了一双"隐形的翅膀"。让同学们明白，目标并不是遥不可及，但追梦的过程或许会有挫折，但只要锲而不舍，就一定会实现！我们的目标要自己完成，伟大的中国梦也要靠我们这代人去实现！就像歌曲中唱的那样。

【设计意图】　通过分析，展示所学专业的方向和发展，让学生树立信心和希望，明确奋斗目标。

3. 师生畅谈如何依据自己所学的专业特长和兴趣爱好实现目标，如何为目标不断求索，不懈奋斗（努力＋勇气＋自信＋毅力＝实现目标）；制作目标和梦想树。

### 制作目标和梦想树

人，要有目标，才会有前进的动力，如果没有目标，那么你的人生就没有了方向。目标，是人生前行的指路灯；目标，是对美好未来的憧憬；目标，是成功后的满足。一辈子，总要为自己的目标拼搏一次。把目标亮出来，不要封存目标，朝着你喜欢的方向前进，自己选择的路，跪着也要走完。

志向要远些，目标（志向要远大，可以分阶段来实现）要近些，与其躺在原地做梦，不如逐步靠近目标；锲而不舍终有成，好高骛远皆是空；不要贪多求大，最后壮志难酬；人脉（结识各行各业的人）要远些，人际（做朋友最好）要近些，利益驱使的并非深交,心神相映的方是挚友。

不管目标是什么,只有带着淡然的态度,做好当前的事情,才能如愿以偿。也只有到了未来,才能知道今天做的事情有什么意义。无论你选择做什么,那都是你理想的未来。能抓住机遇的人,大都是不假思索就做出选择的人;不能实现目标的人,都是想要得到同样的东西,却不愿意为之付出足够努力的人。

有目标的人是幸福的,不管经历怎样酸甜苦辣的生活也都能看到人生的方向,在我们追寻目标的道路上,那些个努力的瞬间仿佛构成了一幅幅感动的画面,时时刻刻提醒着我们,让我们坚持着自己心中的目标。

**【设计意图】** 受到身边榜样的启发,进一步激发学生的学习兴趣,调动他们参与交流的积极性,从而让他们在交流中思考,依据自己的专业特长畅谈自己的梦想——景观设计师、服装设计师、室内建筑师等,激发他们把握设计,充实生活。

4. 宣誓,引导学生面对困难,勇往直前。

我是父母之子,为家庭谋幸福是我的义务;

我是经贸之子,为生活而学习是我的责任。

在每天清晨,我庄严宣誓:

无论怎样辛苦,我都会努力!

无论怎样艰难,我都会坚持!

无论怎样遥远,我都会坚守!

意志坚定,习惯良好,

基础扎实,特长过硬,

为生活而学习,谋求幸福人生!

【设计意图】 鼓励和号召学生在激情的呼号声中坚定自己的梦想,用最精彩,最独特的方式放飞梦想,将整个主题班会课推向高潮。

5. 播放《双手托举职业梦视频》,去追逐目标。

我们每个人的目标都是中国梦不可或缺的一部分,心存希望,幸福就会降临;心存目标,那么机遇就会笼罩你。繁华三千,看淡即是云烟;一杯咖啡苦不苦,不在于你放没放糖,而在于你用没用心去搅;要记住,凡是为了实现目标而努力的人都是幸福的人。

【思考拓展】 "少年智则国智,少年富则国富,少年强则国强,……"通过本次主题班会让学生们根据自己的专业特长和兴趣爱好设定了自己的目标和梦想,增强对国家发展的信心,努力学习,珍惜时间,让每一个青年学生都能够清楚地认识到我们作为有志青年,身上肩负着建设我们伟大祖国的重任!希望大家课后将课上的目标树移植到班级合适的位置,让其生根发芽,进一步制定详细计划,时时刻刻提醒自己,为最终实现目标和理想而奋斗。

## 专 家 点 评

该主题班会方案设计针对性强,能遵循时代要求和学生发展特征,结合广告专业学生的特点设计活动。这次活动不但让学生明白时间的宝贵,也培养了他们的爱国情怀,让学生们根据本次主题班会和专业特长进一步明确自己的目标,将来更好地感受生活和服务社会,做中国梦的实践者。

# 有效管理时间，做时间的主人

## 【教育背景】

"逝者如斯夫""一寸光阴一寸金,寸金难买寸光阴""时间如流水,一去不复返。"一直以来,人们都在感慨时间的宝贵。可是,当前职校生浪费时间的现象却很严重。他们中很多人的学习习惯不好,不抓紧时间,尤其是自习课,不是聊天就是在那里发呆,课后一些人沉迷于网络游戏,在打闹中挥霍着时间,到头来一无所获。善于管理时间,是取得成功的关键。应该让学生认识到把握好时间的重要性,认识到只有有效管理时间,学习生活才能过得充实,才能学有所得,才能成为一名合格的职校生,不要到最后悔之晚矣! 因此,设计召开这次班会,就成了理所当然的事情。

## 【教育目标】

1. 认知目标:让学生知道时间是宝贵和易逝的,认识到有效的时间管理对人生发展的重要性。

2. 情感目标:学生认同增强时间观念的重要性,积极做时间的主人,勤奋学习,热爱生活,立志成才。

3. 行为目标:学生能从班会中找到属于自己的一套提高时间利用效率的方法,并学会合理安排时间。

## 【班情分析】

1. 基本概况

本班是机电技术应用中专二年级,学生基本为男生,由于学习基础较差,

所学课程常常使他们感到手忙脚乱，一些同学总是忙忙碌碌也无法完成任务，不能科学地管理好自己的时间。加之快到三年级，有的同学放松了对自己的要求。

2. 存在不足

学生不能很好地利用时间，绝大多数同学把大量的课余时间用在玩手机，打网络游戏上。且很多学生不能根据事情的重要程度和紧急程度安排个人计划，不能很好地安排自己的学习生活。

## 【设计思路】

本次班会课围绕"认知、信念、行动"三个视角和层面展开，在提出"时间都去哪了"的问题后，分析"时间与效率的关系"，进而探讨"有效时间管理策略"来解决问题。努力做到在老师的引导下，让学生在学习中解决问题，掌握时间管理的方法，做一个有时间规划的中职生，为将来的就业和创业提供知识储备。

## 【活动准备】

教师：

1. 收集相关文字、图片、音乐、视频等资料。

2. 在准备期间加强与各个小组的沟通交流，及时把想在班级班会中体现的意志与各个准备组衔接、反馈以确保本次班会的成功。

学生：

1. 课前搜集珍惜时间的故事、句子、歌曲，熟悉朗诵内容。

2. 学生利用课余时间剖析自己平时使用时间的情况，找出自己不合理利用时间的例子，以及如何管理时间的好方法，在班会课上交流。

## 【教育方法】

案例分析法；自主探究法；游戏法。

【内容安排】

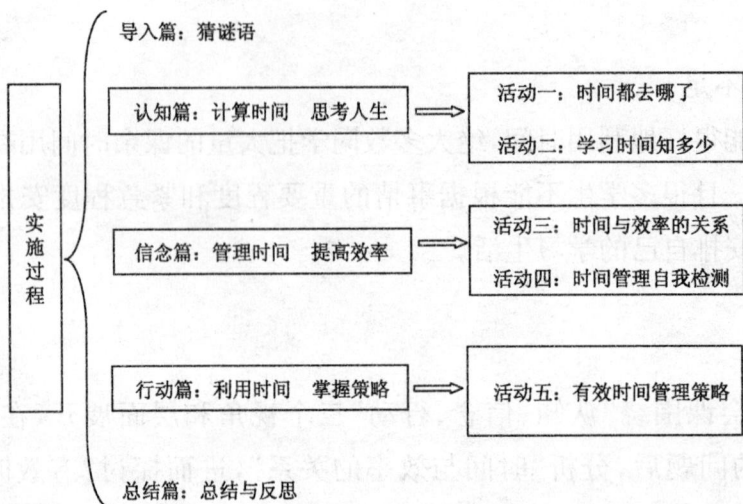

【具体步骤】

## 导入:(3分钟)

1. 猜谜语

法国启蒙时期的思想家伏尔泰的小说《查第格》中,有一则有趣的谜语:"世界上哪样东西是最长的又是最短的,最快的又是最慢的,最能分割的又是最广大的,最不受重视的又是最惋惜的;没有它,什么事情都做不成;它使一切渺小的东西归于消灭,使一切伟大的东西生命不绝?"

2. 学生思考,回答谜底

学生思考回答后,教师拿出课前准备的时钟,让学生听滴答滴答时间的声音。

【设计意图】 通过思考和直观演示,激发学生的学习兴趣,活跃课堂气氛,让学生积极参与到班会中来。

## 认知篇:计算时间 思考人生(11分钟)

*活动一:时间都去哪了*

### "撕思人生"游戏

《撕思人生》游戏说明:在白纸条上画一个长线段。在起点写上你的出生日

期和年龄 0 岁，在终点上标注出你自己预测的死亡年龄，然后按 10 年一个阶段划出相应线段。指导学生撕掉现在年龄、退休年龄和日常生活休闲时间，将剩下来的折成三等份。并把 2/3 撕下来。请学生思考一下您如何用 1/3 的时间来学习、工作、赚钱，提供自己另外 2/3 的时间来吃喝玩乐及退休后的生活。并继续启发学生剩下的部分有多少时间？你手中拿的这段时间有多少？

小组讨论：你现在有何感想？从游戏中你感悟了什么？

【设计意图】 使学生充分认识到人生的有限性，人应该珍惜点滴时间。

### 活动二：学习时间有多少

#### 计算我们的职校学习时间（以中专三年为例）

中专三年的时间是非常短暂的，下面就让我们一起来计算一下三年里我们学习的时间有多少？

三年一共有：$365*3=1095$ 天；三年睡眠时间：$1095*1/3=365$ 天；三年吃饭洗刷时间（假设每天为 3 小时）：$1095*3\div24=137$ 天；还有打电话，旅行，看电影，体育，生病，逛街时间等。

小组讨论：我们真正可以学习看书的时间究竟有多少呢？

【设计意图】 使学生充分认识到职校几年学习实践的短暂性，应该充分利用好时间，搞好学习。

### 信念篇：管理时间 提高效率(15 分钟)

### 活动三：时间与效率的关系

#### 帕保罗与布鲁诺的故事

多媒体播放励志视频"帕保罗与布鲁诺的故事"

小组讨论：帕保罗与布鲁诺相比，你更认可谁的做法？帕保罗的做法对于你当前的学习有什么借鉴意义？

【设计意图】 使学生明白两种不同的时间管理方式，获得的效果不一样，从而将有效的时间运用到学习生活中去。

## 活动四：时间管理自我检测

## 时间管理小测验

下面是一个时间管理小测验，每题有三个答案：

a. 总是这样　　　b. 有时这样　　　c. 从不这样

1. 我在每学期开始时为自己制定一学期的学习和生活计划。

2. 我在课余时间不感到无所事事。

3. 我把自己的东西放得井井有条。

4. 我做事情时能坚持到底。

5. 我在做事情时不容易受其他事情的干扰。

6. 我能有条理地完成自己该做的事情。

7. 我能分清什么是当前最该做的事情。

8. 我能够做到及时反思自己利用时间的情况。

9. 我每天都能按照自己的计划进行学习和娱乐。

10. 我每次做事之前都提醒自己要在尽量短的时间内保证质量的完成。

11. 我每时每刻都知道自己应该做什么事情。

12. 我每天都能按时起床。

13. 我认为自己做事情效率很高。

14. 我在任何时候都不曾感觉自己无事可做。

15. 当完成一件事情有困难时，我不会为自己找借口说："明天再做吧。"

16. 我从不同时做几件事情，因为觉得这会造成哪件事也做不好。

17. 我从未因为顾虑其他事情而无法集中精力来做目前该做的事。

18. 我从未在每天放学回家时感觉精疲力竭却好像一天的学习没完成一样。

19. 我不认为没有时间做自己喜欢的事情。

20. 我每隔一段时间便检查自己时间计划完成的情况。

选"a"记2分，选"b"记1分，选"c"记0分。

0—15分：说明你管理自己时间的能力还有待很大的提高，需要从计划性、坚持性、合理性、反思性等多个方面来提高自己的时间管理方法和能力。

16—30分：说明你具备较好的时间管理能力，但是在有的方面还有待提高，请分析自己平时的表现和本次小测验得分情况，看看自己在哪些方面还需努力。

31—40分:说明你具备很好的时间管理能力和方法,只要坚持下去一定会收到很好的效果。

小组讨论:你平时有哪些浪费时间的不良习惯?对这些浪费时间的习惯我们应该如何去改正?

【设计意图】 通过讨论,让学生找出时间"偷窃者",清楚浪费时间的不良习惯的具体表现,诸如:习惯拖延、发呆、主次不分、有头无尾缺乏条理;与他人闲聊,玩手机、沉迷游戏等等。

彼得·德鲁克说:"不能管理时间便什么都不能管理。"要成为时间的主人,我们应该怎么做呢?我们应该如何做时间的主人,珍惜时间,更加合理充分地利用时间呢?

## 行动篇:利用时间　掌握策略(12分钟)

### 活动五:有效时间管理策略

## 巴列特定律

人如果最高效地利用时间,只要20%的投入就能产生80%的效率。相对来说,如果最低效地使用时间,80%的时间投入只能产生20%的效率。

一天头脑最清楚的时候,应该放在最需要专心的工作上。与朋友、家人在一起的时间,相对来说,不需要头脑那么清楚。所以,我们要把握一天中20%的最高效时间(有些人是早晨,也有些人是下午和晚上;除了时间之外,还要看你的心态,血糖的高低,休息是否足够等综合考量),专门用于最困难的科目和最需要思考的学习上。

## 缓慢灵魂

在四通八达的柏油路尚未贯穿原始非洲大陆的时代,当地还没有汽车可以飞速地载人们上山下海。有个西方传教士雇了一队黑人,帮他挑行李步行横越炙热的非洲丛林。他必须在三天之内到达目的地,因为时间紧迫,所以一路上不断催促领队加快脚步。第三天早晨,温暖的太阳高挂在万里无云的蓝天上,和煦的春风吹拂着河边的野草,枝头上的鸟儿也在悠闲的气氛下引吭高歌。传教士照例把仍在沉睡中的黑人叫醒,但是,这些黑人兄弟就是不愿起床。他用尽一切方法,又骂、又劝、又求,就是没用。最后他终于忍不住问大伙不动的理由,他们说:虽然我们的身体已经在这里了,但是,还得等缓慢的灵魂赶上来才行。

小组讨论:请结合巴列特定律说一说"虽然我们的身体已经在这里了,但是,还得等缓慢的灵魂赶上来才行"是什么意思?

【设计意图】 通过故事的讲解和探讨,使学生明白:做你真正感兴趣、与自己人生目标一致的事情,这样才不是浪费时间。

## 介绍"时间管理四象限法则"

第一象限:这个象限包含的是一些紧急而重要的事情,这一类的事情具有时间的紧迫性和影响的重要性,无法回避也不能拖延,必须首先处理优先解决。它表现为重大项目的谈判,重要的会议工作等。

第二象限:这个象限不同于第一象限,这一象限的事件不具有时间上的紧迫性,但是,它具有重大的影响,对于个人或者企业的存在和发展以及周围环境的建立维护,都具有重大的意义。

第三象限:第三象限包含的事情似乎很紧急但并不重要,因此这一象限的事件具有很大的欺骗性。很多人认识上有误区,认为这些事情都显得重要,实际上,像无谓的电话、附和别人期望的事、打麻将三缺一等事情都并不重要。这些不重要的事情往往因为它似乎紧急,就会占据人们的很多宝贵时间。

第四象限:第四象限的事件大多是些琐碎的杂事,没有时间的紧迫性,没有任何的重要性,这种事情与时间的结合纯粹是在扼杀时间,是在浪费生命。发呆、上网、闲聊、游逛,这是饱食终日无所事事的人的生活方式。

## 满杯实验

1. 目标:用大石块、小石块、沙子和水装满玻璃瓶使其质量最大。

2. 步骤:大石块—小石块—沙子—水。

3. 规则:不能溢出(类比生命的有限)、不能再拿出(类比时间的不可倒流)、质量最大(类比生命的价值)。三分钟内完成。

小组讨论:请大家思考四象限中哪个象限的事情属于大石块? 满杯实验给你怎么样的启示?

【设计意图】 教师和学生一致得出结论:重要而不紧迫的事件是大石块。由于时间总量是一定的,所以要尽量少做不重要但似乎紧迫的事件,要把时间用到重要而不紧迫的事件上。从而明白做事情要分清楚轻重缓急。

## 【齐宣誓,来明智】(2分钟)

我们伤心过、徘徊过,
但是我们从未放弃过
对理想的追求。
我们被嘲笑过、质疑过,
但是从未停止前进的步伐。
我们一直在努力
我们一直在战斗
我们要做时间的主人
我们的一生应当这样度过:
回忆往事,
他不会因为虚度年华而悔恨;
展望未来,
他不会因为懵懂迷惘而徘徊;
临终之际,
他能够说:"我的整个生命和全部精力,都献给了世界上最壮丽的事业——
为父母老婆孩子的福利而奋斗!"
所以,
从今天起
守时、惜时
善用时间
做好计划
不再懒散
不再闲聊
不再拖拉
珍惜人生韶华
绘出人生美丽图画!

【设计意图】 通过集体宣誓,营造氛围,激发热情,将班会推向高潮!

## 【班主任总结、寄语】(3分钟)

"没有人会感觉到青春正在消逝,但所有人都能感觉到青春已经消逝",时间是相当宝贵的,我们要充分地利用时间,做时间的主人,只要我们珍惜时间,讲究学习效率,我们一定能够取得更好的成绩。做时间的主人,首先要认识到时间的重要性,对时间管理的关键不在于技术,而在于对其价值的认识。其次,确定明确以及有价值的目标,职校几年的时间必须要有一个大致的奋斗方向。然后经过时间历练不断清除不可取的目标。第三点,确定目标后就要马上付诸行动。最后,要学会有效利用零散的时间,不要忽视一分一秒,任何一件大事都是由小事积少成多而成的。人生是你自己的,时间也是你自己的。做时间的主人,做人生的赢家!最后,我要把《昨日歌》《今日歌》《明日歌》送给大家:

### 《昨日歌》

昨日兮昨日,昨日何其好!昨日过去了,今日徒烦恼。世人但知悔昨日,不觉今日又过了。水去日日流,花落知多少。万事立业在今日,莫待明朝悔今朝!

### 《今日歌》

今日复今日,今日何其少!今日又不为,此事何时了?人生百年几今日,今日不为真可惜!若言姑待明朝至,明朝又有明朝事。为君聊赋今日诗,努力请从今日始。

### 《明日歌》

明日复明日,明日何其多。我生待明日,万事成蹉跎。世人若被明日累,春去秋来老将至。朝看水东流,暮看日西坠。百年明日能几何?请君听我明日歌。

## 【总结与反思】

本次班会,大部分学生都能认真对待,积极参与。在班会活动中,大家能积极思考、反思,认识到了时间管理的重要性,掌握了一些时间管理的方法,并纷纷表示能把时间管理方法运用到日后的学习和生活中,把各自的时间规划和管理得更好,以更好地协调生活娱乐及学习时间。但此次班会由于内容较

多，在时间上显得仓促，且有的内容较抽象难懂，学生没有很好地理解，以后应加以改善。

**专｜家｜点｜评**

　　《有效管理时间，做时间的主人》这节班会课根据学生的心理特征，以"教师为主导、学生为主体"的要求精心设计，教师的"导"立足与学生的"学"。因而学生不仅"懂"了，而且"信"了，这些观点进而能够主动化为自己的情感、态度、价值观，并融入生活中去，达到"知、信、行"的统一。课堂上学生对时间管理的感悟超出了老师的期望，都有自己独特的见解和收获，让老师在授课时感到很惊喜。学生在积极愉快的课堂氛围中掌握了时间管理的方法，从而达到预期的教育效果。

# 十八岁——走进成人世界

**【教育背景】**

18岁是每个人生命之中的重要节点,意味着自己长大成人了,意味着自己该为自己的希望和努力付出了,意味着自己应该承担社会与家庭责任,应该更懂得爱与奉献了,也意味着开始真正享受公民的权利和履行公民的义务了。中职学生刚刚踏入18岁,这一步是他们人生中极其重要的一步,公民教育对他们而言,不再是雾里看花而是身临其境了。但是,这些中职学生往往只注重专业技能知识的学习,却忽视了自身其他方面的发展,可能会产生对未来迷茫、人际关系不和谐等问题。而我们现代社会的发展以及素质教育观要求培养全面发展的人,所以中职学生在努力学习专业技能的同时,应该发展自身感恩、合作、爱国、担当的美好品德。召开18岁的责任与义务的主题班会,引导学生树立强烈的公民意识,能够担负起属于18岁的责任与义务,为他们更好地成长、成人、成功做准备就显得尤为重要了。

**【教育目标】**

1. 学生能够认识到自己"成人"了,认清自己所承担的社会使命、时代责任。
2. 学生能对自己的未来充满信心,能为自己的理想不断努力。

**【学情分析】**

中职学校的学生往往只注重专业技能的学习,忽视文化素质和职业道德等方面的提高。对班级、学校工作缺乏热情,总觉得事不关己。对自己的人生规划更是迷茫,总抱有侥幸、幻想心理。

**【设计思路】**

本次班会包含回忆童年的快乐、认识自己已成人、家长老师的期盼、承担的社会责任以及相信自己的能力等环节。通过各个环节使每位同学都能较好地对自己的 18 岁进行一个描绘，能意识到为自己的 18 岁应该做出的努力，进而使同学们感受到"责任"的重要性。

**【活动准备】**

学生：

1. 上交一张自己童年时的生活照。

2. 拍摄对老师的采访录像，采访内容是："老师，您对我们的十八岁有什么希望或者期望，您认为我们的 18 岁应该是什么样子的?"制作成课件《老师想对我们说》。

3. 编排一个文艺节目。

教师：

1. 根据学生上交的照片制作成课件《看照片、猜人名》。

2. 给每位家长发信息，请每位家长写出对自己孩子 18 岁甚至未来的希望与期待，家长希望孩子拥有一个怎样的人生状态。然后老师选取部分代表性的话截图，将其制作成课件《家长对我们的期待》。

3. 《公民的基本义务》具体内容。

**【教育方法】**

游戏法、讨论法。

**【具体步骤】**

**一、班会引入**

1. 主持人开场白。

今天，我们告别了 17 岁，迈进了向往的 18 岁。18 岁的太阳，升起在生命的晴空；18 岁的足迹，延伸着无限美好的追求；十八岁的翅膀，翱翔着梦想和冲动。18 岁，绝不仅仅是年龄的增长，它更昭示着人生的重大转折，意味着生命被赋予了更崇高的责任和使命。

（开场白背景音乐:《十七岁的雨季》）

2. 主持人宣布"十八岁——走进成人世界"主题班会正式开始。

二、班会内容

（一）回忆童年,分享成长的快乐。

1. 主持人独白。

第一行歪斜的脚印,已被岁月的风尘抹平,而生活的道路呀,还在我们的脚下延伸。第一缕稚嫩的童音,已融入小松树的年轮,在我们生命的枝干上,悄悄地,长出了青春的绿荫。18岁的青春年华,如一幅重彩的油画,珍藏在我们心灵最圣洁的地方,不让岁月的风雨侵蚀。下面我们通过一个游戏来回忆我们自己的童年。

2. 游戏:《看照片、猜人名》。

（《看照片、猜人名》中的照片主要是收集班级同学小学或幼儿园时的照片,游戏形式为:主持人展示,学生猜。）

（1）学生观看课件《看照片、猜人名》,猜猜照片中的人物是谁。

（2）学生针对展示的童年照片,谈谈自身的感受。

（二）18 岁,我们长大了。

1. 主持人独白。

十八岁,告别了幼稚单纯,多了份深思熟虑。十八岁的季节,青春,阳光,欢笑,全面尽情享受。请欣赏诗朗诵《今天,我十八岁》。

2. 诗歌朗诵:《今天,我十八岁》。

（4 位同学朗诵诗歌《今天,我十八岁》）

## 今天,我十八岁

曾经我还是个纯真懵懂的少年,

在油菜花地里追逐着蝴蝶,

在潺潺小溪中捉摸着童年。

今天我是顶天立地的青年,

用汗水和泪水书写着岁月,

用痛苦与快乐感受着酸甜。

朝阳的光辉照耀着我的 18 岁青春,

时光的闪电镌刻了我的 18 岁成年,

成年,注定永远忙碌拼搏;

成年,深知此去勇往直前;

成年,感叹自己任重道远;

成年,相信灿烂美好明天!

(三)老师和家长的期望。

1. 主持人独白。

18岁,我们要松开父母的搀扶,离开老师的帮助。这样,我们能够走多远呢? 我们能不能成为主宰人生的舵手? 我们能不能满怀信心地喊出"我的青春我做主?"或许有些同学暂时还不知道自己想要的是什么,部分同学还不能完全明确自己的人生规划或者奋斗目标,我们不妨来听一下老师和家长的意见或建议。

2. 播放视频:《老师想对我们说》。

(视频内容为学生对班级部分任课老师的采访,采访内容是:"老师,您对我们的18岁有什么希望或者期望,您认为我们的18岁应该是什么样子的?")

老师们的期望:

18岁,是你们人生中花开的季节,可以艳压群芳,却不要孤傲;

18岁,是你们人生中奋斗的季节,可以艺压群雄,却不要骄傲;

18岁,是你们人生中飞翔的季节,可以九天揽月,却不要高傲;

18岁,你可以超越师长,但你更要学会饮水思源;

18岁,你可以拥有个性,但你更要学会适应共性;

18岁,你可以寻求帮助,但你更要学会自强不息。

相信你们会通过自己的努力,成就自己的辉煌人生,为自己、为家庭、为国家、为社会承担起自己应有的责任!

主持人总结:同学们对于这段视频相信收获很多,老师们对每个人都充满着希望,虽然不是所有的都适合你们,但总有一条适合自己,所以我更希望同学们能够从中找到与自己相匹配、相符合的那个点,找到自己的定位。

3. 课件展示:《家长对我们的期待》。

(课件内容由老师来完成,在班会开始前,给每位家长发信息,请每位家长写出对自己孩子18岁甚至未来的希望与期待,家长希望孩子拥有一个怎样的人生状态。然后老师选取部分代表性的话截图,将其制作成课件。)

家长的期望:

18岁,人生崭新的起点。跨过这道门槛,你将肩负着太多的责任:对自己负责,创造美好的未来;对父母负责,分担他们的忧愁;对未来的爱人和孩子负责,共享美丽人生给予他们的快乐和幸福……在这里,你要坚定自己的信念,用渊博的学识和才华、刚毅和自信,去实现自己的梦想!请记住我们的三句忠告:第一,永远不要走捷径,勤能补拙;第二,机会只留给敢于拼搏,已经做好准备的人;第三,只有付出,才能够得到回报。

2. 学生感悟:

学生们结合老师和自己父母的期望,谈谈自己的感悟。

(四) 我们的责任。

1. 主持人独白:

18岁是一幅色彩浓重的画,它热烈、神圣;18岁是一首勇者的歌,它开拓、进取;18岁意味着责任和义务,做一个学法、懂法、知法、守法的好公民。

2. 学习:《中华人民共和国宪法》中规定公民的基本义务。

(课件《公民的基本义务》展示)

公民的基本义务:

维护国家统一和民族团结,遵守宪法和法律;维护国家的安全、荣誉、利益;保守国家秘密,爱护公共财产,遵守劳动纪律,遵守公共秩序,遵守社会公德;依法服兵役,依法纳税等。

3. 设计:学生根据自己的创意,设计"开往18岁的列车",车头位置上填写"自己的18岁目标",车身上填写"实现目标的具体措施"。

(五) 相信自己。

1. 主持人独白:

热情奔放的18岁啊,不苛求永远的美好,只愿拥有一份真实的人生;不怕跌倒的18岁啊,让生命里印上一路成熟的足印,与岁月的风铃合唱;雄心勃勃的18岁啊,让青春睿智点燃那片醉人的辉煌!下面请欣赏我班同学的才艺展示。

2. 学生才艺展示。

**三、班会总结**

教师寄语:18岁是人生的黄金时间,更值得我们倍加珍惜。18岁是一个浪漫的名字,今天也只是一个象征、一个起点,希望我们每一位同学都能扬帆起航,去开拓,去创造自己的美好未来。

(播放伴奏,齐唱歌曲《我的未来不是梦》)

班级集体宣誓：

面对国旗，我庄严宣誓：

以虚心对待知识，以恒心对待学习，

以诚心对待他人，以孝心对待父母，

以热心对待社会，以忠心对待国家，

用自己日渐坚实的臂膀担负起必须承担的责任；

用勤奋报答父母的汗水；

用坚强回馈老师的教诲；

用激情创造梦想，赢得灿烂的明天！

## 专 家 点 评

18岁，是人生成长的一个重要阶段。当一个学生进入18岁，他就由一个从未成年人转变成了成年人，意味着他是一个完全负民事责任的人，是一个应该自食其力的人，是一个对自己行为负责的人，也是一个应该对社会、对家人尽义务的人了。因此，召开一期关于"18岁"的主题班会对学生的成长、成人显得至关重要。

本次主题班会，分为"回忆童年快乐""认识自己已18岁""18岁的期望""18岁的责任"以及"相信自己"等片段，采用层层递进的环节，让学生清楚认识到童年已经过去，成年已经来到，我们承担了很多期望和责任，并且能够相信自己的能力，能为社会和他人做更多的事情。

班会课前，教师和学生做了大量的准备工作，尤其是录制《老师想对我们说》和《家长对我们的期盼》视频，这些视频真实、亲切，深深触动了每位学生的心灵。在回忆童年照片、分享成长快乐环节，通过"猜照片"游戏，学生积极性很高，课堂进入活跃状态。为了不让课堂失控，班会课通过"谈谈感受"，迅速将课堂气氛降下来，大家进入深深的思考当中。随后，通过诗歌朗诵《今天，我十八岁》，进一步认清了自己不再是稚嫩的儿童，已成为成年了，应该具备成年人的理智和稳重。关于成年人和未成年人的区别，本次班会通过视频《老师想对我们说》和课件《家长对我们的期盼》引入，学生的心灵再次被打动，纷纷想发表自己关于以后的打算和做法。为了能让每个人都有发表自己想法的机会，班会课利用设计"开往18岁的列车"环节，充分发挥了学生创造性，也提升了学生对18岁的深入认识。

接着,利用文艺节目,来展示同学们的才华,提升同学们的自信心,让同学们对自己的美好未来充满美好期望。最后,本次班会在歌曲《我的未来不是梦》中落下帷幕。

本次主题班会,采用多种形式,调动学生积极性,也好像一台文艺节目,充分利用艺术化的方式激发学生的青春热情与雄心壮志。

不过,从建设"民主型班级"的角度来看,还可以考虑:从学生的真实生活中提炼教育资源。班会要紧紧围绕学生的生活,不能光谈理想,更不是老师强加给学生的责任。首先,班会要回到学生本身,18岁被我们赋予了太多的内涵,而对学生来说,是不是一下子很难适应这种角色的完全转变。如果要弄清楚他们认为18岁应承担的使命是什么,可以分组讨论,再一起来交流,最后确定一个比较完美的18岁的形象。这样,他们就有可能努力朝着自己为自己设计的方向前进,在此基础上,还可以发动学生设计自己的人生发展规划、班级和小组的发展计划等。

主题二：情感篇

# 静待花开——青春期情感教育

**【教育背景】**

开学后的军训期间,我发现我班体育委员与副班长交往甚密,当时找了正班长了解情况,后来还是找了体育委员谈话,告诉她男女之间做朋友是可以的,但要把握好度,这样会更利于我们每个人的成长,那晚跟她讲了很多肺腑之言。可他们还是早恋了,一天系部主任和学工主任一起找到我说,你班这两个学生在班级的不雅行为给全班带来了恶劣的影响,需要叫家长到校,让家长看看他们的行为举止(通过班级监控),且下不为例,否则开除。

通过这件事让我更加关注我班学生的情感情况,也为开这次班会埋下了伏笔。学生进入青春期,由于生理和心理的发展,他们最大的心理特点是对异性产生好奇以及渴望接近。尤其是寄校生,生活相对单调封闭,部分学生就会通过谈恋爱给自己的生活增添一丝色彩和活力。特别是亲子关系存在缺陷的学生,由于缺乏父母的关爱和家庭的温暖,他们往往会采取恋爱的方式来补偿亲情的缺失。但是,大多数学生对"恋爱"的处理和把握不够成熟,而处理不当的"恋爱"对学生的身心健康、学习、交友等均会带来极大的负面影响。针对这种情感现状,认真组织一次关于青春期情感教育的主题班会是非常必要的。

**【教育目标】**

1. 认知目标:让学生认识到渴望与异性交往是青春期心理发展的一种正常现象,男女生的健康交往对身心发展有很大的促进作用;但是,"恋爱"是一把双刃剑,处于青春期的学生还不懂得如何运用好这把双刃剑。

2. 情感目标:让学生明白真正的爱情的确美好,但是要区分"早恋"和爱情,"早恋"不等于真正的爱情,引导学生对爱情有更加理性的认识,对"早恋"形成正

确的价值判断。

3. 行为目标：在男女生交往问题上对学生进行心理疏导，让学生懂得健康的男女生交往应尽量避免过密行为，并学会正确把握与异性交往的亲密程度。

## 【班情分析】

我班为会计专业一年级，有男生 3 名，女生 31 名。他们都正处于青春期，且大部分学生正如我在"教育背景"里提到的，缺少关爱，缺少家庭的温暖，很大一部分学生是来自离异家庭或是单亲家庭；同时他们又是中考被刷下来的学生，一般会比较缺乏自信、缺乏理想，学业压力又较轻。因此在他们当中会更容易出现"早恋"现象。

## 【设计思路】

本次班会课通过导入主题、游戏感悟、探究理解、案例分析、教师寄语等环节来让学生明白青春期性心理特征，懂得如何正确处理自己的情感，安全度过青春期。

## 【活动准备】

教师：问卷调查，了解学生对早恋的看法和态度，以及班级学生谈恋爱现状。教师收集问卷，并统计结果；搜集早恋相关案例和资料。

学生：作答问卷；收听歌曲《蒲公英的约定》；分组。

## 【教育方法】

探究启发法；游戏法；案例分析法。

## 【内容安排】

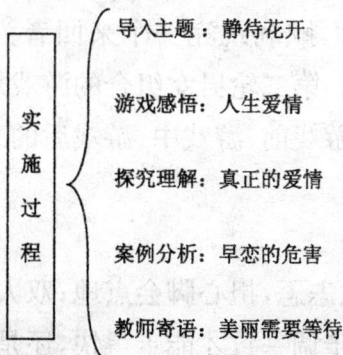

实施过程

导入主题：静待花开

游戏感悟：人生爱情

探究理解：真正的爱情

案例分析：早恋的危害

教师寄语：美丽需要等待

**【具体步骤】**

### 导入主题:静待花开(3分钟)

师:用PPT展示一组"静待花开"的图片,主要是展示花开的规律,以此来导入本次班会课的主题。根据班会前的问卷调查数据显示,就"是否希望自己在职校谈恋爱"这个问题,我们班大约有63%的同学"对爱情充满期待",11%的同学表示"不希望,会分心,影响学习",26%的同学表示"不知道,看缘分"。这表明我们大家对这个问题的价值判断还是比较模糊的。那么,在我们做出判断和选择之前,请问到底"情为何物"? 我们先来做个小游戏。

**【设计意图】** 通过一组静待花开的图片自然地引出班会主题——关于青春期情感方面的教育。接着,用班会前所做调查的数据,进一步激发学生参与的兴趣;同时,也让学生从数据中了解到自己并不是唯一对爱情充满期待的人,懂得青少年对异性产生好感,对"爱情"充满新鲜感和神秘感是一种很正常的现象。

### 游戏感悟:人生爱情(15分钟)

游戏共分为两轮。

第一轮:选出3名男生同时站在教室前的起始点,单脚跳,跳到指定地点后再返回起始点,完成一个来回。

第二轮:选出3名女生与第一轮的3个男生组合成三对男女组合,站在教室前的起始点,用绳子同时绑住两人的一只左脚和一只右脚,且绑在一起的两只脚不能碰到地面。同样从起始点跳到指定地点后再返回起始点,完成一个来回。

游戏规则:第一轮中单脚跳,中途必须捡起一个铃铛,跨越两个障碍物(玻璃杯)。其他学生可以制造障碍、诱惑等进行干扰。捡起指定物品、绕过障碍物且中途踮起的脚没有碰到地面,顺利跳完一个来回者为完成任务;如果脚碰到地面,则回到起始点重新开始。第二轮男女组合的游戏规则与第一轮相同。

结束后要求学生分享:游戏前、游戏中、游戏后的感受分别是怎样的?

预设:

游戏前:兴奋、期待……

游戏中:单人轻松,有点忐忑,担心脚会点地;双人要稳一些,但不舒服、受束缚,没有想象的好,要协调、步调一致才能走得快,还是一个人跳自由……

游戏后：重获自由，如释重负……

师：这个游戏寓意着，人生道路就是充满障碍、磕碰和诱惑的。在你一个人单脚跳的时候，你感觉孤单无助，盼望有一个人跟自己患难与共。双人单脚跳的时候，虽然你不再害怕会轻易跌倒，但是两个人的脚绑在一起没有一个人自由、灵活，甚至会感到受束缚而使得自己痛苦。因此，要想出一个妥当的办法来，否则两人都会跌倒、受伤。这个游戏带给我们的启发是，爱情就像双人单脚跳，处理不当，双方就会跌倒、受伤。

【设计意图】 通过游戏活动，让学生快速进入班会主题情境；同时启发学生思考人生与爱情。

## 探究理解：真正的爱情（15 分钟）

PPT 展示并欣赏徐志摩的诗《偶然》，并要求学生说说这首诗表达的是怎样的情感？（班级学生分为四组）

探讨：对异性产生了好奇与好感，总是会不由自主地去接触异性、了解异性，或想取悦异性，以获得对方的青睐，这是不是恋爱了？

要求各小组讨论并派代表回答

师：这不是真正的爱情！正所谓："哪个少女不怀春，哪个少男不钟情。"——"Whoever is a girl does not want to be loved, and whoever is a boy does not want to be royal to his lover."这是歌德《少年维特之烦恼》中的名句。对异性产生好奇、欣赏和渴慕，是青春期心理发展的一个特点，这属于一种正常的心理现象。不成熟的单纯的幼稚的爱慕之情不是真正的爱情，它就像天空中的云彩变幻莫测，正如徐志摩《偶然》一诗中所描写的一样，转瞬间会消失了踪影。

2. 一体机播放并欣赏歌曲《蒲公英的约定》并要求学生说一说：这首大家耳熟能详的歌曲表达了怎样的一种感情？

探讨：请谈谈你所渴望的或者理想中的爱情是什么样的？或者你对爱情的理解是怎样的？用最简洁的语言或图画描述你心中的爱情。

给每个学生发放一张白纸，并要求每个人将答案写在纸上，8 分钟后各组收上来。

师：爱情和亲情、友情一样，是人类重要的情感组成部分之一。在文学中爱情是永恒的主题，在历史长河中，传颂着许多可歌可泣的爱情故事。但是"爱情"，不仅仅是两个人的卿卿我我、儿女私情，而更多的是责任和担当。所以此时的我们,应当积累"爱的资本",当我们有能力谈责任和担当的时候,再去看待这一份美好……

【设计意图】　让学生在探讨中明白青春期的情感冲动与真正的爱情的区别,认识到真正的爱情是责任和担当,从而知道"早恋"存在着"先天不足"。

### 案例分析:早恋的危害(10分钟)

PPT呈现三个早恋事例。

事例1:北京:初中生"情侣"相拥卧轨自杀身亡

北京怀柔三中初二(八)班的古伟、李青男女两同学在牵手进教室时,被老师看见,随后受到老师教育,告诉他们:两人还小,不该有谈恋爱的行为。当天,这两同学便离开学校,在铁路怀柔段相互拥抱卧轨自杀,死于非命。

事例2:初中生情陷三角恋酿惨剧　少年争女友1死1伤

一名十五六岁的少年跌跌撞撞地跑向一幢高楼,当他爬到13层时,纵身跳下……这是7月2日发生的令人心悸的"跳楼事件"。

当附近居民为此扼腕叹息时,"跳楼事件"背后的早恋惨剧更令人震惊:名叫金铭的跳楼少年在跳楼前,曾和同学李洋为争抢一个女孩而大动干戈,并扎了李洋4刀。李洋倒在血泊中后,他随即跳楼,当场死亡。

事例3:"真的很后悔……"两职校生偷尝禁果后的独白,这是一个真实的故事,发生在北京两个16岁的中职学生身上。由于缺乏性知识了解,他们偷尝禁果,并使女生宫外孕。此后,两个人精神、心理和身体上承受了巨大的痛苦与压力。

婷婷的独白:我想,我这一辈子最惊心动魄的事情莫过于生离死别了。手术的痛让我撕心裂肺,痛不欲生,我以为自己要死了,妈妈是多么的爱我,我舍不得离开她啊……我在学校原本是个挺听话的孩子。随着年龄的增长,我渐渐喜欢和班里的男孩子在一起,后来和康康特别好。回想那天我们发生的事,我感到自己太缺乏性知识,好多事情我都不懂,没想到会有这么严重的后果。

早恋给了我什么呢? 仅有痛苦的回忆和难忘的精神创伤……我懂得了造成这幕人生悲剧的根本就在于"我们还太小",不能正确地处理那复杂的感情。

真后悔啊……

康康的独白:我和婷婷是在学校上课时认识的。在我的眼里,婷婷是一个既可爱又招人喜欢的女生。时间一长,我觉得自己真的喜欢上了婷婷。在不良思

想的诱导下，加上自己性知识贫乏，我与婷婷做了不该做的事。直到有一天，婷婷十分惊慌地告诉我说，她怀孕了，而且是宫外孕，我的脑子顿时一片空白……我不知道该怎么办，毕竟我才 16 岁，我该怎么做？我想："怎么会这样？这对她会造成怎样的后果？"我很怕，真的很怕。

我很后悔，我知道我负不起这个责任的，因为我还太小……

从以上实例中我们可以看到早恋的危害有哪些？（这时引导学生分析）

可得出以下几点：1. 危害自己的身心健康；2. 对学习干扰极大；3. 容易产生越轨行为；4. 可能导致犯罪。

师：青春期产生对异性的萌动心理是一种正常的现象，关键是在于我们如何正确看待，如何把握与心仪异性相处的亲密程度。我国伟大的教育家陶行知先生曾这样教育青少年：每个人，无论男女，到了一定年龄是要谈恋爱，要过家庭生活的。但是，如树上的果子，是熟的好吃，还是生的好吃？人也像果子，要长得成熟，有了学问，会做工作，又有养育子女的能力，就好比果子熟了，那时就可以得到真正的幸福了。要是书还没有学习好，工作能力没有培养好，谈恋爱会有好处吗？

各组讨论：友谊和早恋的区别。

师：友谊是两人或几个人在学习和生活上互相帮助，互相进步，能起到积极向上的作用；而早恋是一对一的，可能使双方产生一种无心学习的倾向，甚至误入歧途，走上一条不归路。早恋是很脆弱的，经不起时间的考验，而友谊则可以深厚而牢固。好感不是爱情！

【设计意图】 通过案例分析让学生了解"早恋"潜在的危害，并引导学生明白友谊比早恋更深厚而牢固，要学会合理转化自己的情感，从而达到一种释放。

## 教师寄语：美丽需要等待(2 分钟)

班主任寄语：美丽需要等待。

没有人愿意观赏提前开放的花朵，它的形态太娇太嫩；没有人愿意品尝尚未成熟的果子，它的味道又苦又涩。爱情是美好的，但是发生在不恰当时机的爱情却会成为美丽的错误。因此让我们隐藏这一份美好，努力把自己变得优秀，在最美的时光遇见最好的自己，这就是我们为什么要静待花开。

【设计意图】 前后呼应，围绕主题，让学生明白人也要遵循万事万物发展的规律。在适当的时期做适当的事情。

## 专家点评

从班会组织上来看，可以看出老师课前准备还是比较充分的，其中包括课前让学生参与问卷调查，并进行统计；还有一些教学案例，图片、音乐、诗词等的搜集。其实恋爱这个话题很大也很老套，容易假大空，如果一味地说"早恋"的害处，不触动学生的内心，班会只能浮于表面，没有说服力。本次班会通过游戏，欣赏歌曲、徐志摩的诗等方式让学生对早恋利弊的认知从感性上升到理性，以及从不同的角度去理解爱情。学生的互动性较强，参与度也比较高，能引起学生的共鸣，引导和启发学生主动思考实际生活中已经或者容易出现的问题。

从班会效果上来看，这是一个比较完整的主题班会课，从游戏中体味爱情的两面性是一个很大的亮点，让学生体会、分享真实的感受，这种真实体验的效果胜于言传。接着让学生从感性的认知中体会"爱情是什么"，再到案例分析中展现早恋的烦恼与危害，整节班会的设计很充分、用心，对时间的把控也比较好。但是主题班会的设计应该有重难点的突破，教师应该在早恋的症结在于"早"而不在于"恋"这一点上进行深度剖析。"友情在左，爱情在中，亲情在右"，在适当的时候，友情会酝酿出爱情，爱情会升华为亲情，所以这三者的关系还应该再分得清楚一些。

# 青春,不抱怨

**【教育背景】**

中职阶段学生的年龄一般在 15—18 岁之间。从心理学观点来看,他们属于青年初期,是人身心发展最迅速、最旺盛、最关键的时期,也是人生发展阶段的最佳时期,又称为人生的黄金时代,也是学生心理走向成熟的关键阶段。在情绪方面,明显不同于儿童期的外露、易变、冲动、肤浅这些特点。常处于一种无名的烦恼中,情绪时常激动着,不能理智地控制。由各种不适应造成的内在紧张状态,容易引起各不相同的行为。此时女学生常爱哭泣,男学生常表示为忧郁沉默、冷淡、顶牛、暴怒,故意损毁东西,歇斯底里地哭泣、沮丧等。此时的中职生行为都伴有情绪色彩,他们自己的思想、文字和行动都有一种情绪的基础,并认为别人的态度或行动也带有情绪的意义。他们渴望得到别人的认可、赞许和亲近,他们很希望受到别人的关注,但却表示出躲避或憎恨别人的注意,似乎不屑一顾,故意装出对别人的注意漠不关心的样子,因为他们害怕所期望的注意不能实现。因此,通过班会课对学生进行情绪管理方面的引导是必要的。本次班会对学生的情绪心理健康起基础教育的作用,为学生身心良好发展奠定重要基础。

**【教育目标】**

1. 认知目标:了解情绪的类别及健康情绪,领悟情绪智力对自身发展和取得成功的重要影响。

2. 情感目标:

(1) 懂得调控自己的情绪对于个人健康和成功的重要性;

(2) 合理宣泄不良情绪,保持积极、乐观、向上的情绪状态;

(3) 尊重他人,关注他人的感受,适时适当地表达个人的情绪。

3. 行为目标:学会觉察自己的情绪,领悟如何管理愤怒情绪,如何理性调节情绪,唤起愉快情绪。

## 【班情分析】

1. 基本概况:

我班为表演艺术专业 2017 级,处于职业教育 5 年一贯制大专的二年级,我班学生年龄处于 16 岁至 18 岁之间,平时在校生活学习过程中,同学与同学之间,学生与老师之间经常因为一点点小事而控制不住自己的情绪,与同学发生矛盾,顶撞老师,平时无端发火等情况时有发生。为了使大家能正确地认识到控制情绪的重要性,尽量消除各种消极情绪,特召开此次班会课。

2. 存在的不足:

(1) 班级大部分学生平时学习成绩不太理想,很多学生有较重的自卑心理,遇事缺乏积极主动性,遇到困难时普遍缺乏挑战精神,心理脆弱,比较敏感。

(2) 还有部分学生因家庭原因,从小缺乏父亲或者母亲的关爱,遇事不能从正面的角度去思考解决问题,思想孤僻,不易融入集体生活,容易出现一些过激行为与情绪。

## 【设计思路】

本次班会课紧紧围绕"青春,不抱怨——情绪管理"这样一个主题展开。由"认识情绪,愤怒情绪的管理,理性情绪的调节,愉快情绪的唤起"四个部分组成,让学生认识到控制情绪对人一生的影响及重要性,深入理解如何控制自己的各类情绪。努力让学生学会做把握自己情绪的主人。并以此为契机,让学生认识到,在生活中当遇到压力袭来,经历挫折的时候,能理性地去看待,用正确的态度去对待生活。

## 【活动准备】

1. 搜集资料,精选活动;

2. 制作 PPT;

3. 制作情绪卡片,班会教室布置等。

## 【教育方法】

小组讨论法；角色体验法。

## 【内容安排】

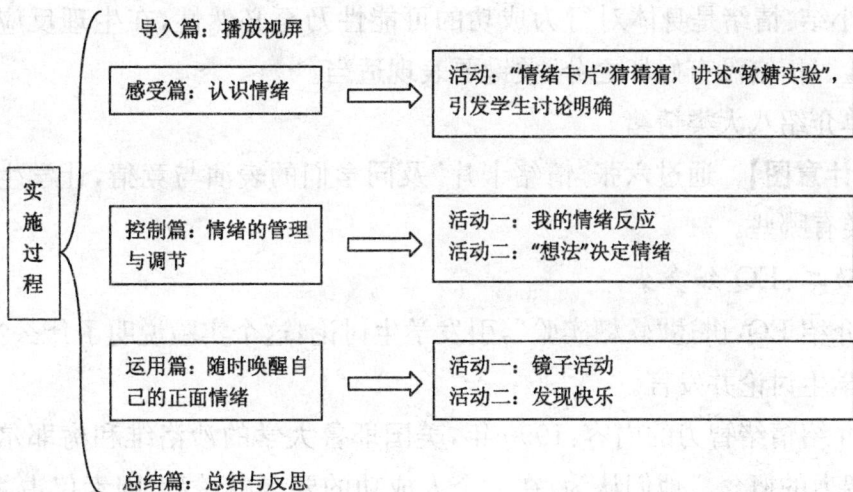

## 【具体步骤】

### 导入：(4分钟)

（主持人上场，电教委员做好准备）课前布置好教室营造氛围，播放视频：《倒霉熊》短视频，视频播放完后，主持人引导：人总有情绪低落的时候——也许因为一个人，也许因为一件事，让你久久不能释怀，情绪的低落，既会影响生活，也会影响日常工作学习。当我们感觉自己正在被一些问题困扰时，该怎么办？

【设计意图】 通过视频播放和主持人的语言导入，让大家初步认识到情绪决定一个人行为的走向与结果。

### 感受篇：认识情绪(12分钟)

*活动一："我演你猜"*

1. 准备六张"情绪卡片"，卡片上分别写上"兴奋、悲伤、愤怒、恐惧、轻蔑、爱慕"。

2. 让上台的学生随机抽出一张卡片，用表情、动作等非语言信息表达卡片

上所写的情绪,不能用言语表达。让台下的同学猜测台上的同学要表达什么情绪。

3. 请出六位同学表演六张"情绪卡片"上所写的内容。

4. 组织学生讨论:"情绪有好坏之分吗? 为什么?"

5. 学生交流并请代表发言。

6. 小结:情绪是身体对行为成功的可能性乃至必然性,在生理反应上的评价和体验。情绪没有好坏之分,关键要表现适当。

简单介绍八大类情绪。

【设计意图】 通过六张"情绪卡片"及同学们的表演与竞猜,让学生认识情绪的种类有哪些。

*活动二:EQ 知多少*

1. 介绍 EQ,讲述"软糖实验",引发学生讨论:这个实验说明了什么?

2. 学生讨论并发言。

3. 介绍情绪智力的内容:1990 年,美国耶鲁大学的沙洛维和梅耶尔首先提出情绪智力的概念。他们认为,在一个人成功的要素中,智力因素仅占 20%,而非智力因素,其中主要是情绪智力,则占 80%。他们认为情绪智力是个体准确而有效地加工情绪信息以及控制自身和他人情绪的能力。它具体包括以下五种能力:

(1) 清楚地认识自己的情绪;

(2) 妥善地管理自己的情绪;

(3) 激发自己的正面情绪;

(4) 认识他人的情绪;

(5) 安抚他人的情绪。

附:

"软糖实验":1960 年,著名心理学家瓦尔特·米歇尔进行了这一实验。在斯坦福大学附属幼儿园里选择了一群 4 岁的孩子,这些孩子多数为斯坦福大学教职员工及研究生的子女。让这些孩子走进一个大厅,在每一位孩子面前放着一块软糖。测试老师对孩子们说:"老师出去一会儿,如果你能坚持到老师回来还没有把自己面前的软糖吃掉,老师就再奖励你一块。如果你没等到老师回来就把软糖吃掉了,你就只能得到你面前的这一块。"

在十几分钟的等待中,有些孩子缺乏控制能力,经不住糖的甜蜜诱惑,把糖

吃掉了。而有些孩子领会了老师的要求，尽量使自己坚持下来，以得到两块糖。他们用各自的方式使自己坚持下来：有的把头放在手臂上，闭上眼睛，不去看那诱人的软糖；有的自言自语、唱歌、玩弄自己的手脚；有的努力让自己睡着。最后，这些有控制自己能力的小孩如愿以偿，得到了两块软糖。

研究者对接受这次实验的孩子进行长期跟踪调查，发现进入社会后，那些只得到一块软糖的孩子普遍不如得到两块软糖的孩子取得的成就大。

【设计意图】 通过介绍 EQ，讲述"软糖实验"，让学生意识到情绪决定一个人生命的走向与厚度。

### 控制篇：情绪的管理与调节(13分钟)

**一、愤怒情绪的管理**

*活动一：我的情绪反应*

1. 反映引发情绪的事件、情绪的外在表现以及情绪对个体的影响的微型情景剧《爱心银行》。

2. 小组讨论。

(1) 以上对愤怒的处理方式是否恰当？为什么？

(2) 如果事件重演，你会怎样做？

【小结】

(1) 当我们发生情绪时，不仅外部有不同的表情和动作，身体内部也会发生一些生理变化。

(2) 情绪对我们的影响主要有以下几个方面：

①影响身体健康；

②影响理智和正常水平的发挥；

③影响人际关系。

3. 制怒有术。

(1) 制怒准则。

事实上，只有一条黄金规则——不要以可能会伤害自己或他人的方式表达愤怒。

(2) 数数方法。

(3) 适度宣泄法。

(4) 自我谈话，与自己积极对话。

【设计意图】 通过让学生观看微型情景剧《爱心银行》,并分组讨论,加深认识愤怒情绪对人的危害。

**二、理性情绪的调节**

*活动二:"想法"决定情绪*

一个反映不同的人对同一件事会产生截然不同的情绪的小表演——半杯水的故事。

1. 思考:为何对同一件事,不同的人会产生截然不同的情绪?

2. 学生讨论、发言。

【小结】 情绪 ABC,A——事件、B——想法、C——情绪,我们通常认为"某某事情使我产生了某某情绪"。其实,影响我们情绪的不是事件本身,而是我们对事情的看法。对同一件事,不同的人会有许多不同的想法。即使同一个人也会对同一件事有不同的想法。不同的想法则引起不同的情绪。可见"怎么想"会使我们产生不同的情绪。情绪其实操控在我们自己手中,"换个想法,快乐自然来。"

【设计意图】 通过小表演——半杯水的故事,让学生认识,看待问题的角度和方式不同,产生的情绪也不相同,让学生学会控制与调节自己的情绪。

**运用篇:随时唤醒自己的正面情绪(14分钟)**

*活动一:镜子活动*

1. 学生两人一组,甲学生做出各种愉快的表情,乙学生作为镜子模仿甲的各种表情。

2. 双方互换角色。

3. 学生围绕刚才的活动讨论分享。

(1) 看到"镜子"的表情,你有什么感受?

(2) 情绪可传染吗?

(3) 在努力做各种愉快表情时,你的情绪有变化吗?

4. 学生发言。

【小结】 心理学研究表明,当我们装着有某种心情,模仿着某种心情,往往能帮助我们真的获得这种心情。因此,每天早上起床后我们对着镜子笑一笑,告诉自己"今天会有个好心情",往往会为你带来一天的好心情。即使没有镜子的时候,也可利用镜子技巧,使自己脸上露出很开心的笑容来,挺起胸膛,深吸一口

气,然后唱一段歌曲,或吹一小段口哨,或哼哼歌,记住自己快乐的表情。

**活动二:发现快乐**

1. 学习《美国年轻人眼里的开心时刻》的"快乐清单"。

**【小结】** 生活中不缺少快乐,只是缺少发现。仔细琢磨一下,快乐真的就这么简单。只要你用心活着,用心去感受,很多时刻都是你的开心时刻。

附:《美国年轻人眼里的开心时刻》

(1) 异性一个特别的眼神。

(2) 听收音机里播放自己最喜欢的歌曲。

(3) 躺在床上静静地聆听窗外的雨声。

(4) 发现自己想买的衣服正在降价出售。

(5) 被邀请去参加舞会。

(6) 在浴缸的泡沫里舒舒服服地洗个澡。

(7) 傻笑。

(8) 一次愉快的谈话。

(9) 有人体贴地为你盖上被子。

(10) 在沙滩上晒太阳。

(11) 在去年冬天穿过的衣服里发现 20 美元。

(12) 在细雨中奔跑。

(13) 开怀大笑。

(14) 开了一个绝妙幽默的玩笑。

(15) 有很多朋友。

(16) 无意中听到别人正在称赞你。

(17) 醒来时发现还有几个小时可以睡觉。

(18) 自己是团队的一分子。

(19) 交新朋友或和老朋友在一起。

(20) 与室友彻夜长谈。

(21) 甜美的梦。

(22) 见到心上人时有心头撞鹿的感觉。

(23) 赢得一场精彩的棒球或篮球比赛。

(24) 朋友送来家里自制的甜饼和苹果派。

(25) 看到朋友的微笑,听到他们的笑声。

（26）第一次登台表演,既紧张又快乐的感觉。

（27）偶尔遇见多年不曾谋面的老友,发现彼此都没有改变。

（28）送给朋友一件他一直想要得到的礼物,看着他打开包装时的惊喜表情。

**【设计意图】** 通过认识情绪,学会管理与调节自己的情绪,到随时唤醒自己的正面情绪,让学生做自己情绪的主人。本节课通过"镜子活动"与《美国年轻人眼里的开心时刻》的"快乐清单"实现本节班会课升华,达到学生灵活控制自己情绪,随时召唤自己快乐情绪的目的。

## 【班主任总结】

人生路上总会有许多不顺心,我们经常都会有消极情绪,美国一位心理学家指出:一般人的一生平均有十分之三的时间处于情绪不佳的状态,每个人都不可避免地要与消极情绪做持久的斗争。

当压力袭来,经历挫折的时候,我们一定要学会理性地去看待,要知道不是生活给了你喜怒哀乐,而是你对待生活的态度决定了你自己的情绪和感受。在此送大家两句话,我们一起共勉:

你无法改变天气,却可以改变心情;你无法控制别人,但能够掌握自己!

日出东海落西山,愁也一天,喜也一天;遇事不钻牛角尖,人也舒坦,心也舒坦!

最后,希望通过本次班会课,同学们能够理性的对待发生在身边的每一件事情,让自己的生活每天都充满阳光和快乐!

## 【总结与反思】(2分钟)

1. 反思:本节课活动较多,时间要合理把握。且学生表演较多,老师要做一定的引导。

2. 拓展:每位同学写一篇小文章:《我的情绪二三事》,并进行剖析,今后遇到这类情况,我该怎么做。

### 专 家 点 评

每个人都是上天创造的精品,都有无限的光明和极大的宝藏,都有最珍贵的

价值和展示精彩人生的舞台！把握好自己的情绪就好比随时给自己心灵里洒进一缕阳光；驾驭好自己的情绪就会使自己沉寂的生命充满生机与活力！

关键是怎样平衡情绪的天平？压力和动力、烦恼和快乐、痛苦和幸福……是生活之中不可或缺的两个方面，好像人的两只手或两条腿一样不能缺少一个。当人生一点压力都没有的时候，人生的积极向上的心就已经死亡了，接着就是悲剧的人生。但是压力太大，人的心量又不是很宽阔，承受不起的时候，压力就起到了负面的作用。二者本来就像矛和盾一样，平衡是相对的，不平衡是经常的。

本节课由浅入深，通过一个一个活动，层层剖开，让学生逐步认识到驾驭自己情绪的重要性，并教会学生如何做自己情绪的主人。我想，通过这节班会课的学习，定会使每位同学受益匪浅。

# 认识自我

## 【教育背景】

古语说："金无足赤，人无完人"。但是很多人都无法公正地评价自己，都会被自己不完美的地方或者说缺点所捆绑住。捆绑得越深，捆绑得就越紧。根据马斯洛需求理论，每个人都有成就的欲望和可能，但是往往被一些不公正的认识所束缚。尤其是青少年，在自我建立的时候会发生很多的矛盾。比如身体的快速成长，心理上需要被外界认可，需要建立一个内在的自我，等等。生理和身体的矛盾需求将会导致青春期的孩子出现各种各样的问题，从而干扰了他们认识自我的能力。出现问题的学生其实在散发一个信号，那就是需要帮助。但是他们表现的是愤怒或者自卑，导致教育者会因为情绪干扰，而和孩子产生很多矛盾，从而引起很多不必要的对抗，这种对抗也影响了孩子自我的发展。"我"是独立的心理存在，思想、情感的存在。表现为自我完整的"文章"，一些人类共同书写的密码。认识到自己"我"的存在，如同认识另一个人，并对"我"的思想情感进行真善美的取舍。保持镜中之我，超脱、淡定、不净不垢，不生不灭，科学理性的幸福认识。所以我们要在这个时期提升孩子认识自我并悦纳自我的能力。我希望通过这次班会课能让同学们感悟到：认识自我并实现自我是人发展的首要任务，我们要培养坚定的信念和实现梦想的内在驱力，唤醒孩子自我成长的能力。所以此次班会以"认识自我"为主题开展，注重培养学生的多角度认识自我并建立实现自我的能力。

职业学校的重点任务就是培养一批德才兼备的"社会人"，是培养孩子技能的地方，但是光培养孩子技术技能而忽略孩子的自我实现，这是莫大的失误。作为班主任，我希望能够助孩子一臂之力，让孩子成为内在自信，外在柔和的"人"。

**【教育目标】**

1. 认知目标:理解自我的概念;

2. 情感目标:认同自我,并悦纳自己的优点和缺点;

3. 行为目标:培养学生认识自我,悦纳自我,并在生活中不断实现自我的能力。

**【班情分析】**

1. 基本概况:

我班为平面设计专业二年级,校园学习即将结束,接下来是为期半年的实习,学生们正经历学校人向社会人转变的过程。

2. 存在不足:

自我是如此重要,但是很多孩子没有认识自我的能力,更没有设立梦想和目标的能力。

**【设计思路】**

本班会通过认知先行——认识自我内涵和重要性;情感为重——认同自我,悦纳自我;行为达成——通过不断的践行,在生活里,细节处不断践行。

**【活动准备】**

教师:

1. 收集相关文字、图片、音乐、视频等资料。

2. 在准备期间加强和各个小组的沟通交流,及时把想要在班会中体现的意志与各个准备组衔接,反馈以确保本次班会的成功。

学生:纸、铅笔、彩笔。

**【教育方法】**

案例分析法;讲授法;小组讨论法。

## 【内容安排】

|  | 环节一 | 环节二 | 环节三 |
|---|---|---|---|
| 名称 | "自我"是什么？<br>——制作"我的名片" | "自我"拦路虎<br>——举行"我不行"葬礼 | 实现"自我"<br>——携手你我共同行 |
| 目的 | 认知内涵 | 情感认同 | 行动达成 |

## 【具体步骤】

### 导入：游戏"5 毛钱"（3 分钟）

1. 游戏过程

（1）全班分为 4 组，每组 10—11 个人，男生 5 毛钱，女生 1 块钱；

（2）随机说一个数字（5 的倍数，比如 15），让组内学生自动抱团，比如 3 个女生或者 1 个男生 1 个女生；

（3）每次都会有学生到不了团队里。

2. 学生思考

（1）请抱团的同学分享感受；

（2）请没有被抱团的同学分享感受，是否能有"被抛弃"的感觉？

【设计意图】　通过"5 毛钱"游戏，让孩子意识到每个人都不是独立的，在一个团体里才能体会到"自我价值"，在失落情感下向内觉察并认识自我；尤其是让同学体验不被接纳和融合不了集体的人，自我价值就无法体现。

### 环节一：自我是什么？（16 分钟）

1. 制作名片—《我的学生名片》

（1）制作名片工具：名片纸，彩色水笔，黑色笔等；

（2）制作名片内容，包括"姓名、性别、兴趣、性格、能力、价值观"；

（3）制作过程，时间 5 分钟，可以设计个人 LOGO，可以在名片上绘制图片等；

（4）小组选择一人到小组中间，并且小组成员来说说"我眼中的你"。

【个人分享 & 小组分享】　个人分享自己的兴趣、性格、能力、价值观，并且

用故事的形式进行阐述；小组共同对孩子的自我认识进行加持，让孩子不但可以理解看到自己认为的样子，并且让孩子看到在众人眼中的自己。

**【教师总结】** 理解名片制作的意义，照片是我们的身体的留影，而名片是我们心里的留影，我们要通过制作名片来立体地认识自己，认识自己的"兴趣、性格、能力、价值观"，并认识缺点而且学会接纳，慢慢地改变缺点，做到"扬长避短，全面发展"，这样，每个人就都有存在和好好生活的价值。

**【设计意图】** 理解设计名片和认识自我的意义如下：

（1）认识自我——一张小小的名片上最主要的内容是名片持有者的姓名、职业、兴趣、性格、能力、价值观等，通过这些内容把名片持有人的简明个人信息标注清楚，并以此为媒介向外传播；

（2）表达自己——名片标注清楚个人信息资料等，是孩子对自己的认识也是对自己的认可。

2. 制作名片二《我的职业名片》

（1）制作名片工具：名片纸，彩色水笔，黑色笔等；

（2）制作名片内容，包括"姓名、性别、特长、未来的职业、岗位、工资"；

（3）制作过程，时间 5 分钟，可以设计个人 LOGO，可以在名片上绘制图片等；

（4）小组选择一个人到小组中间来说说"我眼中的你"。

**【个人分享 & 小组分享】** 个人分享自己未来的人生规划，包括特长、未来的职业、岗位、工资，并且用故事的形式进行阐述；小组共同对孩子的自我认识进行期许，让孩子更有力量建立目标和奋斗的激情。

**【教师总结】** 在两个名片制作过程中，让孩子自己去领悟：他们终将成为"社会人"，从现在起就要设立对未来的期许并为之奋斗。

**【设计意图】** 理解设计名片和认识自我的意义如下：

（1）认识职业价值——通过对特长、未来的职业、岗位、工资的思考和内省，让学生建立职业目标，并认识到建立职业目标的重要性；

（2）勇敢表达自己——很多学生对未来没有规划，通过这个活动轻松地帮助学生初步建立一个目标，并且大声说出来，仿佛是自己对自己的一个承诺，调动学生的内在动力。

3. 教师明确"自我"的含义：

自我包括三种不同形式：（1）精神的我，由个人目标、抱负和信念等组成；

（2）物质的我，指个人的身体及其属性；（3）社会的我，即他人所看到的我。人在成长过程中的需求分成生理需求（Physiological needs）、安全需求（Safety needs）、爱和归属感（Love and belonging）、尊重（Esteem）和自我实现（Self-actualization）五类，依次由较低层次到较高层次排列。在自我实现需求之后，还有自我超越需求（Self-Transcendence needs），但通常不作为马斯洛需求层次理论中必要的层次，大多数会将自我超越合并至自我实现需求当中。

通俗理解：假如一个人同时缺乏食物、安全、爱和尊重，通常对食物的需求量是最强烈的，其他需要则显得不那么重要。此时人的意识几乎全被饥饿所占据，所有能量都被用来获取食物。在这种极端情况下，人生的全部意义就是吃，其他什么都不重要。只有当人从生理需要的控制下解放出来时，才可能出现更高级的、社会化程度更高的需要如安全的需要。

### 环节二："自我"拦路虎——举行"我不行"葬礼（12 分钟）

1．"清单"游戏

（1）学生思考并在 A4 纸上写出自己的优点和缺点；

（2）分享并自我阐述在做某件事情的时候遇到了什么问题，是如何处理这些问题的？是迎难而上还是退缩倒退？并深入思考自己心底存在的更深层次的"自卑感"。

【设计意图】　让学生切身体悟到，自卑感是很正常的事情，所有人都有自卑感。自卑感也有优势的地方，自卑产生的时候说明我们需要内省自己自卑的原因，如果说自卑是一个坎的话，那我们要跨越这个坎，这样才能勇敢地追求梦想。

2．举行"No"葬礼

（1）活动规则：学生两两组合，组合的原则是力量相当；把灯关掉，外界一切安静；两人双手对抗，并且大声地喊叫"我能行"；

（2）学生上台展示：找两个学生上台展示，并说明规则；

（3）实施过程：关掉电灯并维持教室安静，学生在里面互相对抗，大声喊叫和发泄。

（4）举行葬礼：每个人对自己说：自卑你走吧，自卑你走吧，自卑你走吧，一声比一声高。

【设计意图】　通过两人对抗，通过身体的疲累和大声地喊叫，让学生发泄自

已长久以来因为自卑造成的压力，通过群体的活动，让学生知道，自己值得更好的生活，要有更自信的人生。

### 环节三：实现"自我"——携手你我共同行（12 分钟）

1. 写给未来的一封信

【小组讨论】&【头脑风暴】 我们在学习上、生活中、工作中、社交中可能会出现的困难情境有哪些？

书写书信：每个人，针对遇到的困境，你会怎么做？

【个人分享】 分享自己对未来的期许，并且举例可能会遇到的苦难，自己是如何解决问题的；梦想是最容易设立的，但是践行是一个漫长而艰苦的过程，我们要建立梦想，并且设立实现的信念，我们要对"NO"说不。

【设计意图】 通过写信等环节，帮助学生更深地体悟梦想的美，并且能够为之实现付出最大努力。

2. 涂抹绘画

（1）小组成员每个人一张 A4 纸，并且在上面随意绘画；

（2）小组成员依次传递给下一个同学，让同学在你的画上随意绘画，涂抹；

（3）直至你的画纸最终到达你手里。

【班主任寄语】（2 分钟）

孩子们，我想跟你说，你们来到这个世界，健康就是价值，就是成功。试想，如果中国有 13 亿人口，因为你，数字就变成 13 亿又 1 个人，这就是你存在的价值；世界上没有相同的两片叶子，你们每个人都是独一无二的孩子。我们要做的是发现自己的优点，把优点发挥到最大化；觉察自己的缺点，在生活中不断地去改变和修炼。金无足赤，人无完人，所以有的时候也要给自己松松绑，接纳自己的不完美，不用愧疚不用焦虑，在轻松的心态下，努力地去改变自己。改变也不是说要一下子就逆转，改变要能在涓涓细流中，在谈笑风生中，一点点地改变。你们在某种程度上就是我的亲孩子，所以我对你们抱有深深的期待，希望你们能在学习和工作上找到自己的价值，能在生活中收获幸福，能在团队里班级里找到自己的位置，带着这种殷殷的期待上路，把这种期待化成内在动力，并且在心底开出花来。

**【总结与反思】**

职业院校的孩子在认识自我上往往会有很多的掣肘。在整个社会的评价体系下，孩子的成绩就是一切，成绩好就是有价值的，成绩不好一切否定。所以很多职校生有深深的自卑感，这种自卑感犹如一块黑布遮盖了孩子的双眼，看不到光明；包裹住孩子的心灵，让孩子没有奋斗前进的内驱力。很多孩子身上有很多的优点，这些优点也如金子一样闪闪发光，所以如何能唤醒孩子内在的美好，帮助孩子建立一个健康的完善的至尊体系很重要。同时也要告诉孩子，个人价值的实现一定是在社会价值的基础之上，所以我们不但要发展自己的个人价值，还要在团体里，班级里，社会上建立社会价值。所以本次的主题班会，仍然延续认知—体悟—行动为环节，通过很多的团体游戏引发孩子思考自己的价值，从而逐步地践行于生活之中。

**专 家 点 评**

每个人的体内都有两股力量，一是表面上看得到的肢体力量，叫生命外力；二是我们表面看不到的心理力量，叫生命内力。生命外力显然是弱小的，但是一旦唤醒生命内力，那将是无穷的力量。成功固然很重要，但是如果在成功的时候失去了幸福，那是作为人的一种损失，我们无法享受生活和人生。作为老师，作为班主任，我们要努力去唤醒孩子的内在驱力。每一个孩子都值得拥有自己的、独一无二的、幸福的人生。此班会通过一系列小游戏，帮助孩子觉察和内省自我价值，自我成长，并让孩子建立践行的内驱力并最终懂得接纳自己，发展自己，学会收获幸福。

# 情绪管理

## 【教育背景】

情绪是人的心理活动的重要表现，它产生于人的内心需要。人的情绪在某种程度上，还反映了人对外界事物的态度。从这个角度来说，情绪是人的内心世界的窗口。肖汉仕教授认为情绪管理是指用心理科学的方法有意识地调适、缓解、激发情绪，以保持适当的情绪体验与行为反应，避免或缓解不当情绪与行为反应的实践活动。包括认知调适、合理宣泄、积极防御、理智控制、及时求助等方式。

情绪的管理不是要去除或压制情绪，而是在觉察情绪后，调整情绪的表达方式。有心理学家认为情绪调节是个体管理和改变自己或他人情绪的过程。在这个过程中，通过一定的策略和机制，使情绪在生理活动、主观体验、表情行为等方面发生一定的变化。这样说，情绪固然有正面有负面，但真正的关键不在于情绪本身，而是情绪的表达方式。以适当的方式在适当的情境表达适当的情绪，就是健康的情绪管理之道。

近年来，网上还是现实生活中出现很多恶性的校园欺凌事件，在孩子心理上造成很多的创伤，在孩子人格形成方面造成很多的伤害。而职校生即将成为"社会人"，如果带着各种不好的情绪进入社会，不懂得跟自己的情绪相处，终将会引发更大的个人问题和社会问题。所以，培养孩子知识技能的同时，要能帮助孩子了解情绪并能管理情绪，成为一个外王内圣的社会人。

## 【教育目标】

1. 认知目标：理解情绪概念并了解常见情绪形式；
2. 情感目标：认同情绪及其背后的价值；
3. 行为目标：学会与情绪相处，并在生活里践行情绪管理。

**【班情分析】**

1. 基本概况：

我班为平面设计专业二年级，校园学习即将结束，接下来是为期半年的实习，学生正经历学校人向社会人转变的过程；

2. 存在不足：

情绪管理是如此重要，但是很多孩子情绪管理能力不好，亟须引导。

**【设计思路】**

本班会通过认知先行——认识情绪内涵的重要性；情感为重——认同情绪及其背后的价值；行为达成——学会与情绪相处，并在生活里践行情绪管理。

**【活动准备】**

教师：

1. 收集相关文字、图片、音乐、视频等资料。

2. 在准备期间加强和各个小组的沟通交流，及时把想要在班会中体现的意志与各个准备组衔接、反馈以确保本次班会的成功。

学生：纸、铅笔、彩笔。

**【教育方法】**

案例分析法；讲授法；小组讨论法。

**【内容安排】**

| | 环节一 | 环节二 | 环节三 |
|---|---|---|---|
| 名称 | 情绪控人人非人 | 七情六欲人人有 | 情绪管理践于行 |
| 目的 | 认知内涵 | 情感认同 | 行动达成 |

**【具体步骤】**

**导入：观看"重庆大巴"坠江视频 & 黑盒子视频(3分钟)**

1. 观看视频

2. 学生讨论并思考

(1) 小组讨论并分享感受;

(2) 你觉得是谁的责任? 司机? 刘某? 所有乘客?

(3) 是什么造成了 13 人殒命的悲剧?

(4) 如果你是刘某你会怎么做?

【设计意图】 通过观看视频,通过思考问题,引发孩子独立思考,并点出主题,情绪管理很重要,如果不好好管理自己的情绪,就如同"排泄"者一样,随地大小便,失去个人形象;肆意的发泄情绪是时代文明的负面行为,甚至会造成对别人的伤害。

## 环节一:情绪控人人非人(16 分钟)

1. 情景剧展示

(1) 和老师对吵(上课讲话)情景——怒发冲冠,口不择言;

(2) 校园欺凌视频,六个女生打一个女生——拳打脚踢,污言秽语;

【个人分享 & 小组分享】

(1) 如果你是视频里被打被吼的人,你是什么感受?

(2) 情绪背后的原因是什么?

(3) 有没有其他的解决办法?

【教师总结】 分析并告诉孩子,这些欺凌背后的原因是情绪管理无效的结果,那是什么引起情绪上的暴动了,情绪上的暴动对被欺凌的孩子就是一种伤害,是一种人格的侮辱,这种侮辱有可能会造成长久的伤害,进而提出我们要认知情绪。

【设计意图】 通过负面情景视频的展示,直观地告诉孩子们,情绪暴发会产生很多负面的影响,唤醒孩子们认知情绪的必要性和重要性。

2. 情绪脸谱(真人表演)

(1) 展示"勃然大怒""暴跳如雷""惊恐万状""战战兢兢""惊恐万分"的表情;

(2) 展示"心花怒放""喜笑颜开""温柔平和"的表情;

(3) 提问你喜欢哪一种?

3. 体验指责和讨好的感受(真人表演)

(1) 现场表演:两两配对,一个人扮演指责的人,一手叉腰,指着对方的鼻子,眼睛要怒目圆睁;另一个人单膝跪地,右手抚摸心脏,另一只手伸向对方,双

眼看着对方;保持 3 分钟沉默对峙。

(2) 个人分享:分享指责别人的人的感受(身体是否僵硬,感觉到肌肉酸痛?)讨好的人是否感觉悲伤无助,感觉低人一等备受伤害?

(3) 讲述故事:自己曾经遭遇过什么样的欺凌? 包括父母的打骂,同学的欺凌,朋友的争吵等等事情,回忆并分享自己当时的感受。

## 【情绪认知】

通过 2、3 两个环节帮助孩子认识情绪有哪些? 并现场展示和体验情绪暴发后的感受;告知孩子情绪的愤怒会带来生理(大脑器质性)的伤害,肾上腺素的激增,无法排解便形成愤怒的生理原因;告知孩子情绪愤怒会带来心理的伤害,这种伤害会沉淀在心底,当外界情境重现时会自然而然地进入愤怒的情绪,这种伤害会在人的生活中反复上演,反复地伤害自己和伤害别人,并告诉孩子们,情绪是指伴随着认知和意识过程产生的对外界事物的态度,是对客观事物和主体需求之间关系的反应,是以个体的愿望和需要为中介的一种心理活动。情绪有 20 种以上的定义,尽管它们各不相同,但都是由以下三种成分组成的:1. 情绪涉及身体的变化,这些变化是情绪的表达形式;2. 情绪涉及有意识的体验;3. 情绪包含了认知的成分,涉及对外界事物的评价。由于情绪与情感表现表达极易混淆,比如爱情的满足感总是伴随着快乐,所以在情绪定义中情绪与情感的关系是辩论争议的重要方面。

【设计意图】 情绪管理不好,其实就是被情绪所控制,是一种失控的状态。没有人愿意长久地被人或事物控制,所以唤醒孩子,我们要理解情绪并能重新找回主控权,认识自己,管理情绪。

## 环节二:七情六欲人人有(12 分钟)

1. 情绪按钮

(1) 情景描述:莫名其妙的愤怒——本来一切都好好的。他出差回来,她特意做了丰盛的饭菜。吃饭时,两人有说有笑。她让他洗碗,他答"明早洗"。她不允,他却一屁股坐在电脑前不挪身子。她怒了,说他不在乎她,不迁就她,好端端的气氛被他破坏了。事后,她也后悔,原本一件小事,干吗上纲上线?"因为,你没有校验你的情绪按钮,立刻就启动了愤怒开关。"我坐在她对面,认真给她剖析,"每个人都有一个情绪按钮。掌管开心与愤怒,忧虑与平静。本来,你启动了开心按钮,但他没按你的要求洗碗,于是你生气了。生气倒也没关系,关键是你

的手放在愤怒的情绪按钮上，一键按下去，就一发不可收。"

（2）分析按钮：情绪按钮如同情绪的开关，每个人都有，一旦被触碰，人们勾起了情绪。情绪按钮越多的人，越有机会被人触碰，越敏感，越难相处，也越难拥有和谐的家庭。他们如同一个机器人，身上有很多开关，别人只要触碰，他们就开始痛苦。他们的幸福，掌握在别人手里，做不了真正的自己。一些人吵架时会说"是你让我伤心！""是你让我委屈！""是你让我痛苦！"他们以为自己的痛苦来自对方，而没有意识到，正是自己有这么多情绪按钮，内心如此脆弱和敏感，才是自己诸多痛苦的来源。

（3）情绪按钮的形成

情绪按钮，通常都是隐藏在我们情绪的最底层的，只有当我们处在和童年时代受伤时类似的环境中才有可能被发现。情绪按钮多与童年经历有关。在每个人来到这个世界的初期，都没有自我保护能力，离开成人的照料几乎无法生存。身体没有力量，心理也很脆弱，经历一些可能对自己有伤害的事情时会有强烈的情绪体验。潜意识记住了这些曾经对人们有威胁的场景，在以后再遇到类似场景时，就用当时的情绪来提示自己。

（4）如何处理自己的情绪按钮

我们太在乎别人对我们的看法，太需要别人喜欢我们，重视我们，别人说了一句中听的话，我们就开心；说错了一句话，我们就生气半天。我们就像傀儡一样，别人按这个按钮，我们就笑一下，按那个按钮，我们就哭一下，因为对别人有心理需求，就把极大的掌控权交给别人。

对于那些害怕自己被惹怒，而要求别人不要按他按钮的人，如同一个人白天想睡午觉，但是房间太亮，一个办法是，费力地把房间所有的窗帘都拉下来，另外一个办法，是戴上眼罩，马上就可以享受舒服的睡眠；哪一个比较容易呢？同样，我们叫别人都不来惹我们比较容易呢，还是学习处理自己内在的情绪比较容易？

要了解情绪必须先了解期许。期许就是你衡量在乎的事物或心境的一个量。如果有人动了它们，你的保护机制就会启动，你就会生气。所以，最好的办法是，你忽视期许的量。让它由大变小，由宽变窄。期许量缩减之后，你会发现你的情绪在无形中衰败了。

情绪按钮在你身上，红键管开心，绿键管平静，灰键管忧虑，黑键管愤怒。当你察觉到愤怒时，你可以想象这四个按钮，要学会绕开黑键。

学习处理自己的内在情绪，而不是忙着去改变别人。改变别人的用处不大。一定要去学习，让自己慢慢成长，学习超越自己，客观地审视别人与自己关系互

动的舞步,我们的人际关系才会有进步。

2. 你来说,我来讲

(1) 说出自己情绪失控的故事;

(2) 小组讨论并帮助认知,你的情绪按钮是什么?

(3) 再次遇到这种事情怎么做?

【设计意图】 通过讲述故事,本身就有疗愈功能;通过小组互动,像照镜子一样可以照见自己身上的问题以及相应的情绪按钮,利用同伴团体的力量来立体地认识自己的情绪。

3. 情绪好不好?

(1) 提问,情绪好不好?

(2) 小组讨论并说出情绪(愤怒)的正面资源和负面资源?

【教师总结】 情绪本身没有好坏,情绪还有很多正面的资源,比如愤怒说明我们在这个地方没有被理解,尊重,对方跨过了界限;下次跟别人相处的时候要能跟对方沟通并标明自己的界限;我们要学会和情绪握手,和情绪和谐相处。

## 环节三:情绪管理践于行(12 分钟)

1. ABC 认知

(1) 讲故事《国王和鹰》:国王终于在沙漠中找到了水,但是水是一滴一滴往下淌的,于是国王从马鞍上拿下一个水杯来接水。水一滴一滴地滴入水杯中,滴了很长时间,好不容易才把水杯装满了。国王因为已经很渴了,拿起水杯就喝。这时,猎鹰在国王的手臂上抖了一下,扇起翅膀,一挥,就把水弄洒了。国王很生气,就把鹰活活地摔死了。这时国王的侍从都跑过来了,其中一个说:"幸亏猎鹰把水弄洒了,这里的水是有毒的! 喝了就会毒死的啊!"国王此时懊悔不已。

(2) 在这个事例中,A. 鹰打翻水为引发情绪反应的事件,B. 为国王两次不同的认知(第一次认为鹰故意弄洒水,第二次认为鹰是为救自己),C. 为不同的情绪反应(第一次生气,第二次懊悔),从此可以看出同样一件事,会得到不同的情绪反应,因此,我们可以通过改变自己的认知而改变自己的情绪。

【小组讨论】&【头脑风暴】 学习上、生活中、工作中、社交中你情绪暴发的故事分享;并小组共同来分析,那个是 A(事件),哪个是 B(认知),哪个是 C(情绪)? 重点是讨论情绪背后的固有的信念是什么?

【设计意图】 通过 ABC 认知告诉孩子,遇到问题的时候,可以"让子弹飞一会",多角度地来看看自己对事件可以有的不同认知,学会换位思考,看到对方行

为背后的需求是什么。这才是最重要的。

3. ABCDE 处理情绪

（1）教师演示：A—B—C—D—E 情绪管理法则：

①自问（Ask）——我现在感觉如何？我的想法是什么？我能接纳自己的感受，并且改变我的看法；

②呼吸（Breath）——自问时，开始觉察自己的呼吸。从腹部开始呼吸，有意识地做 3—5 次缓慢、轻松的呼吸。呼吸的时候，感知自己的身体。

③平静自我（Calm yourself）——关注呼吸有助于调整你的情绪，用积极、现实的想法代替你升级的想法。等到自己平静下来再来管教或者与孩子沟通。告诉孩子你能理解他的处境和感受。

④确定对方的需要（Decide what your child needs）——想一想他对你是否抱有合理的期待？他的行为向你传递了什么信息？如果你是他你也会像他这样做吗？

⑤同理心（Empathize）——将自己置身孩子的处境，尝试感受他的情绪和想法，倾听他想诉说什么。

（2）心情日记——追踪事件，每天学会内省，觉察一下每天又发生了什么事情，让你情绪愤怒。

第一步：记录事件。从记录简单的事实开始，这是非常有价值的线索。什么事惹恼了你，把它记录下来。什么日子，某些特定的日子面临更多的挑战吗，找出这一天的不寻常之处。具体什么时间？在哪里更容易发火，家里，还是公共场合？

第二步：记录你的反应。愤怒之前，你的身体反应是什么样的，究竟哪里紧张？注意你的体态、手势、声调以及呼吸。记录你的情绪，怒火之下还酝酿着什么情绪。记录你的升级想法，你对自己说了哪些助长怒火的话，怎么想到这样的选择的。

第三步：记录你的回应。记录你是怎么回应的。注意，在这个环节，你只要观察，不要评判自己的行为。

第四步：后续情况。一般我们在发过脾气之后感觉很糟。那就把你的感受记录下来，尽量不要对自己太苛责，记下你自己的感受和对方的感受。

第五步：记录你的评估。记录你对事情的评估，你觉得还可以有别的处理方法吗？

不要逼迫自己，任何时候，当你感觉这种追踪压力太大，你都可以只选择其中某些步骤来做，当感觉好些了，再慢慢加上。不用着急，前进两步，后退一步，

再前进一步,你终归是在进步。

## 【班主任寄语】(2分钟)

情绪如四季般自然地发生,一旦情绪产生波动时,个人会表现愉快、气愤、悲伤、焦虑或失望等各种不同的内在感受,假如负面情绪常出现而且持续不断,就会对个人产生负面的影响,如影响身心健康、人际关系或日常生活等。

每个人都有情绪,但人们大都对情绪缺乏必要的了解和关注。消极情绪若不适时疏导,轻则败坏情致,重则使人走向崩溃;而积极的情绪则会激发人们工作的热情和潜力——各种情绪不同程度地影响着人们的工作和生活。只有了解了情绪,才能管理并控制情绪,才能发挥其积极作用。情绪管理要求我们要辨认情绪、分析情绪和管理情绪。工作并快乐着,这是情绪管理的目标。

## 【总结与反思】

情绪管理是如此重要,尤其是对青春期的孩子,尤其是对职校生。但是很多学生因为情绪管理不好造成不可挽回的后果。因此,要让学生懂得:人的情绪不会无缘无故的发生,一定有其发生的情境。除了外在环境的影响,我们还要慢慢地向内去觉察"情绪按钮",并且通过思考,言说和记录来慢慢地让自己学会情绪管理。职校生下一步就是走向社会,得学会遵守社会规则,学会成熟的处事方式,学会处理自己的情绪,从而更好地融入社会。

## 专家点评

七情六欲人之常情,喜怒哀惧爱恶欲是人们最为普遍的情绪反应。正面情绪会激励我们不断地前进并享受幸福快乐;负面的情绪会让我们的心灵捆绑,伤人也伤己。很多青少年因为情绪管理不当或者不会管理而闯下了弥天大祸,后悔莫及。为了避免这种伤害的延续,为了帮助孩子更好地度过青春期,将来更好地融入社会,提升社会文明程度,本课题就像及时雨,帮助孩子觉察情绪,觉知背后需求,觉行在生活里。尤其是里面的几个工具非常好用,长期的刻意练习可以有效地帮助孩子很好地管理情绪。

主题三：感恩篇

# 走近父母　感恩父母　让生命充满爱

## 【教育背景】

我想起以前看到过的一篇报道：一位母亲陪同儿子参加高考，儿子在教室里考试，母亲在外面守候。因为天气太热，气温过高，不久这位母亲便中暑倒在了地上，被路人送到了医院。在医院，母亲一直没有苏醒过来，令众多医生束手无策，最后还是一个护士想到一个好点子，她在母亲的耳边轻轻地说"高考结束了"。话还没说完，母亲便坐立起来，大声地说："我得赶紧问问我儿子考得怎么样?!"在这个生死关头，母亲心里牵挂的仍是正在考试的儿子。这是一种多么伟大的母爱啊，她永远把儿子放在了第一位，因为关心儿子，而忽略了自己的一切，甚至是生命。我相信各位同学的家长在遇到这种情况的时候，也同样会为我们这样付出的，因为我们是她的孩子。他们爱我们，她们关心我们胜过自己的生命。

父母与子女之间的关系，可以说因家庭而异。具体怎样处理，也是仁者见仁、智者见智。新型的家庭关系是父母与子女之间应是平等、关爱、朋友一样的关系。但是，这种关系并不排斥父父、子子的关系。就是说，平时父母在言行上要做表率作用，父亲要像一个父亲的样子，母亲应该有母亲的样子；子女应该像子女的样子。父母需要对子女多关爱，处理问题要冷静、成熟；子女对父母要尊敬、关心。

我们要懂得感谢父母，用一颗感恩的心去对待父母，用一颗真诚的心去与父母交流。那我们如何亲近父母，关心家人，感恩父母的付出呢?

## 【教育目标】

1. 认知目标：让学生认识并理解父母之爱，感受亲情的无私与伟大；
2. 情感目标：让学生体会到父母之爱的无私，心怀感恩之情；
3. 行为目标：让学生理解、关心、孝敬父母，以实际行动报答父母的养育之恩。

**【班情分析】**

1. 基本概况：

我班为汽修中职一年级，学生处于青春期，朝气蓬勃，有义气。大部分学生在校、在家与父母老师关系融洽，乐于沟通，对父母心怀感恩。

2. 存在不足：

（1）部分同学是留守孩子，基本和父母没有交流，不知道如何走近父母，感恩父母；

（2）有的同学虽和父母有交流，但和父母之间缺乏理解，还和父母存在抵触情绪。

**【设计思路】**

本次班会课围绕"走近父母、感恩父母"两个关键词展开，真正让学生体验父母养育孩子的不容易，学会用心交流，走近父母的内心，最后通过学生行动让生命充满爱。

**【活动准备】**

教师：感恩父母相关视频；音乐《感恩的心》；诗歌朗诵《关心》；诗歌朗诵《妈妈的爱》；周岁照片；感人故事。

学生：每位同学完成一封信——"爸妈，我想对你们说"。

**【教育方法】**

案例分析法；榜样示范法；小组讨论法。

**【内容安排】**

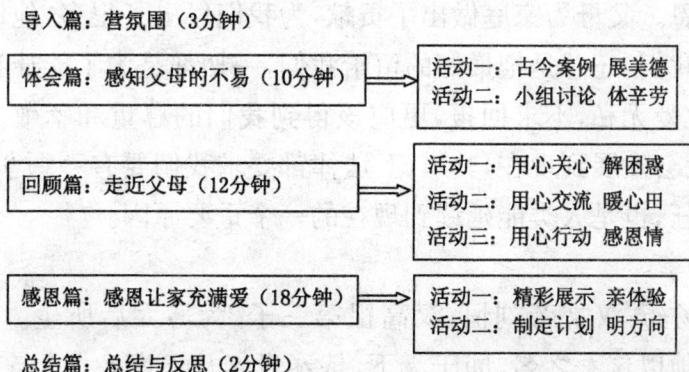

导入篇：营氛围（3分钟）

体会篇：感知父母的不易（10分钟）→ 活动一：古今案例 展美德 / 活动二：小组讨论 体辛劳

回顾篇：走近父母（12分钟）→ 活动一：用心关心 解困惑 / 活动二：用心交流 暖心田 / 活动三：用心行动 感恩情

感恩篇：感恩让家充满爱（18分钟）→ 活动一：精彩展示 亲体验 / 活动二：制定计划 明方向

总结篇：总结与反思（2分钟）

**【具体步骤】**

### 导入篇:营造氛围(3分钟)

播放歌曲《感恩的心》,在乐曲中进入情境,体会生命的给予,体会被爱的幸福,回想自己对父母做了些什么。

1. 孝顺青年最美丽

仲由,百里负米的故事。为了能让父母吃到米,他不管严寒酷暑,都不辞辛劳地跑到百里之外买米,再背回家。后来楚王聘他当官,对他很是礼遇。

2. 班主任引导

父母之恩,水不能溺,火不能灭。父恩比山高,母恩比海深。养儿方知娘辛苦,养女方知谢娘恩。不当家,不知柴米贵;不养儿,不知报母恩。孝子之至,莫大乎尊亲;尊亲之至,莫大乎以天下养。哀哀父母,生我劬劳。——《诗经》。

**【设计意图】** 通过榜样示范,激发学生向往之情,引出主题。

### 体会篇:感知父母的不易(10分钟)

*活动一:古今案例 展美德*

1. 小组代表汇报课前搜集整理的资料:

孝顺名言警句:

(1) 谁言寸草心,报得三春晖。——孟郊

(2) 孝敬父母经常可以代替最高贵的感情。——孟轲

(3) 母亲,是唯一能使死神屈服的力量。——高尔基

**【小组讨论】** 我们如何孝顺父母? 父母在我们成长道路上付出了多少?

**【师生明确】** 父母生育了我们,给予我们生命,滴水之恩,尚且涌泉相报,更何况是养育之恩。父母为家庭做出了贡献,为我们付出了很多,他们不辞辛苦地在外赚钱养育我们,还总是把最好的留给我们,一切都是为了能让我们在最好的状态下成长,此爱无私,不求回报,更应该得到我们的尊重和孝敬。抛开个人感情,整个人类社会发展到现在,其道德、法律都要求我们要有一颗孝顺父母的心,这是我们的责任,也是人类能延续到现在的一个重要原因。

2. 故事分享:

(1) 亲尝汤药:汉文帝刘恒,汉高祖第三子,为薄太后所生。高后八年(前180)即帝位。他以仁孝之名,闻于天下,侍奉母亲从不懈怠。母亲卧病三年,他

常常目不交睫，衣不解带；母亲所服的汤药，他亲口尝过后才放心让母亲服用。他在位24年，重德治，兴礼仪，注意发展农业，使西汉社会稳定，人丁兴旺，经济得到恢复和发展。他与汉景帝的统治时期被誉为"文景之治"。

（2）鹿乳奉亲：郯子，春秋时期人。他的父母年老，患眼疾，需饮鹿乳疗治。他便披鹿皮进入深山，钻进鹿群中，挤取鹿乳，供奉双亲。一次取乳时，看见猎人正要射杀一只麋鹿，郯子急忙掀起鹿皮现身走出，将挤取鹿乳为双亲医病的实情告知猎人，猎人敬他孝顺，以鹿乳相赠，护送他出山。

（3）恣蚊饱血：吴猛，晋朝濮阳人，八岁时就懂得孝敬父母。家里贫穷，没有蚊帐，蚊虫叮咬使父亲不能安睡。每到夏夜，吴猛总是赤身坐在父亲床前，任蚊虫叮咬而不驱赶，担心蚊虫离开自己去叮咬父亲。

（4）扼虎救父：杨香，晋朝人。十四岁时随父亲到田间割稻，忽然跑来一只猛虎，把父亲扑倒叼走，杨香手无寸铁，为救父亲，全然不顾自己的安危，急忙跳上前，用尽全身气力扼住猛虎的咽喉。猛虎终于放下父亲跑掉。

### 活动二：小组讨论　体辛劳

1. 小组讨论：我们目前都是16周岁左右的学生，对于已经长大的自己来说，我们如何做到孝顺父母，感恩父母？

【学生明确】　努力求学，不让父母担心自己的功课、自己的成绩，尽到做学生的本分的话，那就不会让父母亲担心了。要照顾好自己的身体，不要感染了疾病，才不会使父母操心你的身体。不要学坏，一些坏孩子教你抽烟、喝酒、杀人、放火，你绝对不能跟他们学，那样实在是太不孝顺了。要帮父母做家事，分担父母的工作，例如：帮父母洗洗碗、拖拖地、扫扫地、擦一些家具……这些事情不必等到以后再做，现在我们都可以做了。

2. 诗歌欣赏：《妈妈的爱》

有一个很热很热的夜晚，我从梦中醒来，妈妈正给我扇着扇子，汗水却湿透了她的衣裳。啊！妈妈的爱是清凉的风。

有一个很凉很凉的雨天，妈妈到学校接我，一把伞遮在我的头顶，雨水却打在妈妈的身上。啊！妈妈的爱是遮雨的伞。

有一回我病了，妈妈抱我去医院。摸着我很烫很烫的额头，妈妈着急地哭了。啊！妈妈的爱是滴落的泪。

有一天，我打破了暖瓶，对妈妈又说了谎，妈妈的批评叫我脸红，我不敢抬头看她的眼睛。啊！妈妈的爱是责备的目光。

一次老师叫用"最"字造句，我说："我最爱妈妈。"妈妈告诉我："最该爱的是祖国,祖国是我们所有人的妈妈。"

预设:给妈妈准备一个有意义的礼物;学期结束获"优秀学生";参加省技能大赛……

**【设计意图】** 通过案例分析、思辨讨论,学生明确父母为我们付出了太多,我们必须学会体谅父母,感恩父母。

### 回顾篇:走近父母——用心关心父母(12分)

设问:一直以来,父母关心我们的学习生活,关心我们的成长,那我们如何来关心父母呢?

**活动一:用心关心 解困惑**

1. 诵一诵:

教师引导:我们一直在谈论关心。那么关心到底是什么?请全体起立,一起朗诵:《关心》

如果世界是一间小屋,

关心就是小屋中的一扇窗;

如果世界是一艘船,

那么关心就是茫茫大海上的一盏明灯。

被人关心是一种美好的享受,

关心他人是一种高尚美好的品德。

2. 议一议:"父母的关心"

师1:同学们说得真好,世界上有一种朴实的爱,他的名字叫母爱。阴雨时节,一把雨伞送来了她的深情;傍晚时分,一杯牛奶送来了她的关怀。琐碎之中,爱在荡漾,爱在澎湃。

师2:世界上有一种宽容的爱,他的名字叫父爱。像高山似大海,他包容着一切。那么宽容的父爱,那么博大的胸怀。

师3:爸爸、妈妈对我们的关心是无私的,是无微不至的,这点我们深有体会,下面让我们来用心倾听一下几个同学的感受。

预设:这一切都是为我们操劳的呀!今天,我们要真诚地大声地说一声:"爸爸、妈妈感谢你们,你们辛苦了!"

3. 师生明确:父母为我们做的事情数不胜数,一言难尽,他们从来没有想到向我们索取,我们却视而不见,心安理得,甚至觉得理所当然;我们为父母做的事情微不足道,寥寥无几,我们却一味索取,甚至做了一点小事就以功臣自居,

这是多么不应该呀！爱需要尊重,理解和沟通,我们要做到用心体谅父母关心父母。

**活动二:用心交流 暖心田**

1. 话题释疑

我们如何走进父母的心灵,表达自己对父母亲的关爱?

2. 现场连线

(1) 在外工作的父母:为了赚钱养家培养子女,不得不和子女分开,在外工作,对孩子的关爱交流很少,感觉对孩子有愧疚,希望孩子能体谅。

(2) 在烈日下劳作的父母:孩子,家里的活不要操心,好好学习就行!

3. 师生明确

走近父母的方法:

1. 多向父母表达你爱他们。主动承担家务;纪念日、节日送点小礼物;遇特别情况写一封信表达感激;适时为父母倒杯茶、削个水果。

2. 和父母有分歧时学会换位思考,站在父母的角度上去想一想。

3. 应让父母感觉你相信他们,多交流并经常给予赞美。多向父母说说自己的情况,自己的愿望;多倾听父母的话;遇上烦恼,告诉父母,寻求父母的帮助。

4. 回家和外出主动给父母打招呼。

5. 时时谨记,父母只会爱孩子,决不会害孩子。

只要能理解、孝敬、尊重父母,你就和父母走近了。

**【设计意图】** 通过和父母用心交流,拉近和父母的距离。学生明白父母的付出不易,真正走近父母内心,关心父母。

**活动三:用心行动 感恩情**

1. 小组讨论:哪些事是我们日常生活中可以做的,怎样走近父母,为父母分忧,关心父母?

关键词:

(1) 沟通:理解、体谅、相互信任……

(2) 明确做法:每天为父母倒一杯水,父母下班回家时为父母提拖鞋,吃饭时为父母盛饭,每周坚持为父母做一顿简单的饭菜或洗一次衣物,每星期帮父母做一次家务如扫地、收拾房间等。每天认真完成家庭作业,自觉学习,安排好课余作息,不让父母操心。在家听从父母的教导,不任性,不要脾气。记住父母生日,父母过生日时,要表示祝贺。每天饭后与父母聊聊天,多交流。

## 感恩篇:感恩让家充满爱(18分)

**活动一:精彩展示 亲体验**

1. 分享名字的故事

(1) 师:我们的降临,是父母生命的延续,是家庭未来的曙光。我们的名字是父母理想的编制,同学们,你们知道自己名字的含义吗?

(2) 学生交流自己名字中蕴涵的意义。

(3) 师:孩子的名字融入了父母多少的期望! 他们为了给孩子取名字花了多少心思。

2. 师生同分享

同学们,我们曾经为一个陌生人的点滴帮助而感激不尽,却无视朝夕相处的父母给予我们的种种恩情,这实在是内心有愧! 此刻,请拿出我们的实际行动,向爱我们的人和我们所爱的人感恩吧! 你也可以谈谈自己平常的一些做法。

学生发言:①倒开水;②按摩;③捶背;④考大学,让爸妈高兴;⑤赚很多的钱,给父母买东西;⑥生病时多陪他们;⑦给父母讲笑话,逗他们开心;⑧爸爸妈妈累了,给他们表演节目;⑨帮爸妈煮饭;⑩帮妈妈拣菜。

注:多媒体出示同学们孝敬父母的镜头。

**活动二:制定计划 明方向**

1. 定目标,我努力

班长:从现在起,为让父母放心,大家通过每天的努力去改变自己,使自己成为更优秀的人。

| | | | | |
|---|---|---|---|---|
| 我能做到的 | 按时完成作业 | | 脏话 | 我要改进的 |
| | 做好值日卫生 | | 坏习惯 | |
| | 常和父母谈心 | | 迟到旷课 | |
| | 多和老师交流 | | 上课玩手机 | |
| | 遵守校纪校规 | | 上课睡觉 | |

2. 齐宣誓,来明智

班长:我提议,下面让我们全体起立,向伟大的父母庄严宣誓——

(请同学们起立、握拳、一句句跟读宣言)

亲爱的爸爸妈妈,

我向你们保证:

从现在开始,

在思想上让你们安心;

在学习上让你们放心;

在生活上让你们省心;

以最好的表现来报答你们的养育之恩。

我决不辜负父母心!

【设计意图】 通过总结、展示、制定计划,帮助学生进一步认识到父母的不易,并用实际行动来感恩父母,获得幸福感。

## 【班主任总结】

鲜花感恩雨露,因为雨露滋润它成长;苍鹰感恩长空,因为长空让它飞翔;感谢之情,回报之举。在这个世界上,有许许多多的人或事值得我们去感恩。其中,最值得我们每个人去感恩的人,就是我们的父母。我们感谢父母的方式多种多样,一个感激的眼神,一声温馨的问候,一次真诚的交流,一份满意的答卷;做一个孝顺的子女,做一个优秀的学生,这就是对父母最好的感恩。

## 【总结与反思】(2分钟)

1. 反思:有三个学生小组讨论环节,由于学生的讨论时间不好把控,如果讨论时间较长,将会把剩下的内容延伸到课后完成,以保证教育效果。

2. 拓展

读:写《温暖一生的亲情》读后感,上传至班级微信群并交流。

评:每月跟踪总结《我的计划书》,评选出"最佳"达人,并颁发荣誉证书。

## 专 家 点 评

该主题班会方案设计突出的亮点是针对性强,遵循时代要求和学生发展特征,结合机电专业学生的特点设计活动,所选用的事例既能凸显班会主题,又与专业技能有机地融合在一起。格式规范,思路清晰,表达准确。

通过三个篇章来让学生认识到感恩父母的重要性,三位一体的设计非常新颖,让这堂课取得比预期更好的效果。导入部分通过播放歌曲《感恩的心》,在乐曲中进入情境,体会生命的给予,体会被爱的幸福,回想自己对父母做了些什么,学生都沉浸在"爱"的情感中。

# 感恩老师

**【教育背景】**

百年大计,教育为本。如果说教育是一个国家实现振兴,实现长治久安的基石,那么教师就是基石的奠基者。在日常工作中,教师的身份也不光是教书,他还是保姆,是医生,是人生导师,是宿舍管理员;有时还是警察,是法官,甚至是父母,是知心的哥哥姐姐叔叔阿姨……因此,尊师重教历来就是中华民族的传统美德。"一日为师终身为父"的古训,以及如今的法定假日"教师节",无不体现中华民族历来对教师的尊敬与重视。

感恩教育是中职生心理健康教育的一部分,是学校培养学生的积极心理品质和健全人格的重要方面。在生活条件日益丰富的现代社会,让学生懂得感恩,给予学生心灵的滋养是必不可少的。"生活是一面镜子,你对着它笑,它也对着你笑;你对着它哭,它也对着你哭。"对社会懂得感恩的人,是有幸福感的人;一个没有感恩之心的人,也必定是人生、人格、心理不健全的人。现在的很多中职生,不懂得感恩,不愿感激,不会感动,少数甚至成为只知道汲取的"冷漠一代",更将千百年来流传下来的对老师的尊敬抛之脑后。很多学校将学生"不得顶撞老师"作为校规写进学校的规章制度,这就是上述原因出现后产生的现象。通过本次班会,希望努力唤回学生回报爱心的良知,并以此为契机,让学生学会感恩,刻苦学习,拼搏进取,来回报师爱。

**【教育目标】**

1. 认知目标:了解教师节的由来及教师的工作特点,引导学生学会感恩,培养学生的感恩意识。

2. 情感目标:让学生深入体会老师之爱,感受老师的无私与伟大。

3. 行为目标：通过多种类型的班会课呈现形式，锻炼学生的听、说、读、唱等方面的能力，并以自己的实际行动，努力学习，以报答老师的教育之恩。

## 【班情分析】

1. 基本概况：

我班为表演艺术专业 2017 级，处于职业教育 5 年制大专的二年级，学生对身边的老师有多次接触或者近距离长时间相处的经历，对老师比较熟悉，更容易唤起师生的感情。

2. 存在的不足：

(1) 因为我们的学生为中职生，学生的文化学习成绩大多不理想，从中学起，就有相当数量的学生对老师有抵触情绪，甚至与老师关系紧张。

(2) 我们班级还有部分学生对老师没有近距离交流过，对老师感情不深，比较冷漠，更无感恩之情。

## 【设计思路】

本次班会课紧紧围绕"感恩老师"这样一个主题展开。由走近老师，感受师爱，回报师恩三个环节组成，让学生理解老师，深入体会老师之爱，感受老师的无私与伟大。努力唤回学生回报爱心的良知。并以此为契机，让学生学会感恩，刻苦学习，拼搏进取，来回报父母、老师、社会。

## 【活动准备】

1. 教师精心制作活动课件，准备教师工作一日常规表。

2. 学生精心设计准备班级任课老师邀请卡，邀请班级所有老师参加本次班会课。

3. 确定班级主持人，编写主持词。

4. 准备背景音乐《老师》（王振宇演唱）；结合表演艺术专业特点，排练班级大合唱《感恩老师》；钢琴演奏，学生独唱《长大后我就成了你》；排练诗朗诵《老师，我想对你说！》。

5. 准备教师节知识卡，为有奖竞答做准备（准备一些小奖品）。

**【教育方法】**

角色体验法,榜样示范法,小组讨论法。

**【内容安排】**

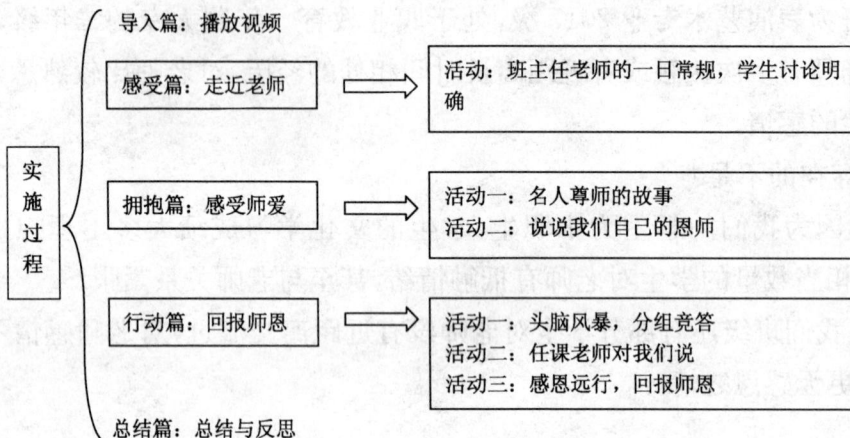

**【具体步骤】**

### 导入:(4分钟)

(主持人上场,电教委员做好准备)课前营造氛围,播放视频:《感人教师节沙画:送给天下所有的老师》,伴随视频播放,主持人朗诵《每当我走过老师的窗前》歌词。

**【设计意图】** 通过视频播放男女主持人与全班同学的配合朗诵,把大家带入班会课的氛围。

### 感受篇:走近我们敬爱的老师(10分钟)

活动:课件展示班主任老师的一日常规(带背景音乐《老师》——王振宇演唱,班主任辛勤工作的背景照片,主持人读出班主任老师的一日常规)。

**我们班主任老师的一日工作常规**

| | |
|---|---|
| 6:30—6:50 | 提前到达操场,并带领大家跑操。 |
| 6:55—7:15 | 到食堂督查同学们就餐,然后自己就餐。 |
| 7:35—7:50 | 到班级和同学们一起早宣誓,并督查班级卫生打扫情况。 |
| 8:00—8:45 | 有课的班主任上课,没有课的班主任到宿舍检查内务。 |
| 9:00—11:45 | 上课 |
| 12:10—13:40 | 到食堂督查同学们就餐,然后自己就餐,接着到校园巡逻,维护校园安全。 |
| 14:15—15:00 | 有课的班主任上课,没有课的班主任到宿舍检查内务,检查班级卫生。 |
| 15:15—17:00 | 上课,没有课时在第7节课外活动课时间找同学谈心。 |
| 17:15—18:00 | 到食堂督查同学们就餐,然后自己就餐。 |
| 18:20—18:50 | 到班级和同学们一起晚自习,并督查班级卫生打扫情况。 |
| 19:00—20:20 | 晚自习辅导、班会课或者和同学谈心。 |
| 20:30—21:20 | 操场巡逻,到宿舍检查就寝秩序,宿舍点名。 |

(主持人)著名诗人赵朴初曾经这样歌颂我们的老师:"不用天边觅。论英雄,教师队里,眼前便是。历尽艰难曾不悔,只是许身孺子。堪回首十年往事!无怨无尤吞折齿,捧丹心默向红旗祭。忠与爱,无伦比。幼苗茁壮园丁喜。几人知,平时辛苦,晚眠早起?燥湿寒温荣与悴,都在心头眼底,费尽了千方百计。他日良材承大厦,赖今朝血汗番番滴。光和热,无穷际。"

(根据已有的班级分组,各小组根据上面的班主任老师的一日常规,展开讨论。)

【小组讨论】 大家从上面我们班主任的一日工作常规里,看到了什么?

【学生明确】 班主任工作的意义、内容、功能、作用;班主任的艰辛、劳累;班主任工作的成绩和献身精神。我们班主任老师是无名英雄——累在自己、功在国家、功在千秋。工作时间长——从早到晚;工作头绪多——学习、生活、身体、心理无一不管;工作责任重——从身体健康到心理健康,乃至人身安全,从知识传授到素质教育,从日常管理到前途规划;工作压力大——学生升学的压力、就业的压力、班级竞争的压力等等。

【小组展示】 各组竞相到前面表达自己小组的看法,主持人点评。

(主持人拓展)如果说班主任老师是我们生活中的守护人,我们学习中的引路人,那么我们的每一个任课老师又何尝不是这样!

【设计意图】 通过详细了解班主任老师的一日工作常规,走近我们的班主任老师,通过分组思辨讨论,学生明确各位老师的无私付出,走近我们各位老师浓浓的师爱。

## 拥抱篇:感受我们老师浓浓的师爱(12分钟)

(主持人设问)我们每个同学都有自己的老师,当然历史上的名人们也不例外,他们都是怎么尊敬自己的老师的呢?

**活动一:走近名人尊师的故事**

1. 走近名人尊师的故事

(1)朱德给老师敬礼

1959年春的一天,朱德同志在云南政治学校礼堂看戏。开演前,朱德同志正和身边观众谈话。这时,一位耄耋老人由服务员引了进来,朱德一眼便认出这位老人是他早年在云南陆军讲武堂学习时的教官叶成林,急忙起身上前,立正敬礼。礼毕又紧紧握住老人的双手,亲切地呼唤:"叶老师!"然后请叶老人座,待老人坐定后他才坐下。

(2)鲁迅尊敬老师

鲁迅先生对启蒙老师寿镜吾一向很尊敬。他18岁到南京读书,每当放假回绍兴时,总要抽空看望寿先生。1902年至1909年,在东渡日本留学的8年间,他经常写信向寿老师汇报自我在异国的学习状况。一次,他奉母命从日本回绍兴办婚事,仅在家中停留了四天,但他仍在百忙中抽时间专程探望了年逾花甲的寿先生。鲁迅在日本还拜章太炎先生为师学文字学。章太炎先生逝世后,他连续撰文两篇纪念。

(3)毛泽东向教师敬酒

1959年6月25日,毛泽东同志来到阔别32年的故乡韶山,特意邀请他在私塾读书的老师毛禹珠一齐吃饭。席间毛泽东热情地向老师敬酒,毛禹珠老先生说:"主席敬酒,岂敢岂敢!"毛泽东笑着回答:"敬老敬贤,就应就应!"

(4)华罗庚:修炼成名不忘师恩

华罗庚,世界著名的数学家,中国现代数学之父。在他成名之后,不止一次说过:"我能取得一些成就,全靠我的教师栽培。"1949年,华罗庚从国外回来,立刻赶回故乡江苏金坛,看望发现他数学才能的第一个"伯乐":王维克老师。他在金坛作数学报告时,特地把王老师请上主席台就座,进会场时让老师走在前面,就座时只肯坐在老师的下首。由于青年时代受到过"伯乐"知遇之恩,华罗庚对

于人才的培养格外重视，他发现和培养陈景润的故事更是数学界的一段佳话。

2. 说说对名人尊师的看法

预设：尊师重道，是中华民族的传统美德。其本质是尊重知识、尊重教育、尊重人才。

3. 让学生明确：尊师重道，是人类社会发展和社会文明进步的反应。古往今来，尊师重道，已成传统，代代相传。特别是在新中国成立以后，国家更加牢固树立尊师重教、尊师敬长的良好社会风尚。

**活动二：说说我们的恩师**

表演

（主持人）各位同学，刚才我们走近了名人尊师的故事，大家谈了自己的看法。下面让我们用真诚感恩的心，一起合唱一首《感恩老师》，来送给我们敬爱的老师们。

全班大合唱《感恩老师》！

说说我们的恩师

（主持人）同学们，从小学到现在，我们生命中遇到了很多老师，此时此刻，你一定想起了与老师一起快乐的日子，还有那份永远也忘却不了的感动，下面就让我们一起来说说吧！

（按小组，小组代表上台与大家一起分享自己与恩师之间发生的故事）

（主持人）刚才我们很多同学分享了自己与恩师的故事，让我们非常感动，下面请大家欣赏由周怡馨同学带来的独唱《长大后我就成了你》，由胡静同学钢琴伴奏，把这首歌送给我们敬爱的各位老师。

【设计意图】　通过"走近名人尊师的故事"和"说说我们的恩师"两个活动，让学生切身感受老师给予他们的浓浓的师爱。

### 行动篇：用行动回报我们的恩师（17分钟）

**活动一：头脑风暴，分组竞答**

1. 小组竞答：

（主持人）下面这个环节是小组竞答环节，该环节规则如下，由主持人说完题目后，主持人宣布开始抢答，各小组才能抢答，提前答无效，一个小组同时只能有一人站起来回答，获胜小组最终由班主任颁奖。

第一题：今年是我国第几个教师节？

第二题:新中国成立前我国的教师节为几月几日?

第三题:教师节定在什么日子最合适,曾征求过谢冰心、叶圣陶等老前辈的意见,冰心先生和叶圣陶先生的建议分别是什么?

第四题:"教师节快乐"的英文全称是什么?

第五题:我国仅有三个行业性节日是什么?

### 活动二:任课老师对我们说

(主持人)各位同学,今天是一个特殊的日子——教师节,在这个充满感动的日子里,我们请敬爱的老师们给我们提提对我们的要求与希望。

(老师代表上台发言)

### 活动三:感恩远行,回报师恩

(主持人)是啊! 老师对我们的爱是无私的,更是无价的,我们有很多的话语想跟我们的老师倾诉! 下面请欣赏诗朗诵《老师,我想对你说!(节选)》(作者:小柴豆)

(主持人)同学们,尊师、爱师不能只停留在口头上,下面请大家说一说,我们应该用什么样的实际行动才不辜负老师对我们的期望?

(个别同学发言)

师生明确:要把对老师的感恩之心内化为努力学习,拼搏奋进的内驱力,重点落实在行动上,结合我校的"激励教育",用心做好每天的早宣誓,晚自省工作,以"无从五做"为抓手,勤奋学习。

五从:从专、从严、从细、从实、从我;

五做:做精、做活、做优、做特、做强。

【设计意图】　通过知识竞答,让学生了解"教师节"的由来,知道我国通过确立法定假日"教师节",来体现国家对教师的尊敬与重视。通过"老师对我们说","老师我想对你说"两个环节,实现本节班会课升华,达到学生尊敬老师,感恩老师,努力学习,回报师恩的目的。

【班主任总结】

同学们,我现在的心情非常激动,看了今天的主题班会,听了你们的话语,我的心被震撼了,这是你们对老师心灵的倾诉,由衷的赞美,我代表我们班所有老师感谢你们! 同学们,努力拼搏吧,老师相信你们!

**【总结与反思】**(2 分钟)

1. 反思：本节课内容丰富，时间要合理把握，否则任务难以完成。

2. 拓展：

每位同学写：《回报师恩，我该怎么做》个人小规划，上传到班级微信群并相互交流。

组织同学出：《回报师恩》主题黑板报。

## 专 家 点 评

1. 本次班会课每个活动都有一个主题，并能结合学生实际，围绕学生熟悉的学习、生活环境，展开活动。这次主题班会，选在教师节这一天，节目、活动的编排紧紧围绕"感恩老师"这样一个主题，有着它特殊的意义。

2. 在活动过程中组织形式多样，寓教于乐，学生在轻松愉悦的氛围中得到心灵的震撼、精神的升华。

3. 本节班会的每个环节都能反映学生的主题意识、自主能力和表现才能，学生是活动的主人，而班主任，只是在幕后默默地欣赏、及时地指点。这样，就充分调动学生积极参与到活动中，展现了他们的才艺、挖掘了学生的潜能。

4. 此次班会课不仅体现出学生与学生的互动，还有学生与老师之间的互动。这不仅增强了师生之间的理解，也增强了师生之间的交流，更增进了师生之间的情感。

# 心怀感恩　励志笃学

**【教育背景】**

　　开学伊始,系部为了便于更好的管理,对同专业同年级的班级进行了整合。面对班级调整,很多学生心理出现了波动,或是不自信,或是不够努力,究其根本,是态度不坚定,没有一个明确的目标,因此本次班会的主题是"肯定自身价值,实现心中梦想"。一个人只有相信自己,肯定自己,确定好心中的目标,才能有动力朝着目标前进。

　　通过励志主题班会课,以竞赛的模式贯穿始终,激起学生的竞争意识。在各个环节中,由主持人来掌握节奏,每个环节老师都随机加入到一组中去,师生互动,共同完成任务,以同学们喜闻乐见的形式来引导学生阐述自己的观点;以竞赛的形式来激起学生的好胜心;以阅读故事的形式培养理解能力和发散思维;以小组讨论的形式培养团队意识,协作意识;以歌曲联唱和广告语比拼的形式来引起兴趣并在每一个环节中都紧扣主题。再加上老师及时的点拨,主题的凸显就水到渠成了,这样就避免了将观点强加给学生而使其出现逆反心理的情况发生,顺理成章地明确了主题"肯定自身价值实现心中梦想"。

**【教育目标】**

　　1. 让学生正确认识压力,调整面对压力的心态。

　　2. 通过与学生心灵上的交流沟通,一起探讨中职学生面临压力时有效地释放压力的方法。

　　3. 激励学生有计划地学习,快乐地学习。

## 【教学方法】

讲授法；案例分析法。

## 【教学准备】

1. 教师准备

(1) 围绕班会主题召开班委会，讨论本次主题班会的筹备工作；

(2) 设计班会形式及教学具体过程，准备教案，搜集相关素材；

(3) 准备教学课件。

2. 学生准备

(1) 认真思考并准备感恩父母的事例以及父子、母子、师生之间的令人感动的事例；

(2) 收集并准备励志故事演讲；

(3) 准备歌颂师恩的诗歌朗诵。

## 【教学环节展示】

## 开 场 白

(以一首《感恩的心》作为开场背景音乐。)

"感恩的心，感谢有你，伴我一生，让我有勇气做我自己……感恩的心，感谢命运，花开花落，我一样会珍惜……"

教师深情引入：

从一个婴儿的呱呱坠地到哺育他长大成人，父母们花去了多少心血与汗水，多少个日日夜夜深情呵护；从上小学到现在念职业学校，又有多少老师为你呕心沥血，默默奉献着光和热，燃烧着自己，点亮着他人。

感恩是一种文明，感恩是一种素质，感恩更是一种品质。因为感恩才会有这个和谐、多彩的社会，因为感恩才会有真挚的友情。因为感恩才让我们懂得了生命的真谛。

人有了感恩之心，人与人、人与自然、人与社会才会变得更加和谐，更加亲切。让我们心怀感恩，励志笃学，让我们的世界因为感恩而精彩。

### 环节一:感恩父母,歌颂父母之爱

感恩是发自内心的。俗话说"滴水之恩,当涌泉相报。"更何况父母、亲友为你付出的不仅仅是"一滴水",而是一片汪洋大海。父母之爱是天底下最伟大、最无私的。

常言道:鸦有反哺之情,羊有跪乳之恩。你是否在父母劳累后递上一杯暖茶,在他们生日时递上一张卡片,在他们失落时奉上一番问候与安慰?他们往往为我们倾注了全部的心血、精力,而我们又何曾记得他们的生日,体会他们的劳累,又是否察觉到那缕缕银丝,那一道道皱纹?感恩需要你用心去体会,去报答。

你应该不会忘记这种情况吧?

为了一件小事就自己无厘头的撒娇,母亲却总是尽量满足你,因为在她心中你是最重要的人!

下雨了,她总是把雨伞尽量向你这边靠,生怕你会淋雨生病,她的心总是那样的精细到了极点,为了你不挨淋而自己半身湿透却浑然不觉。

看影片 谈感受(播放《感人的演讲》视频)

这个演讲大家应该不会陌生,片中的小姑娘是否有你的影子?看了后你又做何感想?其实你无须回答,你眼中那晶莹的泪珠早已表露了你感动的内心!

1. 感受父爱

(播放《父亲》背景音乐)

父爱是山,无论有多大的困难,他总是你依靠的屏障。父爱是路,无论你走到哪里,他都伴你延伸,为你指点迷津,护你一路走好。

父亲总是要求我们最为严厉的那一个,他不说则已,说就会一语中的,那样的斩钉截铁,绝不容许你有讨价还价的余地。看似无情,可是其中的深情却无法言表——父爱无言。鬓角的白发,额头的皱纹,大山般的父亲,留给我们的应该不只是背影……

2. 感受母爱

(播放《母亲》背景音乐)

无论你身处何地,有一个人,她永远占据在你心中最柔软的地方,每当静下心来的时候,关于她的点点滴滴总会萦绕脑际,总会想到她所给予你的一句句满含关怀的唠叨,一碗热乎乎的鸡蛋面,一双舒适的灯下刚刚做好的棉鞋……

你应用自己的一生去爱她,这个人叫:"母亲",这种爱就叫母爱。

（1）指一名同学讲故事：《母爱的力量》。

一个年轻的母亲因患白血病久卧病榻，身心越来越疲惫。她知道留给自己的日子不多了，就趁医生、护士不注意的时候拼命为女儿编织了一件毛衣。毛衣织完藏在枕头下，人也从此进入半昏迷状态，后来她隐约听见护士的议论，知道自己不出 3 日将远离亲人，心里倒也十分镇定。

第二天突然听到病房外有鼓乐声，问床前守护的丈夫，丈夫只得告诉她，再过两天就是"六一"儿童节了，学生们在操练。年轻的母亲咬咬牙说："我一定要活过儿童节，我不能死在 6 月 1 号。不然，每到儿童节，女儿想起这天失去母亲，她能高兴吗？"果然，这个年轻的母亲在半昏迷状态下与死神周旋，时不时微睁开眼睛问，什么时候了？终于坚持到 6 月 2 日，她松了一口气："好了，我要同你们说再见了。"说完指指枕头下，含笑而去。

（2）齐读：《游子吟》——孟郊　去感悟家的温暖、母爱的深沉。

慈母手中线，游子身上衣。

临行密密缝，意恐迟迟归。

谁言寸草心，报得三春晖。

歌颂母亲的诗歌，如天上的星星数也数不过来，可见感恩母爱是自古以来千千万万人的共同心声啊！

3. 我所了解的父亲、母亲

生活中，你的父母亲对你所付出的一切真可谓爱意无边，无缝无隙，可是你们又对你自己的父母亲了解多少呢？请回答以下几题：

（1）你父亲、母亲的生日分别是_____　_____。

（2）你父亲、母亲的体重分别是_____　_____。

（3）你父亲、母亲的身高分别是_____　_____。

（4）你父亲、母亲分别穿_____、_____码鞋。

（5）你父亲、母亲喜欢的颜色是_____。

（6）你父亲、母亲喜欢吃的食物是_____。

（7）你父亲、母亲喜欢的日常消遣活动是_____。

（8）你父亲、母亲喜欢做的运动是_____。

（9）你母亲经常用来教育你的口头禅是_____。

你能做出多少呢？希望你能够把这些永久珍藏，永记心中，真正能够做到关心父母的点点滴滴就像父母亲关心你的点点滴滴一样的心细——因为他们对你们就是这样的无所不知,无所不至。

4. 反思自我

大家默读一篇小故事《种瓜得豆》:

一个女孩在父母的呵护下从小学到上初中,到考上重点大学,读研究生,读博士。

可当父亲病了,母亲需要与女儿商量如何给父亲治病的时候,女儿说:"我又不是医生,你跟我商量有什么用?"

当母亲让女儿把沾满了父亲口水的湿毛巾拿到洗漱间清洗的时候,女儿极不情愿地用两个手指小心翼翼地像捏着什么秽物。

读了以后你怎么想?

我想,这也无须回答,因为同学们总会对这个女孩嗤之以鼻:要是我绝不会这样!

(播放广告《妈妈,洗脚》宣传片)他做到了,你呢?

生活中父母为你所做有多少? 你又为父母做了多少? 这之间的天平平衡吗? 大家讨论后,小组回答。

小结:

亲爱的同学们,实际我们做得还十分不够,其实父母的期望并不多,我们的一句问候、一次搀扶、一杯茶水、一个微笑、一次感谢,我们的爸爸妈妈就满足了。我们感恩父母,他们给予我们生命。我们感恩父母,他们给予我们幸福生活。我们感恩父母,他们培育我们健康成长。

不知不觉,我们长大了。曾几何时,岁月的年轮写在父母的身上。他们的脸上爬上了几条皱纹,头发中映出几根银丝。他们的步履不再矫健了,他们的腰背不再笔挺了。这一切都是为我们操劳的呀!

今天我们要真诚地、大声地说一声:"爸爸妈妈,感谢你们,你们辛苦了!"(播放《感恩的心》背景音乐)

## 环节二:师恩难忘

老师的心和父母一样。父母给了你生命,老师给了你灵魂;父母给了你肉体,老师给了你思想。愿天下的孩子孝顺父母,愿天下的学子爱戴老师。

是谁,把无知的我们领进宽敞的教室,教给我们丰富的知识;是谁,用辛勤的汗水,哺育了春日刚破土的嫩芽;是谁,把调皮的我们教育成能体贴帮助别人

的人。

您的关怀好似和煦的春风，温暖了我们的心灵。

（播放《献给老师的歌》背景音乐）

感恩老师：9月的阳光如此灿烂，9月的校园如此深情，似滴滴雨露滋润着我们求知的欲望；似缕缕阳光温暖着我们心中的希望。让我们一起怀着一颗感恩的心，一起大声高呼：

我爱你，敬爱的老师！

我们的每一点知识，我们的每一个进步，都渗透着老师的汗水和心血。让我们用最真挚的感情，把歌颂我们敬爱老师的那许许多多感人的故事或者诗歌与大家分享。

诗歌举例：

### （一）

我爱我师

老师就像红烛，

燃起了学生心中的火把，

却燃烧了自己，

直到红烛成灰。

老师就像园丁，

养育着我们这一株株花朵，

却辛苦了自己，

直到体力耗尽。

我们长大了一定要成为国家的栋梁，

啊！老师就是这么无私！

啊！老师我们爱您！

### （二）

九月，如期而至。

世界因此灿烂。

我们歌唱九月，

因为这是您永恒的节日。

我们牢记九月，

因为这是我们真诚的表白。

九月,是只情满四溢的杯子,

我们用双手高高地举起

一片真诚的祝福声中,

请您干杯。

九月的乐章已经奏响,

请接受我们九月的献礼吧,

由衷的谢谢您!所有拼搏在教育战线的敬爱的老师们。

### 环节三:感恩励志 看我的!

**1. 教师激励**

人生如何面对困难和挫折——相信自己!(播放《相信自己》背景音乐)

人生在世,困难挫折难免,伤痛苦楚常有,面对困难有人选择退缩,遇到挫折有人选择认输;

但也有人不畏困难,越挫越勇,默默忍受伤痛,在失败或失意时选择拼搏,把挫折当成激励。

有道是"谋事在人,成事在天"。面对困难挫折,我们应该做到勇敢坚强,微笑面对、自信面对,应该怀着积极的心态做到:"得意、失意,切莫大意! 顺境、逆境,切莫止境!"

**2. 励志故事分享**

### 自己救自己

某人在屋檐下躲雨,看见观音正撑伞走过。这人说:"观音菩萨,普度一下众生吧,带我一段如何?"观音说:"我在雨里,你在檐下,而檐下无雨,你不需要我度。"这人立刻跳出檐下,站在雨中:"现在我也在雨中了,该度我了吧?"观音说:"你在雨中,我也在雨中,我不被淋,因为有伞;你被雨淋,因为无伞。所以不是我度自己,而是伞度我。你要想度,不必找我,请自找伞去!"说完便走了。第二天,这人遇到了难事,便去寺庙里求观音。走进庙里,才发现观音的像前也有一个人在拜,那个人长得和观音一模一样,丝毫不差。这人问:"你是观音吗?"那人答道:"我正是观音。"这人又问:"那你为何还拜自己?"观音笑道:"我也遇到了难事,但我知道,求人不如求己。"

提示:凡事都要靠自己,只有自己能救自己!

3. 我做到了吗？

一些以自我为中心的同学，吃饭时，家里最好的菜他一人独享；电视遥控器他一人主宰；同学聚会，要设法把父母打发出去，或时不时给父母脸色等等，不知感恩父母。

在学校里，坐在宽敞明亮的教室里，使用优良的教学设备，不知感恩社会。

在课堂上，老师上课他打瞌睡，上语文课他看外语，老师苦口婆心的规劝他视为耳边风，不知感恩老师。

享用着大自然赐给我们的一切，不知感激和保护它，反而随意破坏它……

这些人常常是"要求"多于"感恩"，只顾自己的利益，将父母、亲人、师长、朋友、同学的帮助视为理所当然、天经地义。

4. 感恩重在行动

学会感恩，就要学会承担自己在学校和家庭的责任和义务；学会感受为他人服务的快乐；学会把"行""谢谢"和"对不起"时时挂在嘴边；学会"在乎"每一个人，尊重他人的权益。

学会感恩，体现在生活的每一个细节之中，比如不随地乱抛纸屑果皮，不随口吐痰，爱护身边的公物，因为整洁的环境属于大家；课间与午休时不要大声喧哗，因为安静属于大家……

如此的学会感恩、学会尊重，能使我们懂的更多，爱的更多，得到的更多……

（请一名学生有感情地朗读）

学会感恩，不要再认为父母是理所当然帮我们做任何事情，他们把我们带到这美丽的世界，已经是足够的伟大，而且将我们养育成人，不求回报，默默地为我们付出，我们就别再贪得无厌地索求他们的付出。

学会感恩，就应该感谢老师给予我们及时的指导与教育。试想如果没有教师，你何来新知，我们怎会从咿呀学语的童稚长成今天的小大人？我们哪来思想的进步，我们怎能学会做人、做事？

学会感恩，感谢大自然赐予我们澄澈的蓝天、明媚的阳光和新鲜的空气；学会善待世间万物的生命，爱护一草一木，爱大自然、爱地球母亲。

师生齐读，烘托气氛：

凡事感恩

我们感谢父母，因为他们赐予我生命，不求回报地爱着我、疼着我；

我们感谢老师，因为他们传授我知识，告诉我做人的道理；

我们感谢朋友，因为他们在我困惑、委屈的时候给我力量；

我们感谢所有进入我生命中的人，因为是他们一点点装饰了我们精彩的人生；

感谢这个世界上所有值得我们感激的人。

5. 真情表决心

今天，我们以青春的名义宣誓：

珍爱宝贵的生命，感谢父母的养育之恩；

勤奋努力学习，感谢老师的谆谆教诲；

珍惜纯真的友谊，感谢朋友的相伴相助；

爱护环境，感谢大自然无私的馈赠！

总结：

结束语：（播放《感恩的心》背景音乐）

同学们，让我们常常拥有一颗感恩的心，时时铭记他人的恩情。让我们用自己的行动，以顽强拼搏地学习和点滴进步，去报答父母、报答师长、报答社会，报答所有关心爱护和帮助过我们的人，让我们的世界因感恩而更加美好灿烂！

**专　家　点　评**

该主题班会方案设计针对性强，遵循时代要求和学生发展特征，在各个环节中，由主持人来掌握节奏，每个环节老师都随机加入到一组中去，师生互动，共同完成任务，以同学们喜闻乐见的形式来引导学生阐述自己的观点，再加上老师及时的点拨，所以主题的凸显水到渠成，顺理成章地明确了主题"心怀感恩，励志笃学"。

主题四：成长篇

# 扬理想之帆　乘奋斗之舟　助幸福远航

## 【教育背景】

青年兴则国兴,青年强则国强。历史是一代一代奋斗者接续演进并书写的。每一代人都有每一代人的青春,每一代人的青春都应是奋斗的青春。

2017年12月,"佛系青年"词条刷遍朋友圈,火遍网络。佛系,代表着一种一切随缘的人生态度。它作为一种文化现象,已衍生出诸如"佛系青年""佛系生活""佛系购物"等一系列社会现象。人民日报评论"佛系青年":处处不坚持,事事随大流,那只能是淹没于人潮、迷失掉自我。从表面看是与世无争,实际从深层次来看是缺乏理想信念,缺乏奋斗精神,缺乏价值诉求体现。中职学生是人生观,价值观,世界观形成的关键时期,《中职德育大纲》明确提出要加强学生的理想信念教育,遵循贴近学生,贴近实际,贴近生活的德育原则,用积极心理学开展系列主题活动,通过德育目标前置让学生在活动中与优秀学长面对面,感受到榜样的力量,激发向上的信念;根据学生最近发展区,帮助他们制定学习规划书,细化每一个可实现的目标,小步走慢慢行大改变,逐渐增强自我效能感。

青春是奋斗的号角。不负春光勤耕耘,奋斗的青春最美丽!

## 【教育目标】

1. 认知目标:了解理想、奋斗与幸福的内涵,明确三者关系;

2. 情感目标:明确理想、奋斗是职业幸福充分必要条件;

3. 行为目标:能进一步树立理想,将奋斗精神落实在行动中,实现人生幸福。

## 【班情分析】

1. 基本概况：

我班为机电专业三年级，学生正处于理实一体化学习模式中，对专业发展及职业岗位要求比较熟悉。

2. 存在不足：

（1）部分同学对未来没有树立具体的人生理想，对理想、奋斗与幸福三者关系理解不透彻；

（2）有的同学虽有理想，但缺乏奋斗精神，还存在懈怠的情绪。

## 【设计思路】

本次班会课围绕"理想、奋斗、幸福"三个关键词展开，巧妙地把"幸福"比作是"诺亚方舟"，而理想是航标，奋斗是风帆，最后通过学生行动终将抵达幸福的彼岸。

## 【活动准备】

教师："宋彪"相关视频；技能大赛选手；专业教师；荣誉证书；空白思维导图。

学生：每组完成一个"螺纹轴承"模具作品。

## 【教育方法】

案例分析法；榜样示范法；小组讨论法。

## 【内容安排】

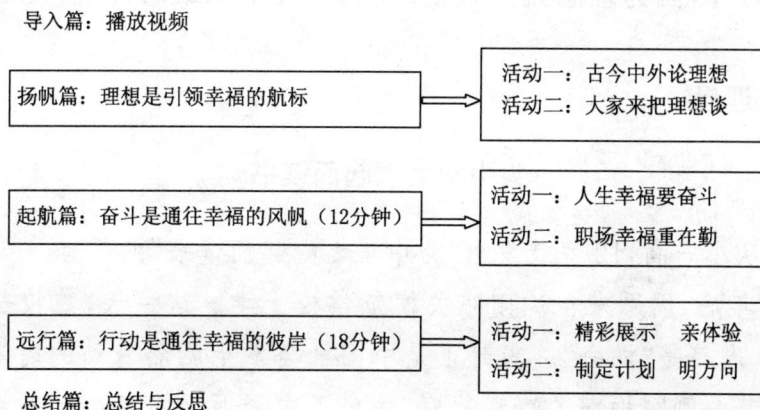

## 【具体步骤】

### 导入:(3 分钟)

1. 有志青年最美丽(播放视频)

魏良万,正值青春年华的他,怀揣自己的理想,在努力奋斗下,成为幸福的青年,荣获全国"最美中职生",被评为市"有志青年"。

2. 班主任引导

习总书记号召青年:青年一代有理想、有担当,国家就有前途,民族就有希望。我们职校生要争做好青年、有理想、敢奋斗! 只有这样才会得到幸福,因为"幸福是奋斗出来的"。

【设计意图】 通过榜样示范,激发学生向往之情,引出主题。

### 扬帆篇:理想是引领幸福的航标(10 分钟)

*活动一:古今中外论理想*

小组代表汇报课前搜集整理资料。

1. 理想名言组:

(1) 孔子,志存高远

(2) 托尔斯泰,理想是指路明灯。没有理想,就没有坚定的方向……

(3) 习总书记,理想是人精神上的"钙",精神"缺钙"就会得"软骨病"……

【小组讨论】 理想是什么? 对我们成长作用是什么?

【学生明确】 理想是对未来物质、精神层面的种种设想;从名言来看我们要做一个有志青年,因为理想就是人生的航标,心中承载的理想,便是青年精神之钙。

2. 名人理想组:

### 为中华之崛起而读书

周恩来从小志高,12 岁就发出"为中华之崛起而读书"的誓言。

1911 年年底,周恩来在沈阳东关模范学校上学。这一天,魏校长亲自为学生上修身课,题目是"立命"。当时正是中国社会发生剧烈变动的时期。孙中山领导的辛亥革命刚刚推翻了清朝政府,结束了中国两千多年的封建统治。很多

人，特别是年轻人思想困惑，没有明确的理想追求，没有人生奋斗的目标。校长讲"立命"，就是给学生讲怎样立志。

魏校长讲到精彩处突然停顿下来，向学生提出一个问题："请问为什么读书？"

教室里静静的，没有一个学生回答。

魏校长走下讲台，指着前排一个同学说："你为什么而读书？"这个学生站起来挺着胸脯说："为光耀门楣而读书！""就是为了光宗耀祖。"魏校长又向第二个学生，回答是："为了明礼而读书。"第三个被问的学生是一个靴铺掌柜的儿子，他很认真地回答说："我是为我爸而读书的。"同学们听了哄堂大笑。

校长对这些回答都不满意，摇了摇头又到周恩来面前，问道："你是为什么而读书？"

周恩来在学生中威信挺高，在前不久，辛亥革命刚刚成功，他在同学们中第一个剪掉了长长的辫子，这是很不简单的一件事，因为满清政府规定，所有汉人男子都必须像满族人一样留长辫子，以表示忠于清朝朝廷，不留辫子就要杀头。周恩来是第一个剪掉辫子的学生，所以，大家都很佩服他。

周恩来站起身来，教室里静悄悄的，大家都在等待他的回答。周恩来非常郑重地回答道："为中华之崛起而读书！"

魏校长没有想到，竟然有这样出众的学生，非常高兴。他示意让周恩来坐下，然后对大家说："有志者，当效周生啊！"意思是说，有志气的青年，都要向周恩来学习啊！

(2) 习近平在《我是黄土地的儿子》文章中回忆说，15岁来到黄土地时，我迷惘、彷徨；22岁离开黄土地时，我已经有着坚定的人生目标，充满自信。作为一个人民公仆，陕北高原是我的根，因为这里培养出了我不变的信念：要为人民做实事！

【小组讨论】 从资料来看，他们成功的共同点是什么？对他们成长有什么影响？

【学生明确】 都有远大的家国理想，个人理想。在理想的引领下，他们获得成功：为个人成长，社会进步，国家富强。

**活动二：大家来把理想谈**

每个成功的人都有理想，请把你的理想写在《我的奋斗计划书》中。预设：技能节上展示两件作品；学期结束获"优秀学生"；省技能大赛上……

【设计意图】　通过思辨讨论,学生明确理想内涵,理想是人生的航标。

## 起航篇:奋斗是通往幸福的风帆(12分)

设问:习总书记强调"不能把理想信念只当口号喊",如何实现理想,获得幸福呢?

### 活动一:人生幸福要奋斗

1. 看一看

(1) 小伙薛涛和同学张露一起来到谷里街道,承包了土地200余亩,建起了薛涛家庭农场,种植水稻、小麦、蔬菜等农业作物,成为江宁区最早一批家庭农场主。在农作物种植中尝试生态种植、绿色生产,农场多个产品通过无公害产品检测,荣获2017年省级农产品质量安全追溯管理示范单位称号。近年来引进省农科院南粳46,平均亩产达452千克。同时,为进一步打开市场,薛涛在产品销售上积极探索"农业互联网+",注册了"靓谷农情"商标,并于去年秋季建立自己的互联网销售平台,目前线上销售总额已达近20万元。农场2015年实现总产值42.5万元,总净收入18.2万元、亩净收入910元;2016年总产值60.8万,总净收入23.6万,亩净收入1180元,实现逐年快速增长良好态势,农场先后被评为南京市市级示范家庭农场,江苏省省级示范家庭农场。

(2) 彼德是成都为人津津乐道的传奇。原名罗宗华的他,原是四川地道的农村小伙子,半句英语也不会,在他的字典里,根本没有"西餐"这个词儿。然而,短短10年间,他居然脱胎换骨变成了另一个人。如今他说得一口流利的美式英语,名气已是响当当了。

彼德出生于四川资阳,自小便帮父母干农活。他的父母日夜劳作,却还是村里的穷户。由于家里实在挤不出学费,他读到初一便辍学了。他很想脱离贫穷的困境,于是努力学习编竹筐。随着收入的增加,全家人都加入到了编竹筐的阵营里。编竹筐太辛苦了,他不想一辈子当篾匠,于是16岁那年,他决定离开农村,到城里去谋生。他向邻居借了20元当路费,风尘仆仆地来到了成都。那是1996年。彼德这个土里土气的小伙子,站在位于成都九眼桥的劳务市场里,满心憧憬地等人来雇。他的第一份工作是到一家小餐馆洗碗,从早上7点开始把手浸在洗碗水里,一直做到半夜12点才休息。1997年,他跳槽到一家小西餐馆去当厨工,在这里彼德学做的第一道西式点心是苹果派,他从中得到的最大心得便是:凡事都得认真,丝毫马虎不得。从原料的选择到烘焙的温度,都得小心应

付,一招不慎,全盘皆输。每次去上课,他总抱着一部厚厚的字典,把菜谱上的英文字一个一个地翻译出来,猛学苦记,回家后再细细消化。在 1999 年,彼德选择了一家烹饪专科学校,系统地学习了西餐的烹制技巧。2000 年,他受聘到一家西餐馆担任厨师,不久后便因工作表现优异而升任主厨。由于厨艺出色,又善于变换花样,许多人慕名而来,餐馆日日客满。这时,彼德人生的小舟已驶进了一个温暖的港湾,然而,对于心怀梦想的他来说,真正的挑战还没有开始。2003 年,他的第一个梦想实现了。他拿出全部积蓄,加上朋友的投资,在成都开设了第一家充满南美风情的西餐馆。彼德把"努力不懈"当作终生遵守的"座右铭"。尽管目前已经拥有 4 家餐馆了,可在成都和北京来回穿梭的彼德,又有了新的梦想,他希望"彼德西餐馆"能成为中国的连锁西餐馆。

奋斗,是件很具体的事情。实实在在地去做能做的事,哪怕只是编筐洗碗,走好脚下的这一步,才有往更高处走的可能。

(3)宋彪:在第 44 届世界技能大赛上,首次参赛的宋彪获得工业机械装调项目金牌,并因在所有选手中得分最高获得大赛唯一最高奖——阿尔伯特·维达尔奖。这是中国选手首次获得该项大奖。他在练习手钻孔时,为了保证精度,每天练习三四十个……终于将误差控制在最小值—— 获得冠军。

(4)张虎:资质平庸,但无论严寒酷暑,遵循"五做五从"法,都坚持训练到深夜,经历无数次失败,终于获得成功——成功是双手苦练磨出来的。

2. 议一议:成功青年小伙和两位金牌选手成功给你什么启发?

预设:胜利者的幸福=奋斗+汗水+意志……

3. 师生明确:"台上一分钟,台下十年功。"奋斗是为实现理想获得成功,体验幸福感。

### 活动二:职场幸福重在勤

1. 话题释疑

我们只要掌握技能走入职场,又不参加技能大赛,还要这样奋斗吗?

2. 现场连线

(1)优秀毕业生:王刚通过自身努力获得技术专利,每天都觉得幸福满满,其成功与奋斗精神是分不开的。

(2)企业领导:王刚用技术改进产品的性能,给消费者带来了极大的便利,给他人和社会传递了大幸福!

3. 师生明确

奋斗不仅为得大赛奖牌,更是对待学习,工作及人生的积极态度。不仅给个人带来小幸福,更能给他人和社会传递大幸福! 奋斗是通向幸福的风帆!

**活动三:我将这样来奋斗**

(1) 小组讨论:奋斗是通向幸福的风帆与动力,过程充满艰辛曲折,思考奋斗的"绊脚石"有哪些? 怎样践行奋斗精神?

关键词:

绊脚石、懒散、习惯不好、意志薄弱……

(2) 明确做法:奋斗之路上的"五做五从"法

五从:从专,从严,从细,从实,从我;

五做:做精,做活,做优,做特,做强。

**【设计意图】** 通过榜样示范,明理激情。学生明白奋斗是个人成功的途径,找到前进道路中的阻碍,并明晰正确的做法。

## 远行篇:行动通往幸福彼岸(18分)

**活动一:精彩展示　亲体验**

1. 技能 pk:小组展示模具,请专业课教师点评作品,评出"最优作品"颁发获奖证书。

2. 师生分享

(1) 话题:请专业老师和获奖同学分享感受。

(2) 感受:

教师:获奖的作品,做工精细,尺寸误差最小,课前花了不少工夫。

学生:课前不停打磨工件,力求误差在万分之一,通过努力奋斗,此刻获胜幸福满满,我们将把奋斗刻在每一件作品上,让之成为"精品""优品"。

**活动二:制定计划　明方向**

1. 定目标,我能行

教师:大家知道通过奋斗获得幸福,必须从现在做起。现在请你完成《我的奋斗计划书》,课后张贴在班级"奋斗号"巨轮上。

| 理想是航标 | 姓名 | | 理想 | | 奋斗促幸福 |
|---|---|---|---|---|---|
| | 身边榜样 | | 榜样事迹 | | |
| | 近期目标 | | 一年后目标 | | |
| | 奋斗途径1 | | 奋斗途径2 | | |
| | "绊脚石" | | | | |
| | 激励自己 | | | | |

2. 齐朗诵，来明智

### 弘毅精致每一天

铃响即起，叠被理床；室内卫生，清扫经常；

……

在歌曲《我相信》伴奏下，学生的朗诵将班会推向高潮！

【设计意图】 通过总结、展示、制定计划，帮助学生进一步树立理想，并为之奋斗，最终获得幸福人生。

## 【班主任总结】

青春是我们一生最美丽的季节，是充满诗意，充满拼搏的激情，奋斗的青春最美丽，最幸福。让我们苦练技能，磨炼心性，不断奋斗，终将实现个人小幸福，传递社会大幸福！机电青年有信仰，脚下有力量，未来有希望！

## 【总结与反思】(2分钟)

1. 反思：在利用思维导图制定奋斗的方法这个环节，由于学生讨论的时间不好把控，如果讨论时间较长，将会把剩下的内容延伸到课后完成，以保证教育效果。

2. 拓展

读：写《名人传记》读后感，上传至班级微信群并交流。

评：每月跟踪总结《我的奋斗计划书》，评选出"奋斗"达人，并颁发荣誉证书。

## 专 家 点 评

　　该主题班会方案设计突出的亮点是针对性强,遵循时代要求和学生发展特征,结合机电专业学生的特点设计活动,所选用的事例既能凸显班会主题,又与专业技能有机的融合在一起。格式规范,思路清晰,表达准确。

　　本次班会通过名人名言、名人事迹激发学生的热情;世界技能大赛获奖选手、本校技能大赛优秀选手的技能展示,让学生对专业技能学习有了进一步的认识,清楚地明白理想、奋斗对人生的重要性。学生的互动性较强,参与度也比较高,能引起学生的共鸣,引导和启发学生主动思考实际生活中已经或者容易出现的问题。

　　从班会效果上来看,这是一个比较完整的主题班会课,从专业实际出发激发学生认同感是一个很大的亮点;让学生体会、分享真实的感受,这种真实体验的效果胜于言传。接着班会从感性的认知中体会"奋斗的重要性",再到技能大比拼认识自己的不足,进而立志脚踏实地,从现在做起。整节班会的设计很充分、很用心,对时间的把控也比较好。

# 有责任，敢担当

**【教育背景】**

责任是一种职责和任务。它伴随着人类社会的出现而出现，有社会就有责任。我们每一个人都在生活中饰演不同的角色。无论一个人担任何种职务，做什么样的工作，他都要对他人负有责任，这是社会法则，也是道德法则，还是心灵法则。

责任就是担当，就是付出。一种角色往往意味着一种责任。当我们在承担一项责任的时候，要付出一定的代价，但也意味着会获得回报。

微软董事长比尔·盖茨曾对他的员工说："人可以不伟大，但不可以没有责任心。"

不论我们身处社会的任何一个阶层，不论我们担负任何一种角色，我们都必须有责任感。

责任，是我们人之为人，区别于动物的主要特征之一。一个人生存在社会上，就对社会负有责任，就对家庭负有责任，就对你所从事的工作负有责任。可以说，责任和生命同在！你身为某种角色，你承担某项任务，你就对此项任务负有不可推卸的责任。它会像血液一样融进你的身体里，即使你不想承担，你也没办法让它从你的生命里走开。如果你一定要排斥它，假装对它视而不见，你一定会受到它的惩罚。它会让你的人生一败涂地。

**【教育目标】**

1. 认知目标：知道责任、担当的内涵，明确责任的重要性；

2. 情感目标：知道责任在自己学习、工作中的作用，培养认真负责的责任感；

3. 行为目标：付诸行动，从小事做起，激发责任心，做一个勇于承担责任的人。

## 【班情分析】

基本情况:本班级学生为中专二年级学生,平时能够较好地完成各项班级事务,班级干部也具有较强的责任心。

存在不足:部分学生责任心不足,做事懒散,缺乏担当精神。

## 【设计思路】

本次班会课围绕"责任的重要性"展开,联系班级学生的实际情况,对学生进行责任心的教育。通过一些生活中、工作中的小故事启发学生认识到责任的重要性。帮助学生树立责任意识,立志做一个有责任心、做事认真、勇于担当的人。

## 【活动准备】

1. 准备相关的音乐、视频资料。
2. 师生动手,共同收集关于"责任""担当"的美文雅句。
3. 制定班级"责任"对标管理责任状。

## 【教育方法】

案例分析法;活动体验法;小组讨论法。

## 【内容安排】

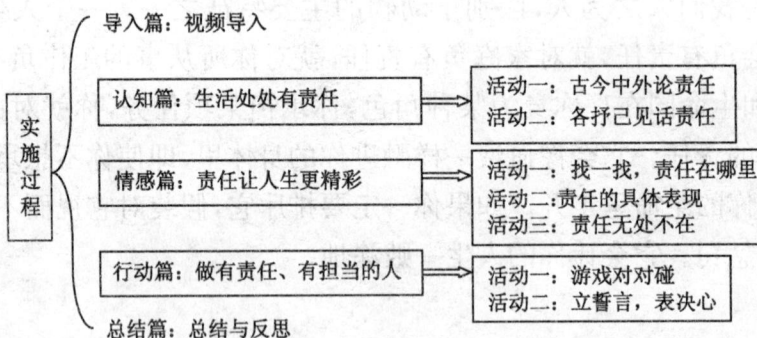

## 【具体步骤】

### 导入:(3分钟)

1. 播放视频

播放视频——《2008年汶川大地震》,让学生感受全国人民不怕困难奋起抗

灾的精神。

2. 班主任引导

是什么驱使着人民解放军战士不顾自己的生命危险去解救受灾民众？是什么让全国人民为灾区人民牵肠挂肚？是责任，是一颗热诚的责任心。

**【设计意图】** 通过视频渲染，激发学生的热情，引出主题。

## 认知篇：生活处处有责任(10分钟)

### 活动一：古今中外论责任

1. 名言学习

• 我们的祖国并不是人间乐园，但是每一个中国人都有责任把她建设成人间乐园。——巴金

• 对上司谦逊，是一种责任；对同事谦逊，是一种素养；对部属谦逊，是一种尊荣。——富兰克林

• 坦率地说出自己的心里话不仅是一种道德上的责任，而且还是一种令人快慰的事。——王尔德

• 人所能负的责任，我必能负；人所不能负的责任，我亦能负，如此，才能磨炼自己。——林肯

• 一个人，要替自己的所作所为担负全部的责任。——《胡雪岩的启示》

• 伟大的事业，需要决心，能力，组织和责任感。——易卜生

• 提出目标是管理人员的责任，实际上这是他的主要责任。——巴纳德

• 以天下为己任。——欧阳修

• 越受器重，责任越大。——西塞罗

• 社会责任：增强实力，回馈社会。——柳传志

• 男子汉的责任就是竭尽全力去做能够做到的事。——爱默生

2. 责任在生活中

小组代表汇报课前搜集整理资料：

### 责任是升迁的开门锁

吴佳是一家公司的秘书，她的工作就是整理、撰写、打印一下材料。吴佳的工作单调而乏味，很多人都是这么认为的，但吴佳觉得自己的工作很好，她说："检验工作的唯一标准就是你做得好不好，不是别的。"

吴佳整天做着这些工作，做久了，发现公司的文件中存在着很多问题，甚至

公司的一些经营运作方面也存在着问题。于是,吴佳除了做每天必做的工作之外,还细心地搜集一些资料,甚至是过期的资料。她把这些资料整理分类,然后进行分析,写出建议。为此,她还查询了有关经营方面的书籍。最后,她把打印好的分析结果和有关证明资料一并交给了老板。

老板起初并没有在意,一次偶然的机会,老板读到了吴佳的这份建议。这让老板非常吃惊,这个年轻的秘书,居然有这样缜密的心思,而且她的分析井井有条,细致入微。后来,吴佳的建议中有很多条都被采纳了。老板很是欣慰,他觉得有这样的员工是他的骄傲。当然,吴佳后来被老板委以重任。

【小组讨论】 吴佳在平凡的岗位上做着不起眼的工作,很多人都觉得这份工作不好,而吴佳却在这份工作上干出了出路,你从吴佳的经历中得到了什么启发?

【学生明确】 对工作具有强烈的责任心,可以改变你的人生。

3. 朗诵:责任的重要性

所谓责任心,是指一个人对自己、对家人、对企业乃至对社会应尽的责任和义务的认知态度,是对事情能敢于负责、勇于负责的态度,是对自己所负使命所具备的忠诚和信念。因此责任是我们应具备的最基本而又最终的素质,更是做好一件事所必须的条件。

责任是出色地完成自己的工作,是个人的坚守,是人生的升华,一个人具备了强烈的责任心就会拥有强烈的自信心和使命感,会不断进取,对工作投入极大的热情,会让自己按时、按量、按质地完成工作任务,会主动处理好分内和分外的一些事务。

责任心就是一个人对自己的所作所为负责,对他人、集体、社会承担责任和履行义务的自觉态度。在这个世界上,每个人都饰演着不同的角色,每一个角色都承担着不同的责任。

【小组讨论】 作为学生的角色,我们应该承担什么责任? 作为子女,我们又应该承担什么责任呢?

【学生明确】 责任与责任心的重要性。

*活动二:各抒己见话责任*

列举作为学生、作为子女,我们该负哪些责任?

【设计意图】 通过思辨讨论,学生明确责任与责任心的重要性。

### 情感篇:责任让人生更精彩(12分)

设问:责任是我们每个人必须具备的基本素质,那么哪些方面可以体现我们

的责任心呢?

**活动一:找一找,责任在哪里**

## 责任与岗位无关

在一所大医院的手术室里,一次手术正在紧张地进行着。

在这次手术中,有一位年轻的护士是第一次担任责任护士,而且是为一位赫赫有名的外科专家做助手。

复杂艰难的手术从清晨进行到黄昏,眼看患者的伤口即将缝合,女护士突然严肃地盯着外科专家,说:"大夫,我们用了十二块纱布,您只取出了十一块。"

"我已经都取出来了,"专家断言道,"手术已经进行了一整天了,立即缝合伤口。"

"不,不行!"女护士高声抗议,"我记得清清楚楚,手术中我们用了十二块纱布。"

外科专家不理睬她,命令道:"听我的,准备缝合!"

女护士毫不示弱,她几乎大声叫起来:"您是医生,您不能这样做,我们要为病人负责!"

直到这时,外科专家冷漠的脸上才泛起一丝欣慰的笑容,他举起左手心握着的第十二块纱布,向所有人宣布:"她是我合格的助理。"

【小组讨论】 作为学生、作为子女,我们具有什么责任呢? 责任与岗位和身份有关吗?

【学生明确】 无论是外科专家还是护士都有自己的责任,只有心怀责任心,才能把事情做好。那么我们作为学生、作为父母的子女,同样也有自己的责任,因为责任与岗位、身份无关。

**活动二:责任的具体表现**

1. 执行力是责任感的体现

有三个人到一家建筑公司应聘,经过一轮又一轮的考试,最后他们从众多的求职者中脱颖而出。公司的人力资源部经理对他们说了一句"恭喜你们!",然后将他们带到了一个工地上。

工地上有三堆散落的红砖,乱七八糟地摆放着。人力资源部经理告诉他们,每人负责一堆,将红砖整齐地码成一个方垛,然后他在三个人疑惑的目光中离开了工地。

此时,甲对乙说:"我们不是已经被录用了吗? 为什么将我们带到这里?"乙对丙说:"我可不是应聘这样的职位,经理是不是搞错了?"丙说:"不要问为什么了,既然让我们做,我们就做吧。"然后带头干起来。甲和乙同时看了看丙,只好跟着干起来。

还没完成一半,甲和乙明显放慢了速度。甲说:"经理已经离开了,我们歇会吧。"乙跟着停下来,丙却一直保持着同样的节奏。

当人力资源部经理回来的时候,丙只差十几块砖就全部码齐了,而甲和乙只完成了三分之一的工作量。经理对他们说:"休息时间到了,下午接着干。"甲和乙如释重负地扔掉手中的砖,而丙却坚持把最后的十几块砖码齐。

回到公司,人力资源部经理郑重地对他们说:"这次公司只聘用一位设计师,获得这一职位的是丙。"甲和乙迷惑不解地问经理:"为什么? 我们不是通过考试了吗?"经理说:"想想你们刚才的表现就明白为什么了。"

**【学生明确】**　生活中像甲和乙一样做事的人有很多,他们对待工作负责任是分时间和地点的。在领导面前或者在上司的监控之下,他们表现得很有"责任感",能够有力、到位地执行任务。但是,一旦离开了监督的环境,他们就会"很聪明"地给自己一个轻松的空间。故事中的丙和甲乙的不同之处,在于他一流的执行力。而这种执行力正是其高度责任感的体现。

2. 忠诚是最大的责任

赵明是一家大公司的技术部经理,在专业领域有很大的建树,而且做事果断,有魄力,老板很器重他。一天,有一位相识的港商请他到酒吧喝酒。几杯酒下肚,港商一本正经地对他说:"老弟,我想请你帮个忙。"

"帮什么忙?"赵明觉得有点奇怪。

港商说:"最近我准备同你们公司洽谈一个合作项目。如果你能把相关技术资料提供一份给我,将会使我在谈判中占据主动地位。"

"什么? 你让我做泄露公司机密的事?"赵明皱起了眉头。

港商压低声音说:"你帮我忙,我是不会亏待你的。如果成功了,我给你 15 万元的报酬。这事只有天知、地知、你知、我知,对你没一点影响。"说着,港商把 15 万元支票塞到赵明手里。

赵明心动了,把支票收起来。第二天,他也给港商提供了一份公司高度机密的技术资料。在谈判中,赵明的公司一直处于被动,结果整个项目谈成后少挣了好几百万元。事后,公司查明了真相,毫不犹豫地将赵明辞退了,并将那 15 万元追回,以补偿公司的损失。

**【小组讨论】**　在这个故事中,赵明最后的结果很惨,那导致这样的结果的原

因是什么呢？如何理解"忠诚是最大的责任"？

### 活动三：责任无处不在

我们对责任的定义是什么？具体表现在哪些方面？

学生讨论，小组归纳：

负责任的人的"五大"特征：

1. 做人的准则是履行诺言。说到做到，从不食言。
2. 以自身工作的高质量为自豪。不会为速度而牺牲质量。
3. 做事主动积极，不需要监督就能完成分配的工作。
4. 严格遵守道德规范。
5. 愿意承担新责任，并从中获得动力。

## 行动篇：做有责任、有担当的人（18 分）

### 活动一：游戏对对碰

根据自己的实际情况，找出自己在哪个方面做得很好，哪些方面还需加强？

| 做事有担当评价步骤（参考） | 自己的情况 |
| --- | --- |
| 做事情讲究规则 | |
| 遇到困难不推诿 | |
| 要主动承担责任 | |
| 要提高执行能力 | |
| 有团队合作精神 | |
| 性格要果敢坚毅 | |
| 为人要真诚大度 | |

### 活动二：立誓言，表决心

全班起立宣誓：

我是父母之子，为家庭谋幸福是我的责任；

我是机电之子，为生活而学习是我的义务。

我宣誓：

无论怎样辛苦，我都会努力；

无论怎样艰难，我都会坚持；

无论怎样遥远，我都会坚守；

从现在开始，做一个有责任、敢担当的人。

做事有原则，

遇事不推诿，

能承担责任，

有合作意识，

不唯唯诺诺，

要真诚大度。

**【班主任总结】**(2分钟)

作为一个社会人，我们职业学校的学生作为学生时代和职业人的衔接环节，需要从现在开始培养自己适应职业的能力，而责任心是任何一个工作的必备要求，也是做人的基本素养。无论我们以后从事什么职业，都会有自己的工作职责，如何将自己的工作做好，责任心是必需的。希望同学们以后能对照标准，相互监督，做一个有责任心、敢于担当的人。

**【总结与反思】**

1. 反思：整个班会以职场为主导，学生提前感受工作要求，反应较好，但是活动较少。

2. 拓展

做：对标管理，让学生对照标准，按要求提升自己，每个月评比出班级的"责任之星"并颁发荣誉证书。

## 专 家 点 评

该班会的选题非常适合职业学校的学生。

从整个班会的组织来看，结构完整，内容符合学生的实际情况，在学生的接受范围之内。学生可参与度高，能够较好地活跃班会氛围，达到预期效果。

整个班会立足职场，符合职业学校学生的培养要求，但在组织形式上，若能让学生角色体验，或者是角色扮演，应该更能激发学生的积极性和兴趣。

# 中华复兴，有责且行

**【教育背景】**

中华民族伟大复兴中国梦是以习近平同志为核心的党中央提出的重大战略思想，是党和国家面向未来的政治宣言。它着眼于坚持和发展中国特色社会主义，体现了中国共产党高度的历史担当和使命追求。

"青年最富有朝气、最富有梦想；青年兴则国家兴，青年强则国家强。"作为新时代的青少年，我们应勇敢担起时代赋予的重任，坚定理想信念，以时不待我的觉悟，舍我其谁的气概，矢志不渝的初心，为实现中华民族的"中国梦"而砥砺前行，让青春在为祖国、为人民、为民族的奉献中焕发绚丽光彩！古有革命先烈，不忘初心，面对法西斯列强的侵略，他们挺起脊梁、奋起抗争，以百折不挠的精神谱写了可歌可泣的史诗；现有热播大剧《人民的名义》中的反贪局局长陈海、侯亮平，他们不忘初心，面对黑暗的贪腐势力，他们忠于国家、忠于人民，维护公平正义，让腐败分子没有任何藏身之地！我们必须胸怀"为中华之崛起而读书"的壮志，必须牢记"全心全意为人民服务"的誓言，在大是大非面前坚定立场，在实现现代化的攻坚战中勇往直前，在成就梦想中创造无愧于时代的光辉业绩。

"中国梦是我们的，更是青年一代的。中华民族伟大复兴终将在广大青年的接力奋斗中变为现实。"这是习总书记对我们青年一代的殷切期望，我们应铭记总书记的嘱托，不忘初心，砥砺前行，为实现中国梦而努力奋斗，书写属于自己的人生华章！

**【教育目标】**

1. 认知目标：了解中国梦的含义；认识国家复兴与自己行为的关系。

2. 情感目标：让学生通过活动，初步感悟爱国的深刻内涵，从而激起自己作为炎黄子孙的自豪之情，懂得"国家兴亡，匹夫有责"的道理。激发学生的民族自豪感和历史责任感,营造良好的学习和生活氛围。

3. 行为目标:让学生在活动中将振兴中华的意识内化为自己的主动行为,在以后的生活和学习中得以坚持,做到认真学习,增强自己的能力,最终报效国家。

【班情分析】

本班级学生为中职二年级学生,由于他们生活在和平年代,对时代缺乏危机感,不太关心历史和国家大事,爱国情感普遍缺失。有部分学生,虽懂得应该爱国,也知道自己担负着一定的历史使命,但却不懂得如何爱国,更不知道该如何把思想意识转化到实际行动中去。

【设计思路】

本次活动分为三部分来完成:"情景导入、互动平台、展望未来。"采用了多媒体教学、分组竞赛等形式,让学生在讨论、交流、表演等活动中认识到"国家兴亡,匹夫有责"的道理,并将这种意识内化为自己的行为。教师在活动中扮演主持和引导的角色。

【活动准备】

教师:搜集资料制作多媒体课件。
学生:搜集有关爱国的事例、图片,知识竞赛等。

【教育方法】

讲授法;小组讨论法。

【内容安排】

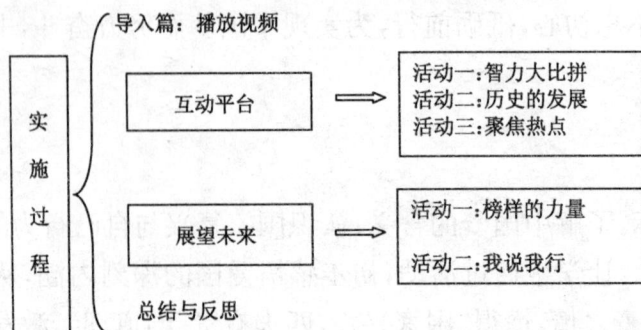

## 【具体步骤】

### 一、情景导入（1分钟）

1. 全体起立，唱国歌。

2. 播放升国旗的视频。由此引出班会主题"中华复兴，有责且行"（课件出示）。

【设计意图】 利用升旗、唱国歌这种熟悉的情景，在庄严，肃穆的国歌声中让学生感同身受，爱国之情油然而生。

### 二、互动平台

*活动一：智力大比拼（8分钟）*

课件出示问题和相关图片。

做题之前先把全班分成四个小组，以竞赛的形式进行，看哪一个小组的同学所选答案正确率高，评选出得分最高的一组，并对得分最高的小组进行奖励。

1. 世界上第一次把圆周率数值精确到小数点后七位，该成就领先世界近千年。这位科学家是谁？

2. 中国古代的四大发明是什么？

3. 中国的四大名著是什么？

4. 最早纪传体的史书是哪一部？

5. 端午节是为了纪念哪一位历史人物？

6. 你能说出近代西方列强侵华的战争吗？

7. 近代史上中国签订的第一个不平等条约是什么条约？

8. 我国各民族的共同语是什么？

9. 你能说出几位民族英雄？

10. 你知道"两弹一星"是什么？

11. 我国的领土面积是多少？

12. 由满族服装演化而来、深受东方女性所喜爱的服饰是什么？

13. 在北京第29届奥运会上中国运动员共获得多少枚金牌？

14. 莫言获诺贝尔奖的代表作品是什么？

15. 香港是什么时候回归祖国的？

16. 2012年6月16日，酒泉卫星中心发射的载人飞船是什么？

17. 当今中国面临的领土主权问题是什么？

18. "虎门销烟"的民族英雄是谁？

19. 地动仪是由谁发明的？

20. 世界上首次培育成功籼型杂交水稻,被称为"杂交水稻之父"的人是谁？

21. 证明了哥德巴赫猜想中的"1＋2"的我国数学家是谁？

22. 我国历史上统一六国的皇帝是谁？

23. "中国航天之父"和"中国导弹之父"是谁？

24. 第一位获得诺贝尔生物学奖的华人科学家是谁？

25. "七七事变"发生于哪一年？

26. "嫦娥之父"是谁？

27. 被誉为"东方居里夫人"的是谁？

28. 面对敌人高歌"人生自古谁无死,留取丹心照汗青"的是谁？

29. "五四运动"发生在哪一年？

30. "百团大战"中谁任总指挥？

【学生明确】 落后就要挨打,这是中华民族百余年屈辱史留下的深刻启示。当今世界科技日新月异,综合国力竞争日趋激烈。弱国无外交,美国不顾国际法越过联合国插手别国事务,干预他国内政,就是凭借他世界强国的势力。形势逼人,不进则退。

【设计意图】 用学生的求知欲和好胜心来回顾中华文明的历史,让学生们了解到华夏民族曾经的辉煌灿烂,近代屈辱挨打的历史,以及当今中国屹立于世界民族之林的辉煌成就。要他们懂得只有国家富强,才有民族尊严,人民才能安居乐业。

**活动二:历史的发展(2分钟)**

播放近代中国受辱的历史图片。

【设计意图】 通过图片让学生明白落后就要挨打的道理,形势逼人,不进则退。日本敢挑衅中国就是凭借强大的军事实力。"弱国无外交",只有祖国强大了,我们才能在国际舞台上取得主动权,才能更好地维护国家和民族的利益。

**活动三:聚焦热点　钓鱼岛问题(8分钟)**

课件展示钓鱼岛事件相关图片,学生讨论、评价图片中的一些行为,并阐述自己的看法。

【学生明确】 钓鱼岛事件中,中国政府的严正立场和有力反制措施,中国人民的强烈愤慨和巨大凝聚力,国际社会的正义之声和高度警惕,沉重打击了日方

的嚣张气焰。同时，作为当代青年，我们要冷静、理智、合法、有序地表达自己的爱国情感，有理、有利、有节地处理钓鱼岛问题，理智地表达爱国热情。因为这不仅是一种胸襟，更是一种对民族负责的态度。"我们要充分相信党和国家有能力把握国家大局，要给我国政府的灵活外交留出足够空间。"

【设计意图】 利用当前的热点问题和直观图片，激发学生的民族主义精神。就钓鱼岛问题，对中国人民所表现出来的爱国主义行为进行赞扬，但对某些过激行为也进行客观评价，引导学生要学会理性爱国。

### 三、展望未来（2分钟）

*活动一：榜样的力量*

1. 播放我国的辉煌成就"神九升空"的视频，增强学生的民族自豪感和自信心。

2. 学生列举一些名人的爱国表现

为中华之崛起而读书——周恩来

抗日民族英雄——赵一曼

两弹一星元勋——朱光亚

最美教师——张丽莉

最美司机——吴斌

最美路人——周冲

隐形翅膀无臂钢琴师——刘伟

孝女当家——孟佩杰

最美妈妈——吴菊萍

县委书记的好榜样——焦裕禄

警界女神警——任长霞

人民公仆——孔繁森

最美导游——文花枝

最美少年——何玥

……

【设计意图】 用榜样的力量来感染学生，引导学生。榜样的力量是巨大的，它能影响人、教育人，具有一定的导向作用。让学生学会联系自身实际采取合理的方式爱国。

*活动二：我说我行*

学生联系日常生活和学习按小组讨论自己该如何爱国？教师进行点评。

**【学生明确】** 梁启超说：少年强则国强，少年进步则国家进步。历史告诉我们：落后就要挨打，发展才能自强。为了中华复兴，我们要从平凡的小事做起，把复兴中华的理想抱负落实到每一天的具体行动中。在家庭做孝顺父母、关心亲人、勤俭节约、热爱劳动的小帮手，在社会做热爱祖国、文明礼貌、诚实守信、遵纪守法的小标兵，在社区和公共场所做爱护公物、讲究卫生、保护环境、遵守秩序的小卫士，在学校做团结友爱、互相帮助、尊重他人、善于合作的小伙伴，在独处时做胸怀开阔、心理健康、勤奋自立、勇于创新的小主人。

**【教师总结】** 本次主题班会，激发了同学们的爱国情感和民族自豪感，大家要明白我们为什么爱国，以及作为职校生，我们应该以何种方式去爱国。并希望大家把本次主题班会内容内化到我们的思想中，落实到我们的行动中去。当前国际形势复杂，我们要做到理性爱国，不滋事、不惹事，理性对待网络。另外，爱国还需要我们力所能及地做好自己的分内之事，认真学好文化知识，练好专业技能，锻炼自身能力，报效国家。努力做到：祖国的伟大复兴——你我有责！

## 【总结和反思】

总结：通过本次班会，激发了学生的强烈爱国主义热情。但爱国主义教育的工作是长期的，是深远的，需要我们教育者协同社会各方，以高度的责任感和使命感，持之以恒，坚持不懈地把爱国主义教育推向前进，作为青少年，他们所表达的爱国情感更多的应该是做到好好学习，认真对待生活，做好自己力所能及的身边小事。

反思：做好学生的爱国主义教育，本人觉得还应该从以下几方面加强：

1. 重视教师队伍的思想政治教育，使他们能言传身教，潜移默化地影响学生。

2. 发挥课堂主渠道作用，将爱国主义教育渗透到学科教育教学之中。让学生在学习文化知识和专业技能的同时，懂得怎样做人，如何对待自己的人生。帮助他们确立正确的世界观、人生观、价值观。

3. 开展丰富多彩的爱国主义教育活动和社会实践活动，让爱国主义和集体主义思想在活动中形成和提高。

## 专 家 点 评

这堂班会课能突出"做一个有责任心的人"的主题，具有教育性、时代性和创新性。

教师从容不迫，适时发挥，语言和蔼可亲，给人如沐春风之感；学生活泼好动，积极参与学习过程，阳光、自信。这些都给我们留下了深刻的印象。

这节班会展示课活动内容紧扣主题，具有典型性、真实性、贴近学生现实生活。活动形式生动、活泼，体现班级活动的特点，符合学生的年龄特征和身心健康发展的需要，体现了教育活动的艺术性。并且合理、有效地运用了现代教育技术手段，活动围绕主题，程序合理、组织有序、气氛和谐。班会采用开放的活动控制方式，充分尊重学生，让学生自主参与、自主体验，使他们在活动中学会自主、学会选择、学会创造。

充分体现了班主任的主导作用，班主任的引导、点评适时、恰当、精当，能够妥善处理活动中的问题。学生充分发挥了自己的主体作用，成为主题班会活动的设计者、组织者和参与者。学生乐于参与，自主体验，有所感悟，从中受益，体现了团队精神，并且善于合作，共同探索，创造性地提出问题、解决问题。

从教育效果上来看，活动目标圆满达成，学生有收获，参与度高，学生品德在原有基础上得到了提升，参与班级活动的能力得到发展。

这节班会展示课更让我们耳目一新，这节课给了学生一个生活的课堂、一个实践的课堂、一个对话的课堂、一个开放的课堂。

教师是活动的组织者、引导者和参与者，学生是活动的主体。这充分体现了新课程改革的实质。教师把课堂交给学生，拓宽校际时空，兼容并蓄，打通课堂内外的壁垒，呼唤学生以往的经验、巨大的学习潜能和想象力。

# 工匠精神引领　助梦想飞翔

## 【教育背景】

2016年3月7日,工匠精神正式写进政府报告。那什么是工匠精神呢?从全国千千万万的工匠的身上寻找着我们要的答案,是怎样的一种精神值得我们学习和弘扬!工匠们喜欢不断雕琢自己的产品,不断改善自己的工艺,享受着产品在双手中升华的过程。工匠们对细节有很高要求,追求完美和极致,对精品有着执着的坚持和追求,把品质从99%提高到99.99%,其利虽微,却长久造福于世。

细细研究中国的工匠,真是令大家大吃一惊。多少我们无法想象的事情都是出自这些看上去不起眼的工匠之手。很多工匠一生只做一件事情,如火箭"心脏"焊接人高凤林,工艺美术师孟剑锋,弹药精度把关人张新停。大家思考着这些大国工匠是多么的伟大,同时中国制造亟待工匠精神更是触动人心,更是让我们明白工匠精神对于我们这个国家这个名族是多么重要。

我们是什么,我们是中国的未来,作为职校生的我们,需要做的就是去学习工匠精神,将工匠精神融入我们的生活,让它不再是我们觉得望而生畏一种的精神,而是一种习惯,一种贯穿我们一生的好习惯。

我们要在感悟中成长,回味我们所学习的工匠精神,明白其重要性。为我们树立正确的就业观、择业观,拓展人生价值奠定基础。

## 【教育目标】

1. 认知目标:认识到工匠精神的深刻含义;
2. 情感态度观念目标:让学生对工匠精神充满敬仰之情,并树立正确的职业理念;

3. 运用目标：把工匠精神用在今后每一次实操训练中，为实习工作的出色表现而努力练习。

**【班情分析】**

1. 基本概况：

2016级机电一体化班共30名同学，通过两年半的理论学习，他们掌握了初步的技能。他们很快就要迎接实习，同学们既充满向往与期待，又有一丝迷茫和不安。有些同学对实训课的授课模式不再好奇，对枯燥的训练有一丝倦怠，需要教师的正确引导与调整。

2. 存在不足：

(1) 部分同学对工匠精神理解不透彻；

(2) 有的同学虽能认识到工作需要技能，但学习过程中缺少持之以恒。

**【设计思路】**

本班会从认识工匠精神—学习工匠精神—践行工匠精神，结合机电专业学生特点，从古今中外爱岗敬业的工匠故事，到瑞声科技公司精益求精的管理理念，再到同学们认真笃行的实操训练，由远及近，由大及小，给学生一次精神的洗礼，为今后的专业技能学习和就业打下坚实基础。

**【活动准备】**

1. 多媒体准备：搜集《大国工匠》节选视频，搜集国内知名企业展现工匠精神的图片和故事，并制成幻灯片；音乐准备：阎维文的歌曲《大国工匠》，李宗盛《致匠心》视频。

2. 教师准备：教师协助1—4组同学整理资料和旁白，把握整个班会方向，获奖证书；邀请专业教师。

3. 学生准备：对班级学生进行分组，分别为1、2、3、4组。利用实训课准备实训耗材钳工工件——螺母和螺丝的制作。

4. 安排一男一女两名学生作为本次班会主持人，并推演整个班会过程。

**【教育方法】**

讲授法；小组讨论法；活动体验法。

**【内容安排】**

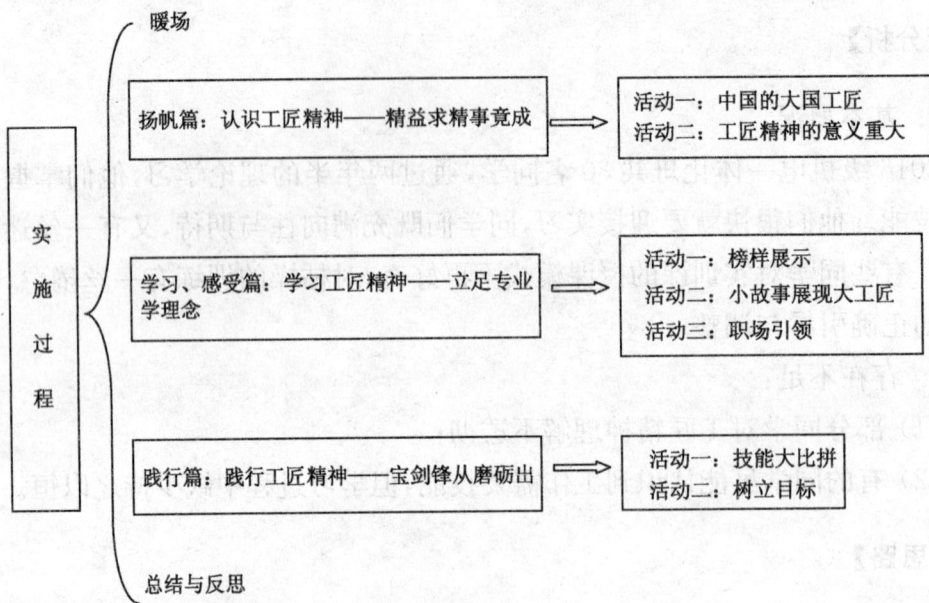

实施步骤:

**暖场:(3 分钟)**

欣赏阎维文的《大国工匠》歌曲,营造氛围。

**【设计意图】** 通过听觉的冲击,对工匠精神有了初步的认识。明确本次班会的主题。

**1. 认识工匠精神——精益求精事竟成(10 分钟)**

**活动一:中国的大国工匠**

1. 播放视频:央视纪录片《大国工匠》(节选)——"两丝钳工"顾秋亮,感受工匠精神的实质内涵。

2. 讨论明确:

(1) 思考顾师傅身上有哪些宝贵的品质,为何会成为"大国工匠"?

(2) 预设:敬业、精益求精,把 99% 提高到 99.99%……

奉献、团队、不求回报……

**活动二:工匠精神的意义重大**

1. 内容:十九大报告指出,弘扬劳模精神和工匠精神,营造劳动光荣的社会

风尚和精益求精的敬业风气。

2. 思考：时代呼唤的精神和顾师傅体现的品质是什么关系？

**【师生明确】** 顾师傅的品质其实就是工匠精神，在精神引领下最终成为"大国工匠"。

预期效果：通过分析案例，请同学们思考并提炼出工匠精神的内涵：精益求精，注重细节；严谨求实，一丝不苟；耐心、专注、坚持；专业、敬业。

## 2. 学习工匠精神——立足专业学理念(12分钟)

**活动一：榜样展示**

请机电系近两年全国技能大赛获奖学生现身说法，讲述自己比赛的经历和感受，找出他们身上的工匠精神的体现。

(1) 徐壮，2016 年全国技能大赛通用机电项目金牌获得者；

(2) 冯伟浪，2016 年全国技能大赛液压与气动项目银牌获得者；

(3) 张天宝，2017 年全国技能大赛通用机电项目银牌获得者。

预期效果：通过展示，将工匠精神具体化，便于学生理解，由此巧妙地将工匠精神落到同学们的对口专业上，承上启下。

**活动二：小故事展现大工匠**

教师指导学生搜索工匠小故事。

### 在平凡的岗位　做不平凡的工匠

他叫魏雪松，是一汽大众成都分公司焊装车间的一名普通员工。工作中，他始终严格要求自己。严谨、细致、求实是他一贯的工作态度，他真正做到了干一行、爱一行、钻一行。

他严守工作纪律，不骄不躁、扎实肯干，面对车间现场事务杂、任务重的检修工作，他依然用"眼勤、手勤、腿勤"的态度积极面对。

2017 年初，一汽大众成都分公司全面开展劳率提升工作，车间将各优化名额下达各工段及各班组。为响应公司号召，魏雪松结合实际分析，提出大胆改良计划，将其负责的三个工位进行优化。当其他人在听到这个计划时，大家都不敢相信可以完成。经过魏雪松耐心详细的解说后，大家终于认可了他的想法。说干就干，经历了几个月的研究和实践，终于，他带领班组顺利完成了工作目标。

工作之余，魏雪松始终把学习放在重要位置，认真学习理论，刻苦钻研业务知识,在努力提高自身综合素质上狠下功夫。他积极加强各班组员工之间的沟通交流,增强彼此间的信任,让彼此合作更加愉快。

平凡的工作岗位,日复一日的工作,他始终如一,这就是魏雪松,主动、负责、优质、高效地做好每一项工作。

## 一个平凡岗位的工匠精神

俗话说,三百六十行,行行出状元。

或许用现在流行的话来说,就是"工匠精神"。

在中国这个古老的东方古国,处处都透着文化和工艺的底蕴,"匠"这一身份,随处可见,银匠、铁匠、木匠……在街头巷尾民间弄里,"匠"就是一种职业的称谓。但是同时,也不是人人都能称得上"匠",因为"匠"一字,意味着在某个领域的专业、专注、个人技艺的升华,"工匠精神"也是一种追求卓越的创造精神、精益求精的品质精神,以及用户至上的服务精神。

在周华飞身上,我们也能看到这种精神。

周华飞,金牌卫浴马桶生产线上的一名注浆工,和妻子一起搭档在马桶坯体成型线上做了13年的"马桶匠"。说到专业,也许他的工龄就是很好的证明。

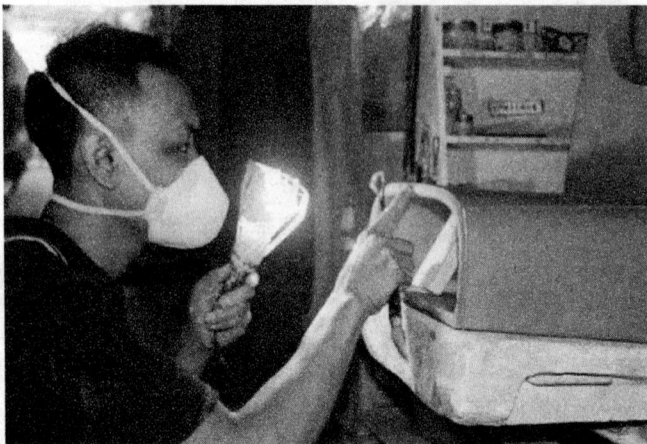

马桶的坯体成型,是一项对从业人员的工艺技术要求较高的工种,在坯体的生产过程中,需要依靠技术工人自己根据室内温度、湿度、模具的湿度等不确定的外部环境,来判断成型的时间长短、注浆浆料的多少等等,坯体从模具中拿出来之后,还要经过"粗磨、细磨到精修"的坯体修饰工序,而这些工序,都是需要经验和耐心的"手艺活"。一个新手入门,必须经过一个月的专业培训,才能基本操作整个流程,而要做到正常的成品率,保证稳定的质量和产出,则最少要经过一

年。所以，对于一个卫生生产厂家来说，具有优秀经验和责任心的高级技术工人，也是保障马桶生产质量优异的重要条件之一。

你看，周华飞正打着灯泡在"找茬"。坯体的修饰，很大一部分都是针对模具痕迹、坯体表面不平、边角位置粗糙等瑕疵进行平整和修饰的工序。就像是给马桶"化妆"，是非"产品功能性"的一个工序，但是一个好的产品，必然是连细节处也精美无瑕的，所以周华飞也谨记公司的质控标准，在每一个细节上都一丝不苟。

为了保证坯体表面的光滑细腻，周华飞还要用湿润的海绵刷对坯体表面进行平整修饰，光是这样的平整修饰，他就要用不同密度的海绵刷进行"粗磨、细磨、精磨"等多遍修饰。

周华飞在金牌卫浴做了13年马桶坯体，每天5点多起床上工，在自己固定的生产线上重复着马桶坯体的成型工序，从注浆到修坯（即马桶坯体的修饰），近10个小时的忙碌，满身泥污和汗水，换来12个雕塑般精美细腻的马桶坯体。日复一日年复一年，这每天重复、枯燥无味的工作，极大地体现了他的耐心和细心。他也因为出色的表现，连续多次被评为公司的"优秀员工"，成为一众"马桶匠"的优秀代表。

## 平凡税务人的工匠精神

在龙湖区各办税服务厅，纳税人口口相传着这样一句话："有问题，找硬汉！"而这位让纳税人交口称赞的"硬汉"，正是办税服务厅副主任江映瀚。

自2012年进入税务系统，江映瀚一直从事纳税服务工作。位于国家税务总局汕头市龙湖区税务局金砂东办公区的办税服务厅是汕头市税务系统业务量和人流量最高的办税服务厅。在这里，江映瀚经历了金税三期上线、全面推开营改增、电子税务局全面上线推广等多次专项工作的洗礼。在国税地税机构改革的时代背景下，面对标准更高、要求更严、任务更重、纳税人期望值更高和情况更加多变的新挑战，他练就了沉着冷静的性格和务实高效的作风。在平凡的工作岗位上，他用娴熟的业务操作、准确高效的个性化辅导和精益求精的工匠精神赢得了纳税人的信任，也成为窗口工作人员争相学习的好榜样。目前办税服务厅整合正在加快进行，由于工作需要，江映瀚经常在国家税务总局汕头市龙湖区税务局和金砂东办公区间两地奔波。他轻伤也不下火线，疲惫沙哑的嗓音下是以实际行动支持拥护改革的沸腾热血。深夜11点，有他组织核心征管系统业务测试验证的身影；周末时光，他在年幼的女儿依依不舍的目光中投身"一机双界面"窗口设置、自助终端维护、电子税务局业务测试验证的工作中。甚至工作之余他也马不停蹄地摸索实践，并将成功经验分享给全区各办税服务厅的同事们，大大提高工作效率。

　　他不忘初心，砥砺奋进，在这个改革攻坚的时代找准方向，积极投入，无私奉献，真正做到始于纳税人需求，基于纳税人满意，终于纳税人遵从。在平凡的税务岗位上，他为纳税人提供专业化、个性化的纳税服务，为税务人树立正面典型，以点带面，推动了税收营商环境不断优化。

　　师生讨论：工匠精神是遥不可及的吗？

　　【设计意图】　我们身边就有很多平凡的人，在平凡的工作岗位实践着"工匠精神"，他们也是大国工匠。

　　**活动三：职场引领**

　　(1) 名企的经营理念和标语展示

　　Google 的经营信条：专心将一件事做到极致。

　　星巴克核心价值观：为客人煮好每一杯咖啡。

　　海尔精神：敬业报国，追求卓越。

　　(2) 校企合作单位领导在线指导

　　利用班级多媒体一体机，连线我校校企合作单位瑞声科技公司的生产部张经理，现场讲述工作场景中的要求，技能的要求，对每一个产品零部件的高标准严要求，并提出企业精神：精益求精，勇于创新，团结协作。

　　预期效果：从著名企业到对口的生产企业，我们对工匠精神的解读，让同学

们学习到:专注做事情,精益求精,突破极限,做到最好,为下一步的行动打好情感基础。

### 3. 践行工匠精神——宝剑锋从磨砺出(20分钟)

**活动一:技能大比拼**

这一环节是本节班会的高潮,四个小组在钳工实训室制作螺母和螺丝,其中奇数组制作螺母,偶数组制作螺丝。和以往的技能比赛不同的是,本节课技能展示强调精益求精,注重细节:工件必须按照图纸要求尺寸完成;每组同学摆放完成后,教师拿螺母和螺丝进行匹配,匹配失败的,再进行精确测量,一丝不苟进行评判,细致到每一毫米,各种规则评比严格按照标准执行,让学生完成从99%到99.99%的跨越。最终评出本节课最佳工匠小组,展示成果。

预期效果:本环节力求做到专业特点和工匠精神的高度契合,同学们通过精益求精的技能比拼,用实际行动感受工匠精神的内涵,对自己所学习的专业内容有了更深层次的感悟。

**活动二:树立目标**

大师及身边榜样所具有的工匠精神,所取得的成功是我们未来努力的方向,请完成"我的工匠之行"计划书,并张贴在班级"工匠精神助梦飞翔"主题栏上。

| | 姓名 | | 自身努力目标 | |
|---|---|---|---|---|
| | 身边榜样 | | 榜样精神 | |
| 工匠精神 | 工匠精神1 | | 工匠精神2 | 追求卓越 |
| | 绊脚石 | | | |
| | 激励自己 | | | |

预期效果:通过展示,计划等途径,学生能主动践行工匠精神,脚踏实地做好自己的事。

班主任总结:学习并弘扬工匠精神远非一朝一夕之功,也不单单是一堂班会课可以解决的事情。人人崇尚"精益求精",是一项全班同学都参与进来长期坚持发扬的宏大工程。以后的每一堂实践课,我们都会评比出"技能好手",在每一个月的技能鉴定和实习阶段也会评比出我班"优秀工匠之星",激发学生弘扬工匠精神,在机电专业这片天地中实现自己的职业理想。

**【总结与反思】**（2分钟）

1. 反思：在技能比拼环节，由于专业和实训场所条件的限制，使得班会的开设地点需要尽可能合理选择。为了达到班会的目的，需要做的前期准备也较多。

2. 拓展：

利用班级微信公众号，评选两位"最美工匠"。要求：参选的为学生寻找出的4位工匠。每位同学每人每天允许投一次票，每次可以投两个，时间持续一周。

## 专 家 点 评

"工匠精神"这一主题是近来中职教育的一个热点，本班会通过知情意行四个部分，环环相扣，把看似遥远高大的工匠精神逐步拉进学生的实际生活，结合了专业，突出了职业特色。这样的内在逻辑更有利于学生在学习专业的同时，体会工匠精神，践行工匠精神。该主题班会方案设计突出的亮点是针对性强，遵循时代要求和学生发展特征，结合专业学生的特点设计活动，所选用的事例既能凸显班会主题，又与专业技能有机地融合在一起。格式规范，思路清晰，表达准确。

整个班会主题鲜明，重点突出。主题班会这个形式非常好，既锻炼了学生的组织能力、写作能力、表现能力，又展现了学生的活力和才华。学生针对主题广泛参与，积极发言，富有创意，整个活动开展得有声有色，每个学生都做到了兴奋而不混乱，热烈而又理智，搞笑而又不俗气，谨慎而又不拘谨，所以说，这个主题班会是一个非常成功的班会。

# 传统文化，绽放最美那朵花

**【教育背景】**

随着大众传媒的不断发展，现在的电视、手机和互联网络中充斥着许多虚幻的爱情，暴力和血腥的场面，崇尚武力、崇尚金钱的价值取向，以及大量粗制滥造的影视作品。这些都给我们这些青少年学生的价值观和人生观带来了许多消极影响。在我们职业学校里，学生往往又只注重专业技能的学习，忽视了道德素养和自身素质的提升。这些现象的出现就要求我们这些职业学校的教育管理者在提升学生技能的同时，不能抛弃综合素质的教育，比如传统文化的认识学习。倘若一个国家、一个民族没有自己的传统文化，再怎么发展，也只能成为别人的文化附庸。所以，我们要坚持和发展自己的传统文化，并对自身文化的生命力持有坚定的信心和希望。习近平总书记也指出："文化自信，是更基础、更广泛、更深厚的自信。"作为新一代的职校学生，应肯定、坚持和发展我们的优良传统文化，这样才能讲好中国故事，传播好中国声音，才能提高文化走出去的能力。

**【教育目标】**

1. 知识与能力：促进学生对中国传统文化的认知，孕育学生的文化底蕴；
2. 过程与方法：通过展示有关传统文化，感受传统文化的魅力，全面发展校园文化与我国传统文化；
3. 情感态度与价值观：增强学生的爱国情感和发扬祖国传统文化的意识。

**【学情分析】**

中职校的学生往往只注重专业技能的学习，忽视了文化知识，尤其是传统文化知识学习。另外，大部分中职学生都有自己的手机，能较快地接受新事物、新

思想、新观念，对外来文化中的糟粕不能很好地辨别，如学生中出现了很多美欧、日韩"骨灰级"粉丝，认为"国产的"不时髦，不时尚，"传统的"跟不上时代等思想。

## 【设计思路】

本次班会通过让学生从认识传统文化，到认可传统文化，再到学习传统文化，最后到主动去发扬传统文化等过程，循序渐进地让传统文化在学生心中生根发芽，枝繁叶茂。在每个环节都采用多种形式调动学生的参与度，让学生主动跟着班会的节奏一步一步地进行下去。

## 【活动准备】

学生：

1. 课前排练节目：诗歌吟诵、剪纸、书法等；

2. "弘扬传统文化，构建和谐校园"倡议书。

教师：

1. 准备视频《疯狂的"平安夜"》和《冷淡的"重阳节"》。

（视频《疯狂的"平安夜"》主要介绍学生对洋节的过度追捧和在平安夜的疯狂表现，《冷淡的"重阳节"》主要介绍学生对于重阳节的陌生和不了解，时间约5分钟，视频素材可以在因特网上搜寻。）

2. 课件《传统文化介绍》。

（课件以图片形式展示：书法文化、思想著作、诗词文化、铸造文化、绘画作品、雕刻文化、建筑文化、民俗文化、传统美德、传统节日等。）

3. 游戏《猜字谜》素材。

4. 习近平总书记在《弘扬中华传统文化开幕式》上的讲话视频片段。

## 【教育方法】

游戏法、小组讨论法。

## 【具体步骤】

### 一、课题引入

1. 宣布主题：主持人宣布《传统文化，最美那朵花》主题班会现在开始。

2. 视频播放：主持人引导学生观看课前准备视频《疯狂的"平安夜"》和《冷

淡的"重阳节"》。

（视频《疯狂的"平安夜"》主要介绍学生对洋节的过度追捧和在平安夜的疯狂表现：过早地筹划过节方案，互赠礼物，彻夜狂欢……视频《冷淡的"重阳节"》主要是介绍学生对于重阳节的陌生和不了解，可以通过采访的形式进行拍摄。两者视频时间约为 5 分钟，视频素材也可以在网上进行搜寻。）

3. 思考讨论：学生观看完视频《疯狂的"平安夜"》和《冷淡的"重阳节"》进行交流讨论。

学生讨论结果预测：一方面是，羡慕期待洋节。另一方面是，对洋节的抵触，认同中国的传统节日。

4. 主持人针对学生讨论结果，指出当前我国文化方面面临的严峻问题：

近年来，"平安夜""圣诞节""感恩节""情人节""万圣节"等西方洋节在社会上被商家追捧炒作。由于青少年辨别能力不强，一些青少年学生盲目跟风效仿，甚至把一些富有宗教色彩的节日带入校园，并互赠礼品，开晚会庆祝，既给家庭带来了一定的经济负担，也给正常的教育教学活动带来了负面影响，混淆了学生正确的思想认知。

**二、认识传统文化**

1. 针对引入部分的讨论，主持人引导学生畅谈中国传统文化包括哪些内容？

2. 学生畅所欲言，谈谈自己的看法，主持人选取学生代表发言。

3. 主持人课件展示，简单介绍中国的主要传统文化。

（以课件形式展示：中国的书法文化、思想著作、诗词文化、铸造文化、绘画作品、雕刻文化、建筑文化、民俗文化、传统美德、传统节日，猜字谜等，将学生带入传统文化的优美氛围中。）

**三、感受传统文化**

1. 主持人引导：

中国的传统文化包罗万象，其实他就在我们身边，下面请欣赏我们班同学给我们带来的传统文化展演。

2. 学生才艺展示：

在古典音乐《春江花月夜》的背景衬托下，几名学生吟诵经典诗词，同时有学生在剪纸，有学生在书法，有学生在背诵《弟子规》，还有的学生在编中国结。音乐结束后，表演的学生展示作品，并做简洁说明。

2. 猜字谜游戏:为了提高其他学生的参与度,主持人引入"猜字谜"游戏。

规则:

(1) 按照班级平时的小组进行分组并坐在一起,每组选出一名代表负责发言。

(2) 由于教室空间有限,为了避免组内答案泄露,每组之间不可以用语言进行交流讨论,可以用笔在纸上讨论答案。

(3) 时间为 5 分钟,最后每组代表展示答案,并解释产生答案的缘由。

参考字谜:

大雨下在横山上(打一字)——谜底:雪

住房准买不准占(俗语五字)——谜底:要舍得花钱

刀枪并举(打一字)——谜底:划

月出惊山鸟(打一字)——谜底:鹃

动嘴又出力(打一字)——谜底:加

东部支援西部(打一字)——谜底:陪

永跟党中央(打一字)——谜底:咏

福建中部高温(打一字)——谜底:烛

高温预报(打一字)——谜底:谈

夫一日之变(打一字)——谜底:春

一心服从转业(打一字)——谜底:恶

居心不善(打一字)——谜底:亚

春雨绵绵人去也(打一字)——谜底:三

出点子见才华(打一字)——谜底:桦

一生自力(打一字)——谜底:六

樱桃小嘴(打一字)——谜底:如

## 四、学习传统文化

1. 主持人提出问题:我们应该如何学习传统文化,又应该具体学什么?

2. 学生交流讨论。

3. 观看视频:习近平总书记在《弘扬中华传统文化开幕式》上的讲话片段,强调学习传统文化的重要性。

4. 发起关于弘扬传统文化的倡议,形成倡议书,并请每位同学签名。

# "弘扬传统文化，构建和谐校园"倡议书

亲爱的同学们：

　　造化有灵，赐予我们雄浑壮丽的神州大地；日月精华，孕育了五千年灿烂的华夏文化。诸子学说字字珠玑，历史古籍内涵深厚，诗词歌赋优美动人，琴棋书画深邃玄妙，古老的建筑、宗教、科学技术令世人推崇备至……作为生长在这片文化沃土上的共和国新的一代，我们不仅应当胸怀天下，放眼世界，勇立现代化的潮头，更应当饮水思源，勿忘根本，把民族文化作为立世创业之基，把民族精神作为开拓进取之本。"少年智则国智，少年富则国富，少年强则国强……"这是希望的呐喊，这是实现"中国梦"赋予我们沉甸甸的责任。为此，学校及我们班级共同发出倡议："弘扬传统文化，构建和谐校园。"

　　让我们热爱国学，亲近经典。积极诵读《三字经》《弟子规》等优秀经典篇目，并将经典的精神变为自觉行为。

　　让我们尊崇传统，滋养人生。吸纳先人的智慧，接受文化的熏陶，积极学习书法、古典文学、传统音乐……通过诵读、聆听、理解、练习，提高自己传统文化艺术的修养。

　　让我们传承文明，摒弃陋习。远离自私与冷漠，不再沉迷电脑和电视，更加崇尚传统与文明，修身立人，明礼诚信，厚仁笃行，积极营造"弘扬传统文化，构建和谐校园"的书香校园、书香家庭、书香社会，为社会和谐和文明传播尽一分力，发一分光。

　　同学们，行动起来吧，让传统文化学习融入我们的校园，融入我们的课堂，融入我们性格品质的养成之中，在校园生根开花，成为我们全面发展的不竭源泉。

　　同学们，行动起来吧，一起走进古哲先贤的心灵与名家大师进行对话，徜徉于传统文化之中，洗涤我们的灵魂，培养我们的智趣，增长我们的知识，提升我们的人格，让传统文化成为我们一生中的精神需要。

## 五、课堂总结

　　主持人：我们伟大的祖国拥有数千年的传统文化，五彩缤纷的文学遗产，让我们领会了博大的情怀，感悟精深的文化。作为新时代的主人，我们不仅要继承和弘扬优秀的文化传统，而且要谱写更新更美的文化篇章。

## 专家点评

中华民族是一个拥有五千多年文化的文明古国。几千年的风雨,铸造了一个拥有着无数故事与无限魅力的国度。这个国度的文化就像一朵朵璀璨的烟花般时时绽放着炫目的风采。为了学习、继承和发扬我国的优秀传统文化,召开一期关于"传统文化,最美那朵花"的主题班会就显得尤为必要了。此次班会旨在激发同学们认识传统文化,增强对我国传统文化的自豪感,以及如何发扬祖国的传统文化,对同学们进行爱国主义教育。同时,还要以中华民族传统文化的博大精深感染同学们的情感,进一步培养同学们正确的世界观、人生观,增强同学们的社会责任感,社会荣辱意识,引导他们为他人服务,培养同学们的创新精神、实践能力、人文素养等,使其养成健康的审美情趣并拥有积极向上的生活态度。

在结构上,本次班会分为认识传统文化、感受传统文化魅力和学习发扬传统文化三部分。采用循序渐进的方式,让学生一步步走进我国传统文化,体会我国传统文化的魅力,认可我国传统文化乃至产生发扬传统文化的积极性。

班会课上首先通过观看现在的学生对外国"圣诞节"和中国传统节日"重阳节"两种截然不同的表现态度视频引入,然后展开讨论,此视频及讨论深深触动了学生的内心,将学生迅速引入到本次班会课的主题上来。

在认识传统文化的环节上,主要采用以小组为单位,进行讨论,接着主持人介绍了中国的书法文化、思想著作、诗词文化、铸造文化、绘画作品、雕刻文化、建筑文化、民俗文化、传统美德、传统节日等知识,将学生带入传统文化的优美氛围中。使学生认识到作为中国的学生,应该认识、了解自己本民族的传统文化,并体会其中的魅力。

接着运用文艺表演和游戏的形式展示传统文化的魅力,调动了学生积极性,也将班会推向了高潮。学生的才艺展示内容艺术水平较高,更突出了传统文化的特点,很好地转变了传统文化在学生心中的古板落后印象,提升了传统文化在学生心中的地位。

为了能将传统文化的思想扎根现实,更好地为现实服务,在学习传统文化环节中,设计了"讨论如何学习传统文化以及具体学什么"这个讨论环节,让学生进行热烈的讨论,得出主要意见,并结合现实的学习生活发起倡议,将本次班会课的教育目的落到实处。

本次班会让学生了解了我国的优秀传统文化,感受到了传统文化的魅力,调动了学生学习发扬传统文化的积极性,使同学们在受到德育教育的同时,也进一步培养了创新精神和实践能力。

主题五：习惯篇

# 营造晴朗的手机网络空间

**【教育背景】**

随着现代化生活水平的提高,大部分人都已经拥有手机。手机网络也逐渐走进了人们生活的各个领域,融入了人们的生活。手机网络给人们带来的"诱惑",吸引着越来越多的人投身于手机网络中。学生也自然而然地成为它的消费群体。在校学生究竟该不该使用手机?如何引导学生合理地使用手机网络?业已成为我们应该深入思考的问题。

为切实做好预防中小学生沉迷网络教育引导工作,有效维护中小学生身心健康和生命安全,教育部办公厅在 2018 年 4 月印发了《教育部办公厅关于做好预防中小学生沉迷网络教育引导工作的紧急通知》,通知强调,预防中小学生网络沉迷需要各方面尽心尽责、密切配合、齐抓共管,各地要充分认识预防中小学生沉迷网络的极端重要性和现实紧迫性。

作为中职的学生,相比之下,学习压力较小,学生个人处理的时间较多,再加上学生人人都有手机,所以我们学生与手机网络接触的机会更多,浏览手机网络的时间更长。而且,中职学生的人生观,价值观,世界观还没有形成,极容易受到网络上不良信息的影响。正确引导学生使用手机网络,保障学生在良好的网络环境下健康快乐地成长,已经成为我们教育的当务之急。

**【教育目标】**

1. 认知目标:了解手机网络的利弊;
2. 情感目标:明确如何合理正确地使用手机网络;
3. 行为目标:通过学习,认识和提高网络素养,将文明上网落实在行动中,营造清朗的网络空间。

**【班情分析】**

1. 基本概况：

本班为中职计算机二年级，学生平时接触网络较多，每个人都有电脑和手机，大部分学生能够合理利用网络学习，正确筛选出对自己有用的信息。

2. 存在不足：

（1）部分同学对网络上的信息没有足够的区分能力，容易受到不良信息的影响，导致误入歧途；

（2）有的同学对手机网络的作用没有更多的认识，不知道如何合理地利用网络为生活、学习助力，基本认为只是用来打游戏。

**【设计思路】**

本节班会课围绕"认识网瘾""网络的危害"和"如何合理正确地使用手机网络，营造晴朗的手机网络"三个问题展开，引导学生认识并正确地使用网络，为学习、生活助力，同时学会抵制不良网络信息，形成正确的人生观和价值观。

**【活动准备】**

教师："网络利弊"的相关视频；
学生：收集对专业学习有帮助的网络资源（链接），大家共享。

**【教育方法】**

案例分析法；小组讨论法。

**【内容安排】**

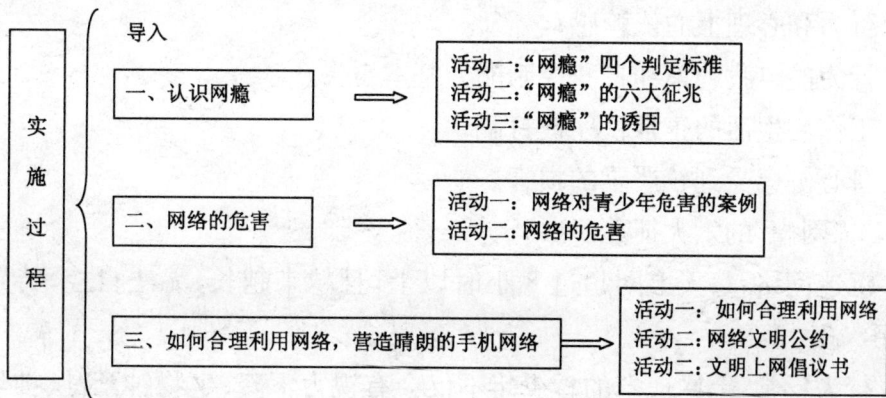

**【具体步骤】**

### 导入:(3分钟)

1. 播放视频《享受网络,享受生活》

**【小组讨论】** 你认为网络有怎样的神奇作用?(学生可以结合自己的切身体会和生活经验,举实例来说明网络的神奇作用)

**【学生明确】** 网络正在逐步地改变着我们的生活方式,为我们的学习和生活带来许许多多的便捷,让我们得到更多的享受。

2. 班主任引导

网络的普及给我们的生活带来了前所未有的便利,我们应该感谢网络。但同时我们应该清醒地认识到,网络同样会给我们带来危害。对青少年,可以借助网络,在网络上找到属于我们的一片天地。但是如果过分依赖网络,一味地沉迷于网络,那就会形成网瘾。

**【设计意图】** 通过观看视频,学生认识到网络是我们学习、生活中必不可少的工具,我们必须接受并认识它。同时,教师通过引导,让学生认识到利用网络要有度,引出下一个讨论话题——网瘾。

**一、认识网瘾**

**【小组讨论】** 什么是网瘾? 网瘾有哪些症状?

班主任参与同学的讨论并归纳。(网瘾是指上网者由于长时间地和习惯性地沉浸在网络时空当中,对互联网产生强烈的依赖,以至于达到了痴迷的程度而难以自我解脱的行为状态和心理状态)

(一)"网瘾"的四个判定标准

1. 行为和心理上的依赖感;

2. 行为的自我约束和自我控制能力基本丧失;

3. 工作和生活的正常秩序被打乱;

4. 身心健康受到较严重的损害。

(二)"网瘾"的六大征兆

1. 沉迷网络,每天上网超过8小时以上,且越来越长,无法自控,特别是晚上,常至深夜;

2. 行为反常,上网成瘾的青少年不仅会有视力下降、生物钟紊乱、神经衰弱

等生理特征，还会逃学、废寝忘食、不与人交往，对人冷漠、暴躁、关机后急躁不安；

3. 经常在网上与陌生人聊天、通电话、约会等；

4. 电脑或手机里常出现暴力、色情、赌博等图片；

5. 有说谎隐瞒上网的情况及程度等行为；

6. 宁肯借钱上网或甘冒一定危险，如：去偷钱或者偷用别人账号上网等。

（三）网瘾的诱因

班主任：谁能说说看，造成网隐的原因是什么？请同学们讨论，各抒己见后，归纳总结：

1. 不健康的，压力过大的成长环境；

2. 得不到别人承认的失落感；

3. 人际关系不好。

【设计意图】　学生了解网瘾性状，并对照检查，自我反省；教师引导学生讨论下一个话题——网络的危害。

## 二、网络的危害

列举网络对青少年危害案例（见附件1）

【小组讨论】　网络给我们带来哪些危害？（学生结合生活实例，各抒己见，教师进行总结并引导）

网络的危害：

（一）不良信息向我们袭来

互联网传递的信息中裹挟着不少不良信息，对青少年造成负面影响。网上还有色情、暴力、反动信息等内容。这些不良信息对于身体、心理都正处于发育期，而分辨是非的能力、自我控制能力和选择能力比较弱的青少年来说，实不足以抵御，严重侵袭了青少年的思想健康和心灵健康。据调查，有 34.6% 的青少年网民承认自己曾经浏览过色情网站，有 4.9% 的人承认"经常"去看。很多青少年因此而荒废学业，成为"电子海洛因"的吸食者，对身心健康造成了严重损害。

（二）网络游戏毒害青少年的心灵

现场调查：请玩过游戏的同学举手。

班主任：游戏并不是不能玩，而是要适度，要选择。要把玩游戏作为一种休闲娱乐，不要沉溺于游戏中，不要玩暴力游戏等，否则，游戏就如电子海洛因一样,会使人沉迷其中,不能自拔。

**【设计意图】** 教师通过列举网络对青少年危害案例,帮助学生认识网络的危害,与学生共同探讨网络的危害性。

### 三、如何合理利用网络,营造晴朗的手机网络

互联网既能载舟亦能覆舟,我们使用得当确实是受益匪浅,但若一个不小心没有把持住,就会毁了一个人。特别是青少年,自控能力弱;那么,我们青少年怎么样正确使用网络呢?(学生分组讨论,教师进行总结)

1. 规划使用网络时间。

青少年在使用网络时,要规划好上网时间;比如,周一到周五建议在晚上使用网络,上网时间一个小时以内;周六周日不用上学,上网时间可以适当长些,但上网时间也不能过长,一般2小时为宜。

2. 只在网上学习,不好信息不去浏览,不要沉迷于网络游戏。

青少年使用网络时,只在网上学习有用的知识,一些不良的网站不要点开浏览。一些弹窗出来的不良信息,一律不点开浏览。在追求与体验生活的目标与成功中,减小网络和游戏的消极影响,不要迷恋虚拟时空。

3. 上网时,不要轻信网友、不要随意约会网友。

在网上不要随意、泛滥的交网友,与网友聊天时发现此网友有问题时果断地拉黑不与此网友联系,也不要随意约会网友。

4. 上网时,要懂得保护个人隐私。

上网时,不要随意把自己的个人信息披露给别人,要懂得保护自己的个人隐私。当一些网站或是网友向你索要个人信息时,要慎重操作。

5. 上网时,要懂得咨询父母、长辈、学校老师。

青少年在上网时,遇到一些自己不能处理,或是不能决定的事情时,要懂得咨询父母、长辈或学校老师。比如,登录网站,进行一些操作,需要录入详细的真实的个人信息时,可以咨询下父母、长辈或学校老师,在此网站录入个人信息是否有危险。

*活动一:学生齐读《中华人民共和国全国青少年网络文明公约》。*

要善于网上学习,不浏览不良信息。

要诚实友好交流,不辱骂欺诈他人。

要增强自护意识,不随意约会网友。

要维护网络安全,不破坏网络秩序。

要有益身心健康,不沉溺虚拟时空。

**活动二:师生一起签订《营造晴朗的网络空间倡议书》。(见附件2)**

【班主任总结】

目前,上网已经成为人们工作学习生活不可或缺的一个重要方面。然而,任何先进技术都有其两面性,互联网一方面给人们获取信息、娱乐身心、交流思想、表达意愿提供了方便;另一方面,由于互联网的开放性,网上的不良、不实信息混淆视听,容易影响和误导人们对事物的正确判断,甚至酿成不良后果,乃至于影响社会健康发展。我们作为年轻的一代人,要秉承弘毅精神,以"意志坚定、习惯良好、基础扎实、特长过硬"作为指引,不断拼搏,努力奋斗,自觉抵制不良网络对我们的影响。净化网络空间,营造晴朗网络,让我们的青春之花美丽绽放!

【总结与反思】(2分钟)

1. 反思:以真实案例进行说教对本节课的教学效果最好,可以借助视频、图片和师生共同讨论等形式,但是容易造成时间安排上不好把控。教师可以收集一些,以备课后师生共同交流使用。

2. 拓展:学生制定一份浏览网络计划书和时间安排,学生相互之间做好监督。

**附件1:**

### 网络对青少年危害的案例

案例一:2006年4月17日,三个12—14岁的学生因上网没钱,将一个看大门的老人打死,抢走67.36元钱。作案后,他们回到网吧继续上网。

案例二:2006年7月14日,某市的一个15岁的青年因上网成瘾,整天迷恋于网络游戏,平时少言寡语,精神呆滞,长时间逃学。其母见儿子如此沉迷,多次劝阻无效,同其父商量好后,将儿子锁在家中。五日后,这个青年因网瘾大发,开始焦躁不安,同其母争吵几句后,便将其母杀死,造成血案。

案例三:2007年3月,某县两个高中学生经常上网聊天。男生甲以少女的身份约男生乙半夜在某处约会,乙生信以为真,半夜翻过学校院墙,不幸将左腿摔折。后来,乙生知悉此事,为报复将甲生打成轻伤,两人家长也为此事诉诸公堂。

案例四：17岁少年小新（化名）为了偷钱上网，竟然将奶奶当场砍死，将爷爷砍成重伤。事后，小新投案自首。两年前，小新开始沉浸在网络里，学习成绩陡然下降。初中还没有毕业便辍学。因担心儿子整天沉迷于网吧，小新的妈妈让他照看家里的台球桌。小新把看台球桌挣的钱拿去上网。后来家里不再提供上网的钱，小新就想到了偷。今年6月上旬，小新偷了爸爸2000多元在网吧待了一个星期。父亲的一顿打骂对小新来说已经起不到任何作用。仅仅几天后，上网的欲望又像虫子一样噬咬着他的心。此时，爸爸月初给奶奶生活费时说的一番话浮现出来。"爸爸说爷爷那儿有4000多块钱，当时听了也没太注意，后来就想去偷爷爷的钱。6月15日中午我就去爷爷家，晚上，看爷爷奶奶都已经睡了，就去翻，可一想怕把奶奶吵醒了，就想用菜刀把奶奶砍伤了再翻。"睡梦中的奶奶倒在了血泊中，响声惊动了爷爷。不顾一切的小新又将菜刀砍向了他。爷爷受伤后逃出家门。小新翻箱倒柜也没有找到那4000元钱，只在奶奶兜里找到了两元钱。事后，小新的爷爷说，那是奶奶为孙子准备的早点钱。小新捏着两元钱在村口的一个洞里躲了起来。思来想去，还是投案自首了。小新告诉记者，奶奶从小最疼爱他，有什么好吃的都惦记着他。他在看守所里最想念的就是九泉之下的奶奶。"我当时只想着拿到钱后就去网吧，根本没想后果。如果让我在上网和奶奶之间重新选择，我肯定选择奶奶。"说到这里，他痛哭流涕起来。

**附件2：**

### 宿迁经贸高等职业技术学校营造晴朗的网络空间倡议书

上网文明，人人有责。为抵制网络谣言，营造健康文明的网络环境，让互联网世界真正成为人们获取真实信息、学习科学知识、提升生活质量的百花园、知识窗、服务台，学校特向老师和同学们发出如下倡议：

一、自觉遵守国家政策法令，坚决维护国家利益和民族利益。加强自身修养，坚持客观真实、文责自负、文明发言，决不发表有辱国格人格的言论。

二、积极响应"增强国家文化软实力，弘扬中华文化，努力建设社会主义文化强国"的战略部署，自觉宣传科学理论、传播先进文化、塑造美好心灵、弘扬社会正气。

三、独立思考、理性对待，擦亮眼睛，不被别有用心的人所利用。对那些无中生有、歪曲事实、造谣诽谤、瞎编乱造的帖子，坚持不跟帖、不转帖。

四、积极支持互联网企业抵制网络谣言的行动，自觉做到不造谣、不传谣、

不信谣，不助长谣言的流传、蔓延，发现网络谣言予以揭露，并积极举报，人人争做网络健康环境的维护者。

五、文明上网，上文明网，上安全网，做有正义感、责任感、上进心的网民。要增强自护意识，不随便约见网友；牢记学生身份，只撷取有益的信息和资料，自觉文明上网，争当新时代的好青年、好少年。

承诺人：

## 专 家 点 评

本节班会课主题鲜明，有明确的指向性，体现德育大纲的要求。内容安排标高适度，符合学生的年龄特征。先是说明网瘾的判定标准和征兆，让学生对照自身检查，本人身上是否存在网瘾的问题，从而激发学生的学习兴趣，达到以身说教的目的。案例选材典型，结合实际，贴近学生生活和社会现实，对学生有说服力和感染力。如在网络危害教学中，列举一些青少年受网络危害的真实案例，能对学生心灵产生极大的冲击，更加起到以案说法的效果。形式层次分明，结构完整紧凑。从网络的有利一面引入，到网络对青少年的危害，最后安排到如何合理地使用网络。从正反两方面加以论述，自然过渡总结得到我们要认识到网络的利弊，合理使用网络，营造晴朗的手机网络这个主题。本节班会课的整个教学过程，学生参与度高，基本每个知识点都有小组讨论的环节，充分体现出学生的主体地位。过程安排循序渐进，充分反映了学生的认识特点和情感发生规律。在各个讨论环节，教师也能做到引导有方，及时进行总结，指导有度。问题呈现，小组讨论，学生积极参与，在体验中不断有了感悟，增加认识，激起情感上的共鸣。最后教师做到把本节课的学习内容与学生在校的学习、生活实际加以结合，把学校的弘毅精神和教育教学的理念贯穿其中，振奋学生精神，让学生的思想境界得到了提升，收到了本节课的教学效果。

随着社会的发展，手机与网络已在人们日常生活、学习和工作中占据越来越重要的位置。这是一个动动鼠标就什么都能搜出来的时代。如有疑问，许多人先想到的是搜索，我们所获取的信息量也随之剧增。"搜索"似乎无所不能，且无处不在。在这个非常实际的时代，任何人都无法与网络割舍联系。网络是先进的，但也是危险的，它改变了我们的生活，也充满着陷阱和诱惑。尤其是对于缺

乏辨别力和自制力的中学生而言,其负面作用导致的不良现象在日常教学生活中屡见不鲜。学生迷恋网络是班主任工作中一个很棘手的问题。相当一部分学生盲目追求个人兴趣,甚至达到痴迷的状态,缺乏自我控制能力,深陷其中不能自拔。中学生的年龄、心理特点决定了简单说教、严厉制止的教育方式是收效甚微的。所以,这堂主题班会课的设计,以关注学生的心理需求为出发点,力求让学生在真实案例的基础上通过诉说、倾听、讨论明白沉迷网络的危害,找到正确对待网络的方法,让他们在自我体验和互动中明辨是非,远离网吧,文明上网;促使学生以自我价值为出发点,妥善处理好娱乐与学习的关系,用积极的态度和行动创造快乐、幸福的氛围。

本节班会课,针对性强,实用性好,对当代青少年尤其是中职学生的引导,起到非常好的作用。我们中职学生相对来说,学习压力较小,个人处理事务的时间较多,容易导致部分学生迷失了生活和学习的方向。通过本节课的教学,我们学生能够认识到自身是否过分依赖了网络,同时通过真实案例让学生参与其中进行学习和参与讨论,学生能更加认识到,网络是一把双刃剑。本次班会能有效地增强青春期孩子们的意识,提高责任感,最后自然引导到让学生共同参与"让网络空间晴朗起来"大行动,为净化网络环境做出自己积极的贡献。

# 诚信行天下

**【教育背景】**

孔子说，民无信不立，人而无信，不知其可也。诚信是中华民族几千年的传统美德。但是这些年，诚信缺失成了大问题。习总书记也在不同的场合对诚信进行多次的阐述，为诚信在社会生活、外交关系和时代价值上的天线开启了多维视野，提供了基本遵循。现在很多人忽略了诚信的重要性，做事唯利是图，见利忘义，导致了社会信任度的急剧下降。由于自身因素，家庭教育和社会体制等问题，如今很多中学生的诚信意识与行为相距甚远。调查显示有 88.39％ 的同学认为诚信在当今社会很重要，其意义和价值不容忽视，但在实际行为上却往往不能做到这一点，比如一到考试时会总有人选择铤而走险，企图用作弊的方式来获取高分。我希望通过这次班会课能让同学们感悟到：诚信是公民应该具备的基本素质，它可以很小，可以小到你生活中不经意的一个动作；它也可以很大，大到感染很多很多的人。讲究诚信是我们现代人的一门必修课，鼓励诚信是我们现代人必做的一项基本任务。所以此次班会以"与诚信同行"为主题开展，注重培养学生的诚信意识和道德水平。

职业学校是培养技术人才的摇篮，学校不仅要使学生具备相应的职业技术知识，而且要培养学生优秀的道德品质，培养学生讲文明，重修养，诚实守信，言行一致的高洁道德情操和优秀行为品质。

**【教育目标】**

1. 认知目标：理解诚信是立身之本，交往之道的内涵；
2. 情感目标：认同诚信对一个人人格发展和职业发展的重要性；
3. 行为目标：培养诚信的道德品质，并且落实在生活、学习和工作中，使人格得到更好的发展。

## 【班情分析】

1. 基本概况：

我班为平面设计专业二年级，学生的校园学习即将结束，接下来是为期半年的实习，他们正经历学校人向社会人转变的过程。

2. 存在不足：

部分学生认为做事情最重要的是看结果，诚信虽然重要，但是结果更重要，轻视或忽视诚信的重要性。

## 【设计思路】

本班会通过认知先行——诚信内涵的重要性；情感为重——认同诚信对人格发展和学习生活中的重要性；行为达成——通过不断的践行，把诚信内化于心，外化于行，在生活里，细节处不断践行。

## 【活动准备】

教师：

1. 收集相关文字、图片、音乐、视频等资料；

2. 在准备期间加强和各个小组的沟通交流，及时把想要在班会中体现的意志与各个准备组衔接、反馈以确保本次班会的成功。

学生：资料搜集、歌曲练习。

## 【教育方法】

案例分析法；讲授法；小组讨论法。

## 【内容安排】

|  | 环节一 | 环节二 | 环节三 |
|---|---|---|---|
| 名称 | 诚信方为本 | 诚信融于血 | 诚信伴我行 |
| 目的 | 认知内涵 | 情感认同 | 行动达成 |

**【具体步骤】**

**导入:典故成语抢答题(3分钟)**

1. 小组代表来抢答

(1) 名言名句有哪些?

民无信不立。——孔子

言不信者,行不果。——墨子

没有诚实哪来尊严。——西塞罗

诚者,天之道也;思诚者,人之道也。——孟子

失信就是失败。——左拉

当信用消失的时候,肉体就没有生命。——大仲马

如果要别人诚信,首先要自己诚信。——莎士比亚

(2) 成语故事有哪些?

君子一言,驷马难追;一言九鼎;一诺千金;言而有信;金口玉言。

2. 学生思考

这些故事所蕴含的道理是什么?

**【设计意图】** 通过脍炙人口的名言名句和成语故事,引导学生自主思考典故的内在含义,并思考当下一些功利性地看待诚信问题将会带来的危害! 进而激发学生了解诚信对一个国家,一个社会,一个劳动者,一个人的成长发展的重要性。

**环节一:诚信方有本(16分钟)**

1. 诚信小故事

**故事一　诚信是立人之本——《狼来了》**

从前,有个放羊娃,每天都去山上放羊。

一天,他觉得十分无聊,就想了个捉弄大家寻开心的主意。他向着山下正在种田的农夫们大声喊:"狼来了! 狼来了! 救命啊!"农夫们听到喊声急忙拿着锄头和镰刀往山上跑,他们边跑边喊:"不要怕,孩子,我们来帮你打恶狼!"

农夫们气喘吁吁地赶到山上一看,连狼的影子也没有! 放羊娃哈哈大笑:

"哈哈哈,真有意思,你们上当了!"农夫们生气地走了。

第二天,放羊娃故伎重演,善良的农夫们又冲上来帮他打狼,可还是没有见到狼的影子。

放羊娃笑得直不起腰:"哈哈!你们又上当了!哈哈!你们真笨啊!"

大伙儿对放羊娃一而再再而三地说谎十分生气,便决定从此再也不相信他的话。

过了几天,狼真的来了,一下子闯进了羊群。放羊娃害怕极了,拼命地向农夫们喊:"狼来了!狼来了!快救命呀!狼真的来了!救命呀!"

农夫们听到他的喊声,以为他又在说谎,大家都不理睬他,没有人去帮他,结果放羊娃的许多羊都被狼咬死了。

### 故事二 诚信是立事之本——《五分钟的薯条和五分钟的信任》

北京的所有艾德熊连锁快餐店都有这样的规定:薯条超过7分钟、汉堡超过10分钟、炸鸡超过30分钟后,就不能再给顾客食用,全部当成垃圾扔掉。但是,为了减少这种浪费情况,有关人员要掌握好客流量和需求量,最好做到现买现做,但是又不能让顾客久等。

虽然规定听起来多少让人觉得苛刻,但是老板明确地告诉员工必须遵守,因为要对顾客讲信用。有一位员工听完后不以为然,觉得"节省"是中国人的美德,这种规定不知要浪费多少粮食,于是他每次都尽量把所有的食品卖完后再做新的。这样过了很长一段时间,什么事情也没发生。有一天,公司总裁来这个店吃薯条,一下子就吃出了味道不对,一看时间盘(所有的食品都放在特定的时间盘里),薯条已经超过了5分钟,当下就把这位员工开除了。这位员工当时很激动地问老板:"仅仅5分钟,至于要开除吗?"老板回答他:"你节省了5分钟的薯条,却让我们的快餐店在5分钟的时间里对所有的顾客失去了信用。这个代价太大了,你已经没有办法弥补了。"

### 故事三 诚信是立国之本——《商鞅立木取信》

商鞅任秦孝公之相,欲为新法。秦孝公有些担心,犹豫不决。商鞅终于说服了秦孝公实行变法,发布了新的政令。为了取信于民,商鞅立三丈之木于国都市南门,并告知百姓中如有能把此木移到北门的,给予10金。百姓对这种做法感到奇怪,没有人敢去移动这块木头。然后,商鞅又布告百姓,能移动者给予50

金。有个大胆的人终于移动了这块木头，商鞅马上就给了他 50 金，以表明诚信不欺。看热闹的人都说："这官员真守信用！"就这样，商鞅很快提高了威信。这一立木取信的事实，终于使百姓确信新法是可信的，从而推行了新法。（《史记·商君列传》）

**【小组讨论】** 这三个故事分别从几个层面来讲述诚信的？诚信的重要性体现在哪里？

**【设计意图】** 通过故事引导学生一步步地思考，如果一个人缺乏诚信，一个企业缺乏诚信，一个国家缺乏诚信，那将会出现什么样的后果，从而体现出诚信的重要性。通过小组讨论和头脑风暴教师引导学生在学习中，生活中和工作中一定要重视诚信，否则就失去了立人之本。

2. 链接时事

### 食品安全——《毒奶粉事件》

2008 年 9 月 8 日甘肃岷县 14 名婴儿同时患有肾结石病症，引起外界关注。至 2008 年 9 月 11 日甘肃全省共发现 59 例肾结石患儿，部分患儿已发展为肾功能不全，同时已死亡 1 人，这些婴儿均食用了三鹿 18 元左右价位的奶粉。而且人们发现两个月来，中国多省已相继有类似事件发生。中国卫生部高度怀疑三鹿牌婴幼儿配方奶粉受到三聚氰胺污染。三聚氰胺是一种化工原料，可以提高蛋白质检测值，人如果长期摄入会导致人体泌尿系统膀胱、肾产生结石，并可诱发膀胱癌。

2008 年 9 月 11 日上午 10 点 40 分，新民网连线三鹿集团传媒部，该部负责人表示，无证据显示这些婴儿是因为吃了三鹿奶粉而致病。据称三鹿集团委托甘肃省质量技术监督局对三鹿奶粉进行了检验，结果显示各项标准符合国家的质量标准。不过事后甘肃省质量技术监督局召开新闻发布会，声明该局从未接受过三鹿集团的委托检验。很快在同一天的晚上，三鹿集团承认经公司自检发现 2008 年 8 月 6 日前出厂的部分批次三鹿婴幼儿奶粉曾受到三聚氰胺的污染，市场上大约有 700 吨，同时发布产品召回声明，不过三鹿亦指出其公司无 18 元价位奶粉。

事件曝光后，中华人民共和国国家质量监督检验检疫总局对全国婴幼儿奶粉三聚氰胺含量进行检查，结果显示，有 22 家婴幼儿奶粉生产企业的 69 批次产品检出了含量不同的三聚氰胺，除了河北三鹿外，还包括：广东雅士利，内蒙古伊利,蒙牛集团,青岛圣元,上海熊猫,山西古城,江西光明乳业英雄牌,宝鸡惠民,多加多乳业,湖南南山等。这些产品被要求立即下架。国产奶粉至此丧失民众信任。

2013年8月3日质检总局突然公告称,新西兰恒天然乳粉检出肉毒杆菌,紧急召回2012年5月生产的所有可能污染产品,虽然随后被证实为乌龙事件,但使毒奶粉阴霾再次浮上众人心头。

## 公共卫生安全——《毒疫苗事件》

2016年3月11日,山东省济南市公安局查获了一起毒疫苗案件,在社会上引起轩然大波。经调查发现2010年以来,庞某卫与其医科学校毕业的女儿孙某,从上线疫苗批发企业人员及其他非法经营者处非法购进25种儿童、成人用二类疫苗,未经严格冷链存储运输销往全国18个省市,涉案金额达5.7亿元。此次事件的舆情发酵速度极快,所引发的"舆论海啸"是全方位的。在曝光当日就被新华网、中央电视台、人民网等重要新闻媒体报道,多家地方媒体发布评论文章,随后名人、明星、舆论领袖微博发声让传播范围几何级扩大,再到《疫苗之殇》旧文重发引发"对战"。此次的毒疫苗事件引起全国网友的关注,并在舆论场中引发了较大的恐慌情绪。针对此事件,各地食药监部门和公安机关迅速清查"山东非法经营疫苗案"相关嫌疑人。国务院对非法经营疫苗系列案件作出重要批示、主管部门连续发文以平定舆情……

3. 诚信内涵

【小组讨论】&【头脑风暴】　诚信是什么?

【教师明确】　诚信是中国人的传统美德之一。无论在过去或是现在,诚信对于建设人类社会文明都是极为重要的。诚信是立人之本,为人若不讲信用,在社会上就无立足之地,什么事情也做不成。诚信是齐家之道,只要夫妻、父子和兄弟之间以诚相待,诚实守信,就能和睦相处,达到家和万事兴。若家人彼此缺乏忠诚、互不信任,家庭便会逐渐崩溃。诚信是交友之道,诚信才能让朋友之间推心置腹、无私帮助。诚信是为政之基。诚信是经商之魂。在现代社会,商人在签订合约时,都会期望对方信守合约。诚信更是各种商业活动的最佳竞争手段,是市场经济的灵魂,是企业家的一张真正的金质名片。可见失信对社会的危害非常大!综观而言,诚信对于自我修养、齐家、交友、营商以至为政,都是一种不可缺少的美德,可见诚信在人类社会中是非常重要的。

【设计意图】 选取古今中外的故事和案例，引导学生自己去总结反思诚信的内涵，在小组讨论和头脑风暴中，帮助孩子建立自己的"诚信"概念，并润物无声的内化这些东西。

### 环节二：诚信融于血(12分钟)

1. 说说咱老百姓自己的故事

学生根据自己得出的"诚信"概念，讲讲自己在过往生活中，自己的诚信故事或者身边的人的诚信故事……

【设计意图】 学生切身体悟到，"诚信"就在你我身边，就在实实在在的生活中，如空气一般围绕周围。只要我们有一颗善于发现的眼睛和一颗鲜活的心，我们可以时时刻刻感悟到。

2.《人而无信不知其可也》

视频展示：习近平总书记在巴基斯坦议会的演讲中说道《人而无信不知其可也》，站在国际视野，站在电视机里，向全世界宣告"人而无信不知其可"，向全世界展示我们是一个拥有悠久"诚信"美德的国家！

小组分段跟读：人而无信，不知其可也/轻千乘之国，而重一言之信/中国的印章，就是一种仪式化的凭信。

【设计意图】 观看习总书记的演说视频，让孩子体悟到泱泱大国对外宣称"诚信"的自豪感，通过跟读，把这股细腻的"诚信"之情推上更高的层面，融入血液的底层。

### 环节三：诚信伴我行(12分钟)

1. 高歌《诚信》

人性之美，莫过于诚，诚为一切善法之源；

人性之贵，莫过于信，信是人生立世之本。

学道存乎信，立信存乎诚，信为道源功德母；

学道存乎信，立信存乎诚，长养一切诸善根。

2. 情景模拟

(1)考试成绩直接决定我能否得优秀学生，是否能得到奖学金，试卷太难了，书就在位洞里，我随手就可以拿到！

【作弊表演】VS【正确表演】

（2）银铛入狱——用臭鞋底做的果冻，用地沟油炒菜，用毒奶粉喂养的孩子（大头痴呆），用假疫苗打针的孩子（狂犬病抽搐状）！

【诚信座右铭】 每个小组商讨"经商诚信座右铭"，比如"如果我经商，我要是一个诚信的良心的商人，绝不做伤天害理的事情，害人终害己！"

3. 诚信行动书

【小组讨论】&【头脑风暴】 学习上、生活中、工作中、社交中可能会出现的情境有哪些？

书写诚信书：每个人，针对遇到的情境，你会怎么做？

【平面设计】 小组为单位，把诚信宣传片设计于纸上，评选优秀作品在期末作品展示上展示！

【设计意图】 诚信说起来容易，但是具体力行起来又是那么难！现在生活中有太多的诱惑，太多冲突，我们要在生活细节中，不断去修行，去修炼诚信的品质。学生写行动书只是第一步，第二步就是在涓涓溪水的生活中，将诚信流淌在其中。

【设计意图】 通过听歌唱歌，通过情景模拟，通过诚信书等环节，帮助学生更深体悟诚信之美，并将这种诚信品质融入生活，在生活中不断修行。

## 【班主任寄语】（2分钟）

孩子们，白驹过隙，一晃眼几年过去了，我们一路走来，我是你们的老师，带着你们一起去探索了很多的知识；你们更是我的老师，我们在这短短的几年中，我们有过矛盾，有过争执，但是我们现在还能和平相处，我们学会了理解，学会了宽容，我们学会了相互之间的那份坦诚！我从你们眼睛里看到了很多优秀的品质，而其中之一就是"诚信"！虽然现在社会上会时不时地传送一些功利的，负面的不诚信的视频和文章，但是孩子们，那都是小聪明，在人生这条路上，只有"诚信"可以帮助我们在工作上百尺竿头，在为人上，在生活中不必患得患失，在社会上才能走得更久更远！欺诈和作弊最后只会像刚才模拟情境二中的结局一样，银铛入狱！我知道你们都是纯真善良的孩子，今天是，明天依旧是！作为你们的班主任，我虽然批评过你们，但是我的内心始终为你们感到自豪和骄傲。希望通过今天的主题班会课，我坚信同学们能够设立诚信的底线，在以后的学习、工作中戒骄戒躁，潜心学好平面设计专业知识与技能，能够诚信做事，诚信做人！

**【总结与反思】**

每个孩子都是一粒种子，他们的花期不同，他们的成长规律不同，未来的工作、生活、成就也会各不相同，所以我们要培养孩子的优秀品质。如果一个人只是成才了但是没有优秀的道德品质，那是非常可怕的事情。但是现在社会的影响力太大了，信息量如此之大，传播途径如此之多，孩子要面临太多的诱惑，面临太多的内在的斗争，在青春期帮助孩子坚定和加固一些优秀的品质，相当于给孩子内在筑了一道坚固的城墙，可以帮助孩子在未来里能够坚守底线，诚信做事做人！但是简单说教不行，在本班会中，以认知——体悟——行动为环节，始终都坚持以生为本，通过一些趣味性较强的活动激发、引领学生一步步地把诚信融入血液，行于生活。

## 专家点评

成才教育有个明确的目标，只要对照结果就可以，是硬性的东西！但是成人教育，品质教育，是一个柔性的东西，是一个长久的东西。既要关注本节课的内容设置，环节安排，还要能让学生以今天的课程作为一个新起点，给每个孩子设立品质的轨道，让孩子在这轨道上驰骋。这个东西就很难了！但是本次主题班会，从诚信的重要性和必要性和可行性三个方面入手，由浅入深，由表及里，仿佛沙漠饥渴的人也不用一口气喝很多水，细细地，慢慢地品味，一点一滴地融入血液，化作行动指南，成为品质，成为信条，成为行事的底线！学生在自己动手、动口、动心的过程中，埋下的诚信的种子，必将在以后生活的各个领域里发芽和长大！

# 塑造良好习惯 成就美丽人生

## 【教育背景】

近期,班级教室的地面上时常有被随手丢弃的垃圾,而且大家几乎都是视而不见。针对此种现象,我特意做了一份中职生文明行为习惯问卷调查。调查的数据结果显示,虽然临近实习,但很多学生的行为习惯还存在较大问题。诸如:不愿意随手捡起地上的垃圾;学习随大流;做事责任心不强;没人监督,自制力不强;文明礼仪缺乏;不知道如何正确地待人接物等。个人行为习惯体现的是一个人的综合道德素质,而学生身上这些文明行为习惯的缺失,正说明了学生的综合道德素质还需要进一步去提升。《中职德育大纲》明确要求要加强学生社会公德、职业道德意识和文明行为习惯的培养。党的十八大明确提出:把立德树人作为教育的根本任务。所以,我们要通过一些良好习惯教育案例,让学生感受到树立良好习惯的重要性,并通过一些实践性活动,帮助学生形成良好的习惯。

## 【教育目标】

1. 认知目标:了解习惯与人生发展的关系;

2. 情感目标:明确良好习惯是成就美丽人生的前提条件;

3. 行为目标:能进一步加强良好行为习惯的培养,并付诸现实生活中,使之成为终生习惯。

## 【班情分析】

1. 基本概况:

我班为学前教育专业二年级,学生正处于实习前期准备阶段,对专业发展和

岗位要求比较熟悉。

2. 存在不足：

（1）部分同学的行为习惯还存在问题，对行业基本道德规范还缺乏一定的认识，还没有意识到行为习惯对人生发展的重要性；

（2）有的同学虽然习惯较好，但对行业基本道德规范的了解仅仅停留在表面层次，还没有从内心深处真正认识到行为习惯与人生发展的关系。

【设计思路】

本次班会课围绕"习惯、养成、成功"三个关键词展开，巧妙地把"成功"比作是"人生宝塔"，而"习惯"是"基石"，"养成"是"意志"，最后通过学生行动终将建成自己的"人生宝塔"。

【活动准备】

教师：故事；名人故事；专业教师；荣誉证书；空白思维导图。
学生：个人魅力书；参加幼儿教师模拟面试。

【教育方法】

案例分析法；活动体验法；小组讨论法。

【内容安排】

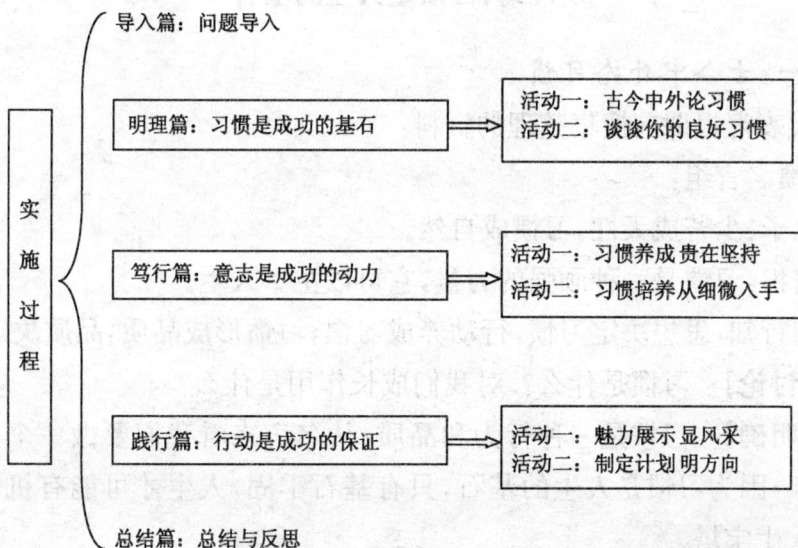

**【具体步骤】**

问题导入：

一根小小的柱子,一截细细的链子,竟然拴得住一头千斤重的大象。你相信吗?

课件展示故事：

在印度和泰国,训象人在大象还是小象的时候,就用一根铁链将它绑在水泥柱或钢柱上,无论小象怎么挣扎都无法挣脱。慢慢地,小象也就不挣扎了,直到长成大象,可以轻而易举地挣脱链子时,它也不挣扎。

问题:为什么大象后来有能力挣脱链子了,但它却不挣扎了? 大象是被什么束缚了?

学生思考、回答。

班主任引导：

大象之所以后来不挣扎了,是因为它已经习惯于被拴住这种生活了。美国心理学家威廉·詹姆斯说:"播下一个行动,收获一种习惯;播下一种习惯,收获一种性格;播下一种性格,收获一种命运。"习惯决定一个人的命运,好习惯使人成功,坏习惯害人一生。

**【设计意图】** 通过设计问题,激发学生好奇心,用《象的故事》帮助学生了解习惯的作用及其重要性,并由此引出主题。

## 明理篇:习惯是人生的基石

*活动一:古今中外论习惯*

小组代表汇报课前搜集整理的资料：

2. 习惯名言组：

(1) 孔子:少若成天性,习惯成自然。

(2) 培根:习惯是一种顽强的力量,它可以主宰人生。

(3) 陶行知:思想决定习惯,行动养成习惯,习惯形成品质,品质决定命运。

**【小组讨论】** 习惯是什么? 对我们成长作用是什么?

**【学生明确】** 习惯是一种行为和品质;从名言来看我们要做一个具有良好习惯的青年,因为习惯是人生的基石,只有基石牢固,人生才可能有机会建成自己坚固的人生宝塔。

3. 名人习惯组：

（1）儿时爱迪生（国外）：好奇，凡事喜欢弄个明白——发明家。

（2）儿时张衡（古代）：喜欢观察夜空的星星，并对日月星辰产生极大的兴趣——天文学家。

（3）儿时齐白石（近代）：习惯于边干活，边画画——书画家。

**【小组讨论】** 从资料来看，他们成功的共同点是什么？对他们成长有什么影响？

**【学生明确】** 自小都有着良好的行为习惯。在良好习惯的引领下，他们追求自己的人生梦想，并最终获得成功。

**活动二：谈谈的你的良好习惯**

每个人都有自己的一些习惯，请把你的良好习惯写在《我的个人魅力书》中。

预设：学期结束被评为"个人魅力之星"。

**【设计意图】** 通过思辨讨论，学生明确习惯内涵，习惯是人生成长的基石。

### 笃行篇：意志是成功的动力

设问：曼恩说过：习惯仿佛是一根巨缆，我们每天给它缠上一股新索，要不了多久，它就会变得牢不可破。那么如何让我们养成一个良好的习惯呢？

**活动一：习惯养成，贵在坚持**

1. 看一看

鲁迅：少年时代的鲁迅，因为偶尔的一次意外迟到，被老师批评，后在自己课桌上刻下一个"早"字，意在时刻提醒自己以后上学再也不能迟到，这也是成为他一生的习惯，也为他成为一代文学大师奠定了良好的基础。

马克·吐温：一生坚持每天清晨默读的好词、佳句，为他能写出脍炙人口的作品打下了坚实的基础，也为他成为著名作家打下了坚实的基础。

2. 议一议：这些故事给你什么启发？

预设：美好人生＝良好习惯＋长期坚持……

师生明确："水滴石穿，绳锯木断"的道理，良好习惯的长期坚持可以改变人的一生。

**活动二：习惯培养，从细微入手**

美国福特汽车公司创始人——福特，他大学毕业后去一家汽车公司应聘。和他一起应聘的三四个人都比他学历高，他觉得自己肯定没希望了。轮到他面试时，他敲门走进了董事长办公室,一进办公室,他发现门口地上有一张纸,就很自然地弯腰把它捡起来,发现是一张废纸,便顺手把它扔进了垃圾桶。然后才走到董事长办公桌前说:"我是来应聘的福特。"董事长说:"很好,很好,你已经被我们录用了。"

议一议:这个故事说明了什么道理?

师生明确:一些细微小事可以展现一个人的习惯和修养,细节成就人生。养成良好习惯,要从细微入手,我们要"不以恶小而为之,不以善小而不为"。

**活动三:修正不良习惯,提升自身修养**

1. 小组讨论:习惯是人生的基石,好习惯可以助我们成功,而坏习惯会成为我们人生道路上的绊脚石。思考阻碍人生发展的"绊脚石"有哪些?怎样除掉这些"绊脚石"?

关键词:

(1) 不良习惯:懒散、意志薄弱、随手乱丢垃圾、公共场所大声喧哗……

(2) 明确做法:省察克治。

省察:明辨是非,对照职业道德规范和职业要求,严格反省自身的优点和不足。

克治:改正自身不良习惯。

## 践行篇:行动是成功的保证

**活动一:魅力展示,显风采**

按小组进行幼儿教师模拟面试活动,请专业教师对各小组成员的礼仪及行为习惯进行巡视点评,评出"文明习惯魅力之星",并颁发获奖证书。

**活动二:制定计划,明方向**

1. 定目标,我能行

教师:大家通过学习,了解了要养成良好习惯,须从现在做起。现在请同学们思考、完成《我的个人魅力书》,课后张贴在班级"魅力之星"宝塔上。

| | | 姓名 | | 人生目标 | | |
|---|---|---|---|---|---|---|
| 习惯是基石 | 良好习惯 | | | | | 坚持促成功 |
| | 不良习惯 | | | | | |
| | 改变途径 | | | | | |
| | 督查方法 | | | | | |
| | 自我激励 | | | | | |

2. 齐朗诵，激发热情

一齐朗诵学生自编《文明礼仪三字经》：新时代，讲文明；好习惯，在养成……把本次班会活动推向高潮。

【设计意图】 通过展示、专家点评纠正、制定计划、诵读记忆等方式，帮助学生进一步养成文明行为习惯。

## 【班主任总结】

青春是春花烂漫的时节，是人生习惯养成的关键时期，好习惯可以助我们成功，坏习惯足以毁掉我们的一生。为了我们未来的美丽人生，让我们摒弃和远离不良习惯，努力养成良好习惯，做一个有道德、有修养的职业人。

## 【总结与反思】

1. 反思：在利用思维导图制定养成好习惯的方法这个环节，由于学生讨论的时间不好把控，如果讨论时间较长，将会把剩下的内容延伸到课后完成，以保证教育效果。

2. 拓展。

（1）制作文明行为习惯宣传手册，上传至班级微信群并交流；

（2）把文明行为习惯纳入班级个人良好考核，评出月"文明习惯之星"和学期"个人魅力之星"；

（3）参加文明行为志愿者活动。

## 专家点评

处于青春期的学生，行为习惯存在问题是学生成长时期存在的普遍现象，该主题班会围绕这一现象组织活动，具有较强的现实意义。

本活动设计意图明确，条理清晰，案例选择教育针对性强。让学生通过"省察克治"的方法对自身不良行为习惯进行内省和纠正是帮助学生改正不良习惯的一个很好的办法，值得推广。最后活动采取诵读自编《文明礼仪三字经》的方式结尾，更是本活动的一大亮点，提高了学生的参与度，教育效果较好。

# 学雷锋,见行动——3月5日学雷锋日

## 【教育背景】

瘦小的脸庞,明亮的双眸,圆凸的头顶上,却展现出饱满的精神,一位68岁的老者撑着一把硕大的雨伞,在寒冷的风雨中显得格外耀眼。他就是第一届"雷锋班"的副班长、雷锋生前战友周述明。在綦江县供电公司的会议室,周述明接受了本报记者的独家采访。1959年,新中国成立的第十个年头。当时刚满22岁的周述明当上了一名光荣的战士。雷锋1960年入伍时,正好比他小一岁。二人分在同一个班。周述明透露,1963年1月21日,在雷锋逝世后不久,国防部批准雷锋生前所在的班为"雷锋班"。沈阳军区司令员陈锡联向雷锋班第一任班长张兴吉、副班长周述明授予了国防部颁发的锦旗,上面印着三个闪闪发光的大字——雷锋班。

周述明表示,自己干了一辈子革命工作,从来没有舍弃向雷锋学习、做一名雷锋式人物的信念。不管是在工作岗位上,还是退休以后,周述明都始终坚持全心全意为人民服务的宗旨。从部队到地方,从农村到城市,从学校到厂矿,周述明的足迹走到哪里,雷锋精神就跟随到哪里。900多场宣传雷锋精神的报告,感动了100多万人。周述明老人笑言,现在的他虽然从工作岗位上退了下来,但仍然坚持宣传雷锋精神。前不久,他才去一所学校进行了雷锋精神的宣传。他表示,自己所讲的全都是和雷锋在一起生活、学习的真实故事,他要把雷锋的共产主义精神接下来,传下去,并发扬光大。

他认为,真正意义上的雷锋精神,并非简单的帮助别人打扫卫生、照顾老人,那只是雷锋精神其中的一部分。其实质是干好本职工作,干一行,爱一行。

**那么什么是"雷锋精神"呢? 我们如何将"发挥雷锋精神"付之于行动?**

**【教育目标】**

1. 认知目标:学习雷锋的生平简介及真实的故事,认识"雷锋精神"的真正内涵;

2. 情感目标:通过学习,认同雷锋精神的重要性;

3. 行为目标:通过活动,希望更多的"雷锋"出现在我们的日常生活中。

**【班情分析】**

1. 基本概况:

我班学生为汽修专业一年级学生,正处于习惯养成时期,大部分同学相互团结友爱,班集体氛围较好。

2. 存在不足:

(1) 部分同学思想比较幼稚,做事冲动,容易意气用事,怕付出,不愿帮助别人;

(2) 部分同学缺乏爱心,缺乏团队意识及奉献精神。

**【设计思路】**

本次班会课围绕"学雷锋,见行动"两个关键词展开,真正让学生深深认识到:雷锋,一个逐渐远去的名字,却足足影响了好几代人。其实,在我们这个市场经济的时代,却更需要雷锋的"傻子"精神、"钉子"精神,让我们一起走近雷锋,呼唤雷锋精神的回归吧!

**【活动准备】**

教师:雷锋的生平简介;音乐《爱的奉献》和《学习雷锋好榜样》;诗歌朗诵《为什么你总在我前方闪耀》;游戏题目。

学生:搜集有关雷锋的生平事迹简介、日记、故事和格言;搜集我们身边的好人好事。

**【教育方法】**

案例分析法;榜样示范法;小组讨论法。

## 【内容安排】

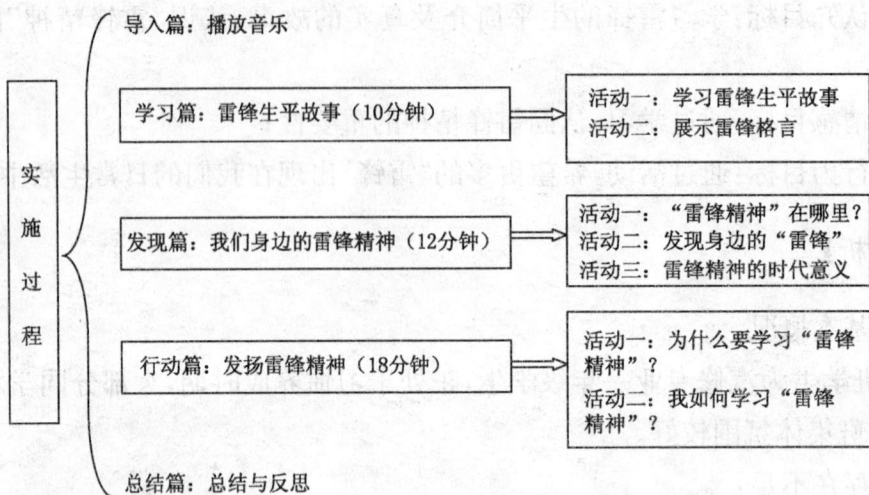

实施过程

导入篇：播放音乐

学习篇：雷锋生平故事（10分钟） → 活动一：学习雷锋生平故事
活动二：展示雷锋格言

发现篇：我们身边的雷锋精神（12分钟） → 活动一："雷锋精神"在哪里？
活动二：发现身边的"雷锋"
活动三：雷锋精神的时代意义

行动篇：发扬雷锋精神（18分钟） → 活动一：为什么要学习"雷锋精神"？
活动二：我如何学习"雷锋精神"？

总结篇：总结与反思

## 【具体步骤】

### 导入：(3分钟)

播放歌曲《爱的奉献》，在乐曲中进入情境：三月，阳光明媚；三月，万物复苏；三月，春风送暖；三月，大地换新颜。同学们，三月是什么日子呢？全班同学回答：学雷锋活动月。

让我们一同进入今天的主题班会《学雷锋，见行动——3月5日学雷锋日》。

1. 了解雷锋生平

遥远的记忆中，雷锋的名字是那样的熟悉和亲切，一个普普通通的解放军战士，全国人民学习的楷模；学习雷锋好榜样的歌声，响彻中国大地；在那火热的年代里，多少颗心为了他而悸动，又有多少人把他的日记做为座右铭，恪守一生。

2. 班主任引导

我们要求学习的不是雷锋个人，而是"雷锋精神"。雷锋精神是代表着社会主义时代先进的民族精神，尽管有人认为这是个物质时代，但我们仍然不能忽视，只有在给予别人帮助的过程中，人的精神享受才是真正快乐的。雷锋精神所体现的，也正是这样的思想内涵，因此我们不能放弃学习这种伟大的精神。

事实上，雷锋精神所代表的是一种人性中高尚品质闪耀的光辉，我们应该让这种光辉永久闪烁，永久灿烂；那么，无论社会发展到什么时候，雷锋精神也不会

过时。就现状看，学习雷锋精神不仅不能放松，而且应该更加重视和加强；客观社会在飞跃式进步发展，作为人的行为文明——比如诚信、助人为乐、相互关爱……缺失的正是不能少的。提倡学习雷锋精神并不仅仅是要求人们做一两件好人好事，而是要从新时代公民行为准则上规范自己，要求自己，做一个有爱心的，对他人乐于随时伸出友爱之手的文明人；一个精神健康、行为端正的人才是新时期的文明人。

【设计意图】 通过榜样示范，激发学生向往之情，引出主题。

## 学习篇：雷锋生平故事(10分钟)

### 活动一：学习雷锋生平故事

小组代表汇报课前搜集整理的资料。

1. 雷锋的小故事：

(1)《助人为乐的雷锋》故事

一天，雷锋因公出差，踏上了从抚顺开往沈阳的列车。上了车，他看到旅客很多，连忙把自己的座位让给了一位老人。他看到列车员很忙，就又动手帮着扫地板，擦玻璃，收拾小桌子，给旅客倒水，帮助妇女抱孩子，给老年人找座位，帮助中途下车的旅客拿东西。一些旅客不住地招呼他："同志，看你累得满头大汗，快过来歇歇吧！""我不累。"雷锋叔叔是永远不知道累的。

(2)《孩子们的知心人》

1960年10月以后，雷锋先后担任了抚顺市建设街小学(即现在的雷锋小学)和本溪路小学校外辅导员。雷锋平时工作、学习都很忙，他只能利用午休时间或风雨天不能出车的日子请假到学校去找教师，同学谈心，或进行其他辅导活动。他善于团结小朋友，启发他们好好学习，天天向上。

雷锋以高度的使命感、责任感，辛勤培养下一代苗壮成长。共青团抚顺市委为表彰雷锋的事迹，曾于1962年5月28日颁发奖状，上面写着："奖给优秀辅导员雷锋同志，保持光荣，继续前进。"

(3)《模范班长》

1961年9月，全团上下一致推举雷锋为抚顺市人大代表。雷锋参加完人代会回到连里就担任了二排四班班长，在他的带领下，四班成了"四好班"，雷锋也成了全连的四好班长。

一天傍晚，天下起大雨，雷锋见公路上一位妇女怀里抱着小孩，手里还拉着小孩,身上还背着包袱,在哗哗的大雨中一步一滑地走着,雷锋忙上前一打听,才知道这位大嫂从外地探亲归来,要去十几里外的獐子沟去。她着急地说:"同志啊,今天雨都把我浇迷糊了,这还有孩子,我哭也哭不到家啊!"

雷锋把雨衣披在大嫂身上,抱起那个大一点的孩子冒雨朝獐子沟走去,宁可自己淋得透湿,一直走了两个多小时,才把她们母子送到家。

(4)《谦虚谨慎》

雷锋入伍以来,多次立功受奖,他被选为市人大代表,出席过沈阳军区首届共青团代表会议,他的照片、日记和模范事迹。通过报纸、电台作了广泛的宣传,雷锋陆续收到来自全国各地热情赞扬他的来信,他在日记中写下了这样一段话:"我的一切都是党给的,光荣应该归于党,归于热情帮助我的同志,至于我个人做的工作,那是太少了,我这么一点点贡献,比起对我的要求和期望还是很不够的……"

【小组讨论】 同学们,听了雷锋的这些故事,你觉得他是一个怎样的人呢?

教师提示:雷锋是一个自强不息、全心全意为人民服务的好战士。

【学生明确】 雷锋精神就是为人民服务,体现在我们生活的点滴中,随处都可发扬雷锋精神,如公交车上、马路上、餐厅里、课堂上……

2. 雷锋生平介绍

雷锋出生在一个贫苦的农民家庭里,7岁就失去了父母,成了孤儿。新中国成立后,在党和政府的培养下,成为一名光荣的人民解放军战士。平时他勤勤恳恳、踏踏实实,从平凡的小事做起,全心全意为人民服务。为此,他多次立功。1962年8月15日,这样一个普通士兵逝去了,雷锋因公牺牲时,年仅22岁。虽然他离开了我们,但是他留下了一个永不消逝的名字——雷锋,也留下了一种伟大而高贵的精神——雷锋精神。由于他热心辅导少年先锋队,共青团中央特决定追认他为"全国优秀少先队辅导员"。雷锋同志是毛泽东、刘少奇、周恩来、朱德等老一辈无产阶级革命家为我们树立的一个精神境界非常高尚的伟大典型,是社会主义时期一代新人的典范,是全党全军全国人民学习的好榜样。他的精神将会永远地闪耀在祖国的大地上,闪耀在校园的每一个角,雷锋精神将会永远地活在我们心中。

【小组讨论】 听了雷锋的故事和他的生平介绍,我们应该从他身上学习到什么?

【学生明确】 在日常生活中,学习雷锋做一个无私奉献的人。

**活动二:展示雷锋的格言**

雷锋在数百篇日记里,记录了他成长的足迹,总结出许多人生格言,留给我们一笔宝贵的精神财富。请听《格言朗诵》(多同学上)

(1) 人的生命是有限的,可是为人民服务是无限的,我要把有限的生命,投入到无限的为人民服务中去……

(2) 一滴水只有放进大海才永远不干,一个人只有当他把自己和集体事业融合在一起的时候,才能有力量。

(3) 一块好好的木板,钉子为什么能打进去因为钉子有两个长处:一个是挤劲,一个是钻劲。我们在学习上也要提倡这种"钉子"精神。

(4) 自己活着就是为了使别人活得更好。

(5) 青春啊,永远是美好的,可是真正的青春只属于永远力争上游的人,永远忘我劳动的人,永远谦虚的人。

(6) 对待同志要像春天般的温暖,对待工作要像夏天一样火热,对待个人主义要像秋风扫落叶一样,对待敌人要像严冬一样残酷无情。

预设:发现班级里的"雷锋":平时关爱他人,积极为班级做事……

【设计意图】 通过雷锋精神资料收集,让学生体会雷锋的一生虽然短暂,但他的光辉形象却永远留在世人的心中。

### 发现篇:我们身边的雷锋精神(12分钟)

设问:雷锋的精神闪耀在祖国的大地上,闪耀在校园的每一个角落,闪耀在18汽修1班的集体中。你发现了吗?

**活动一:"雷锋精神"在哪里?**

1. 朗诵

教师提问:我们身边的"雷锋精神",你们发现了吗?

请全体起立,一起朗诵:《为什么你总在我前方闪耀》

你的故事装满我童年书包

为什么你是我永远的寻找

爱与恨都写在你紧抿的嘴角

并不是到三月

才记起为你骄傲

历经这风和雨

仍不失你的崇高

雷锋,每一次念你的名字

都是我深情的燃烧

不要说你平凡像一棵小草

这绿色已汇成滚滚春潮

不要说这二十二岁人生太少

认真做青春才有永恒的歌谣

现代风吹不去

那人性的真和善

一双手一棵苗

便捧出青山不老

雷锋每一回无言的感动

都是人类心灵的拥抱

2. 回答下列题目

(1) 雷锋什么时候出生?（c）  a. 1938 年  b. 1939 年  c. 1940 年  d. 1941 年

(2) 雷锋几岁时成为孤儿?（d）  a. 5 岁  b. 4 岁  c. 6 岁  d. 7 岁

(3) 雷锋为什么会当兵?（a）  a. 被解放军的爱国爱民的精神感动  b. 因为家里穷  c. 想出人头地  d. 想成为军事家

(4) 1950 年,家乡成立了农民协会,进行了土地改革,雷锋积极投入了这场运动当上了什么?（c）  a. 班长  b. 宣传委员  c. 儿童团长  d. 少先队队长

(5) 雷锋 16 岁时在望城县委做什么工作?（b）  a. 秘书  b. 公务员  c. 后勤人员  d. 清洁工

(6) 雷锋在当兵前做过许多工作,下面哪个工作他没有做过?（b）  a. 通信员  b. 辅导员  c. 拖拉机司机  d. 推土机手

3. 师生明确

只要我们少一点私心,不斤斤计较,班级一定会更美好。现在我们一起静下心来,回想发生在我们身边的事。当我们学习上遇到困难,有人帮我们解惑答疑;当我们不小心摔跤了,有人将我们扶起;当我们搬不动重的东西时,有人伸出援助之手;当我们下雨时忘了带伞,有人与我们分享伞下的空间;当我们上课时病痛难忍,有人在一旁安慰——

**活动二：发现身边的"雷锋"**

1. 你看到的

小组讨论：你平时看到的雷锋精神有哪些？

比如：有的同学主动帮班级擦黑板，有的同学主动去楼下搬水，有的同学帮请假的同学打扫卫生值日，有的同学在路边看到乞讨的人给他们送吃的、给零钱，有的同学主动送生病的同学去医务室，有的同学主动帮老师做事……

2. 你做到的

（1）在班级里，不仅仅是完成自己的事，要尽可能去帮助别人，为老师分忧，做一个热心的人。

（2）在学校里、在街上看见有困难的人，我们要主动伸出热情之手去帮助他们。

3. 师生明确

通过这次活动，大家体会到："学雷锋"的目的不是为了得到别人的赞赏与表扬，学习雷锋精神要从自己做起，从身边的小事做起，关心每个人，关心每件事，同学相处要像兄弟姐妹般相亲相爱，生活处处才能洋溢着和谐融洽的温暖。我们应该在日常的生活中发扬雷锋精神，使其成为生活的一部分，让雷锋精神成为我们的良好品格。最后希望大家能够多发现一些身边的"雷锋"，更希望大家成为"雷锋"。

**【设计意图】** 通过"雷锋精神"为人民服务其乐无穷，好好学习，天天向上，做一名真正的共产主义接班人。

**活动三：雷锋精神的时代意义**

1. 歌曲欣赏

（1）下面请同学们听一曲《学习雷锋好榜样》

（2）雷锋曾说过："一个人做好事并不难，难的是一辈子做好事。"这是个颇有意味的问题，值得我们深思。

小组讨论：哪些事是我们日常生活中可以做的好事？

教师小结：我们提倡学雷锋，提倡"螺丝钉"精神，也并不反对个人的创造和发展，更不是无视人的价值。平凡的岗位可以做出不平凡的事业，平凡的人也可以成为有益于人民的杰出的人，只要他能为国家和人民做出自己的贡献。将军和士兵，市长和市民，科学家、艺术家和工人、农民，都同样平凡，也同样高尚。毛泽东同志在著名的《纪念白求恩》中指出："一个人能力有大小，但只要有这点精

神,就是一个高尚的人,一个纯粹的人,一个有道德的人,一个脱离了低级趣味的人,一个有益于人民的人。"社会主义事业为每一个人的前途提供了广阔的天地。谁只要真正投身于壮丽的社会主义事业,全心全意为人民服务,谁就是脱离了低级趣味的人,就值得人们称赞。联系我们的实际,"螺丝钉"精神就是脚踏实地地做好自己应做的事情。作为一名学生就应该把自己的学习搞好,作为一名教师就应该把教书育人的工作做好。

我们提倡学雷锋,提倡艰苦奋斗,并不是要人们再去做"苦行僧",再过清苦生活,也不是否定合理的物质利益。我们要反对个人经济能力的高消费和奢侈浪费。

2. 明确做法:从物质层面看,艰苦奋斗要求我们的消费要节制在一个合理的限度内。从精神层面看,艰苦奋斗是指不畏艰难困苦、锐意进取、坚忍不拔、奋斗有为的精神状态和为人民利益甘于奉献的思想品德。

### 行动篇:发扬雷锋精神(18分钟)

**活动一:为什么要学习"雷锋精神"?**

雷锋是时代英雄,他懂得了"怎样做人,为谁活着",能把自己"有限的生命,投入到无限的为人民服务之中去"。雷锋精神概括如下:

1. 雷锋精神内涵之一:奉献精神

雷锋精神的核心是为人民服务。"雷锋"二字,已成为人们心目中热心公益、乐于助人、扶贫济困、见义勇为、善待他人、奉献社会的代名词。

2. 雷锋精神内涵之二:"钉子"精神

雷锋对待工作总是干一行、爱一行、钻一行,立足本职,尽职尽责,努力以钉子的"挤"劲和"钻"劲,使自己成为工作的内行。

3. 雷锋精神内涵之三:"螺丝钉"精神

雷锋谦虚待人,甘于平凡,从点滴做起,从小事做起,服从革命的需要和组织的安排,党叫干啥就干啥。他把自己生命融入党和人民事业的整体之中,立志在平凡中干出不平凡的业绩,乐于做一颗永不生锈的"螺丝钉"。

4. 雷锋精神内涵之四:艰苦奋斗精神

雷锋出身贫苦,在旧社会,哥哥、弟弟都因负伤、饥饿,病死了,他自己也走近了死亡的边缘,他深知生活的艰辛。因而,他工作和生活的一言一行都体现出中华民族勤俭节约、艰苦奋斗的传统美德。

注：多媒体出示班级里的助人为乐、艰苦奋斗的镜头。

*活动二：我如何学习"雷锋精神"？*

1. 定目标，我努力

班长：从现在起，为让老师、父母放心，大家通过每天的努力去改变自己，使自己成为"雷锋"一样的人。

| 我能做到的 | 与人为善、善待他人 | | 无理要求 | | 我要改进的 |
|---|---|---|---|---|---|
| | 助人为乐、学会感恩 | | 自私自利 | | |
| | 关心集体，热心公益 | | 无视集体 | | |
| | 勤奋学习、学有所获 | | 自暴自弃 | | |

2. 齐宣誓，来明智

班长：我提议，下面让我们全体起立，庄严宣誓——

（请同学们起立、握拳、一句句跟读宣言）

一滴水只有放进大海里才能永远不干。

一个人只有当他把自己和集体融合一起的时候才能有力量。

力量从团结来，智慧从劳动来。

行动从思想来，荣誉从集体来，

对待同志要像春天般的温暖，

对待工作要像夏天一样火热，

对待个人主义要像秋风扫落叶一样，

对待敌人要像严冬一样残酷无情。

风里雨里，泥里水里，哪里有艰苦哪里就有他的身影。

**【设计意图】** 通过总结、展示、制定计划，帮助学生进一步认识"雷锋精神"的宝贵，并用实际行动来弘扬雷锋精神，从而获得幸福感！

**【班主任总结】**

雷锋精神就是共产主义精神，是我国工人阶级和劳动人民高贵品质的生动反映，也是我党优良传统的具体体现。它的实质是：忠于共产主义和社会主义事业，毫不利己、专门利人，全心全意为人民服务，把有限的生命投入到无限的为人民服务之中去。时至今日，时代的巨轮已经迈入了新的世纪，我们更不应该苍白了信仰，空虚了精神，忘记了传统，丢掉了美德！时代在改变，社会需要雷锋精神,改革开放需要雷锋精神,我们个人更需要雷锋精神。同学们,让我们一起行动起来,让雷锋精神永垂不朽吧!

**【总结与反思】**(2分钟)

1. 反思:在学生小组讨论环节中,由于学生的讨论时间不好把控,如果讨论时间较长,将会把剩下的内容延伸到课后完成,以保证教育效果。

2. 拓展:

(1) 写《学雷锋倡议书》读后感,上传至班级微信群并交流。

(2) 每月跟踪总结《我是"雷锋"代言人》,评选出"最佳"达人,并颁发荣誉证书。

**专家点评**

该主题班会方案设计突出的亮点是针对性强,遵循时代要求和学生发展特征,结合汽修专业学生的特点设计活动,所选用的事例既能凸显班会主题,又与专业技能有机地融合在一起。格式规范,思路清晰,表达准确。

通过三个篇章来让学生认识"雷锋精神"的重要性,三位一体的设计非常新颖,同时也让这堂课取得比预期更好的效果。导入部分通过播放歌曲《爱的奉献》,在乐曲中进入情境,体会被爱的幸福,回想自己所做的付出,感受助人为乐的责任感和幸福感。从学习雷锋生平故事到发现我们身边的雷锋精神再到同学们要行动起来去发扬雷锋精神,整个主题班会层层递进,让学生在思考学习的过程中,逐步地发现了行动的重要性!

# 主题六：人际篇

# 我的未来我做主

**【教育背景】**

几年的职校学习结束后,学生们都将会从校园走向社会,实现向社会人、职业人的转变。然而,不少学生还不能正确认识自己,自身发展方向不清,不知道自己应该做什么,又不甘心做太简单的事。他们社会阅历缺乏,对社会,对人生价值的认识过于理想化、简单化,加之社会上很多人对职校生的偏差认识,连年递增的大专院校毕业生就业压力等因素的影响,往往在就业心态上表现为自卑、自负、自我、盲从等心理。职业学校是培养技术人才的摇篮,学校不仅要使学生具备相应的职业技术知识,而且要培养学生以后作为技术型人才所应具有的新时代的社会思想、社会经验、社会能力,力争能在踏上工作岗位时就能适应社会,缩短甚至消除由学生到技术工人的过渡时间,减少或避免在过渡期中不适应社会的要求而给学生和社会带来的不利影响,从而有益于社会和个人的发展。

**【教育目标】**

1. 认知目标:了解职校生走向社会后遇到的问题;
2. 情感目标:明确心态、目标、人际、担当等对一个人职业发展的重要性;
3. 行为目标:树立正确的职业态度,自觉将职业要求落实在行动中,实现人生发展。

**【班情分析】**

1. 基本概况:

我班为数控专业三年级,学生们的校园学习即将结束,接下来是为期半年的实习,这是他们成为"准社会人"的过程。

2. 存在不足：

即将离校前，他们中有的人开始有些浮躁，蠢蠢欲动，急于走向社会；有的人表现出担心，害怕自己不能胜任企业的工作；有的人则表现为迷茫、困惑，不知何去何从。

## 【设计思路】

本次班会课围绕"心态、目标、真伪、人际、担当"五个关键词展开，分别从"个人、社会、国家"三个层面和视角提出问题，分析问题，解决问题，使学生树立职业意识，从容面对挫折，建立良好的人际关系，不断完善自我，奉献社会。

## 【活动准备】

教师：

1. 收集相关文字、图片、音乐、视频等资料；

2. 在准备期间加强和各个小组的沟通交流，及时把想要在班会中体现的意志与各个准备组衔接、反馈以确保本次班会的成功。

学生：资料搜集、歌曲练习。

## 【教育方法】

案例分析法；讲授法；小组讨论法。

## 【内容安排】

导入篇：显现材料

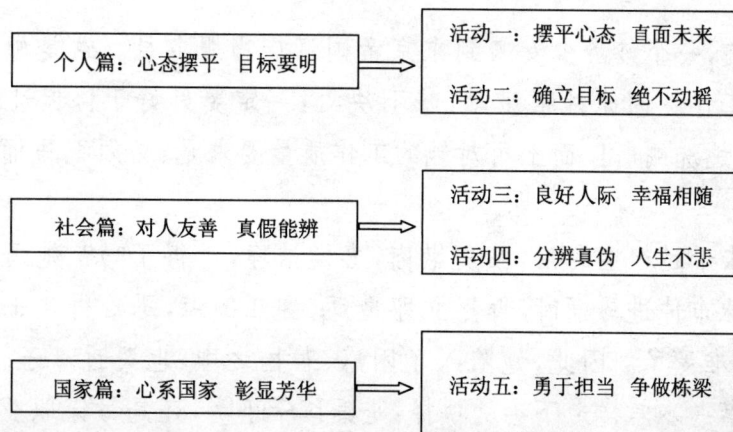

| 个人篇：心态摆平　目标要明 | → | 活动一：摆平心态　直面未来<br><br>活动二：确立目标　绝不动摇 |

| 社会篇：对人友善　真假能辨 | → | 活动三：良好人际　幸福相随<br><br>活动四：分辨真伪　人生不悲 |

| 国家篇：心系国家　彰显芳华 | → | 活动五：勇于担当　争做栋梁 |

总结篇：总结与反思

## 【具体步骤】

### 导入:(3分钟)

1. 严峻的就业形势

根据教育部发布的最新信息,2018年高校毕业生人数达到820万,超越2017年的795万,高校毕业人数创历史最高,堪称史上更难就业季。根据人社部的毕业生数据,如果加上中职毕业生和2017年尚未就业的学生数量,2018年待就业的加在一起约有惊人的1500万。"2018年就业形势复杂、任务非常艰巨。"中国人力资源和社会保障部部长尹蔚民在今年的一次新闻发布会上说。

2. 学生思考

面对严峻的就业现实,你有什么感想? 如果你是应聘者,该如何脱颖而出,实现优质就业?

【设计意图】 教师讲解当前大学毕业生、职业院校毕业生的就业现状,分析职业院校毕业生的就业情况、就业优势和劣势。进而激发学生了解社会、了解自我,剖析自身所面临的问题,带着问题,带着思考,积极参与到此次主题班会中来。

### 个人篇:心态摆平　目标要明(18分钟)

**活动一:摆平心态,直面未来**

#### 做一名最出色的洁厕工

许多年前,一个妙龄少女来到东京帝国酒店当服务员。这是她正式步入社会的第一份工作。因此她很激动,暗下决心:一定要好好干! 但让人想不到的是:上司安排她洗厕所! 而上司对她的工作质量要求是:必须把马桶抹洗得光洁如新!

但她从未干过粗重的活,细皮嫩肉,喜爱洁净,干得了吗? 她用自己白皙细嫩的手拿着抹布伸进马桶时,胃里立即造反,翻江倒海,恶心得几乎呕吐却又呕吐不出来,太难受了。因此,她陷入了困惑、苦恼之中,也哭过鼻子。这时,她面临着这人生第一步怎样走下去的抉择:是继续干下去,还是另谋职业? 继续干下去——太难了! 另谋职业——知难而退? 正在此关键时刻,同单位一位前辈及

时出现在她面前。这位前辈当着她的面一遍遍地抹洗着马桶，直到抹洗得光洁如新。然后，他从马桶里盛了一杯水，一饮而尽喝了下去！同时，他送给她一个含蓄的、富有深意的微笑，送给她一束关注的、鼓励的目光。她目瞪口呆，热泪盈眶，恍然大悟，如梦初醒！她痛下决心：就算一生洗厕所，也要做一名最出色的洗厕所工人。

几十年的光阴一瞬而过，后来，她成为日本政府的主要官员——邮政大臣。她的名字叫野田圣子。

小组讨论：野田圣子的成功原因是什么？在困难面前，她给你怎样的表率？

**【设计意图】** 教师引导学生在面对工作时一定要摆正心态，从基层、底层工作做起，脚踏实地，把简单的事情做到极致！努力用自己良好的工作表现，赢得用人单位的赞赏和认同！一步步实现梦想。同时，面对种种困难时，积极面对，始终对自己有坚定的信念，相信自己能行；不要把时间浪费在困惑、苦恼和痛苦上，要尽可能地挖掘那些我们能够做到的，追求那些我们可能得到的，认清人生路应该怎样走。

**活动二：确立目标，绝不动摇**

## 1. 目标是成功的第一步

### 哈佛追踪

哈佛大学有一个非常著名的关于目标对人生影响的跟踪调查。该项调查的对象是一群智力、学历、环境等条件都差不多的年轻人，调查结果发现：27％的人，没有目标；60％的人，目标模糊；10％的人，有比较清晰的短期目标；3％的人，有十分清晰的长期目标。

而25年后的跟踪调查发现，他们的生活状况十分有意思……3％有十分清晰的长期目标的人几乎都成了社会各界顶尖成功人士，他们中不乏白手创业者、行业领袖、社会精英。10％有比较清晰的短期目标的人大都生活在社会的中上层，生活质量稳步上升。他们成为各行各业不可缺少的专业人士，如医生、律师、工程师、高级主管等等。60％目标模糊的人几乎都生活在社会的中下层面。他们可以安稳地生活与工作，但普遍认为生活平淡缺乏意义，而且都没有什么特别的成绩。27％没有目标的人几乎都生活在社会的最底层，生活都过得很不如意，常常失业，靠社会救济，常常在抱怨他人，抱怨社会。

小组讨论：根据"哈佛追踪"，请你谈谈不同人不同的人生发展的原因是

什么?

【设计意图】 当前,职业学校很大一部分学生根本没有一个让他们为之热血沸腾,值得认真追求的人生目标,就像一艘没有目标的轮船,无论他的装备有多么先进,又能走多远呢?成功起于选择。你选择什么样的目标,就会有什么样的成就,就会有什么样的人生。通过材料的学习和讨论,教师引导学生明确人生的奋斗目标和方向,迈出成功的第一步。

2. 坚持是成功的保障

### 小吴找工作

小吴找到一份在工程设计单位的内勤工作,平时的工作内容多与行政有关,如办公耗材的申领,收发部门信件,发送会议通知,整理会议记录等。小吴一直抱怨工作无趣,都是杂事,没有技术含量。第四个月小吴辞职,选择了跳槽,而和他一起进入单位的小陈由于工作表现好、积极好学,成为部门工程师的专属行政助理。

小组讨论:找工作首先要考虑的是薪资还是工作环境,还是未来发展?当前,很多企业诟病职校生走上工作岗位没多久就开始频繁跳槽,你是如何看待频繁跳槽现象的?

【设计意图】 引导学生懂得:人往高处走,跳槽是当今社会常有的现象,但是在辞职前要把各方面的后果想清楚。不能心比天高,艺比纸薄。频繁跳槽除缺乏干一行,爱一行,专一行的敬业精神外,也不利于专业技术的提升,还会失去信任。朝秦暮楚,一心思鸿鹄之将至,却不从射箭上下工夫,必将一事无成。

### 社会篇:对人友善 真假能辨(14分钟)

**活动三:良好人际,幸福相随**

### 小贾告状

小贾是销售部一名员工,和同事的关系都比较好。但是,前一段时间,不知道为什么,同一部门的小李总是处处和他过不去,甚至还抢了小贾的好几个老客户。小贾告到了经理那儿。经理把小李批评了一通,从此,小贾和小李成了绝对的冤家。

小组讨论:如果你是小贾,会如何处理这种事情?

**【设计意图】** 人际关系是个人生存发展的必要条件,要有所作为,必须要有一个良好的人际环境。在职场中,首先要承认每个人性格习惯和价值体系的差异性,学会以广阔的胸怀包容万象。通过师生的探讨,让学生明白与同事建立良好人际关系的重要性,在工作中团队合作的重要性;能以恰当的方式处理各种人际纠纷,坦诚待人,严于律己,从而助推人生的发展。

**活动四：分辨真伪,人生不悲**

### 大学生殒命水塘(视频)

背景介绍:2017年,东北大学毕业生李星(化名)通过某招聘网站找工作,拿到了一家名为"北京科蓝公司"的公司文员。然而,家人和朋友发现,"报到"后的李星态度冷淡、频繁失联、多次借钱。

仅一个多月后,李星的尸体在天津静海区北外环的一个水坑里被发现。经检验,李星是溺水死亡。而根据李星随身携带的传销笔记等物证,分析认为其极有可能误入传销组织。全家人的希望,就这样陨落在这样一个小水塘里。

**【名人名言】** 五色令人目盲,五音令人耳聋,五味令人口爽,驰骋田猎令人心发狂,难得之货令人行妨。——《道德经》

(译文:缤纷的色彩,使人眼花缭乱,变幻的音乐使人不愿听别的声音,五味使人贪图口舌,打猎使人难以自控,难得之物使人起贪盗之心。)

**【小组讨论】** 李星的死亡对于即将走向社会的你有什么感触和警醒?请结合"名人名言"谈谈你的感受和想法。

**【设计意图】** 职校生由于涉世未深,社会经验较少,思想比较单纯,加之求职心切,刚踏入社会很多人不能分辨就业信息的真伪,经不起利益的诱惑,从而深陷骗局,酿成悲剧。这部分内容的设计是希望学生在面对就业信息时能分辨真伪,经得起高利诱惑,更好地保护自我。

### 国家篇:心系国家　彰显芳华(5分钟)

**活动五：勇于担当,争做栋梁**

### 习近平总书记五四青年节寄语

2018年5月2日上午,在五四青年节和北京大学120周年校庆即将来临之际,习近平总书记来到北京大学考察并与师生座谈。座谈会上,习近平总书记指出,青年一代有理想、有担当,国家就有前途,民族就有希望,广大青年要成为实现中华民族伟大复兴的生力军,肩负起国家和民族的希望,青年人要在中华民族伟大复兴中放飞青春梦想。

党的十八大以来,习近平总书记多次给青年学生、大学毕业生、志愿者回信,对广大青年学子提出了殷切的期望,从"扣好人生第一粒扣子"到"青年强则国家强",习近平总书记一次次对广大青年学子进行鼓励、鞭策和激励。

小组讨论:面对习近平总书记的五四寄语,作为一名青年,你有何感想?

【设计意图】 让学生明白:新时代的中国需要更多有责任有担当的青年人,每代人有每代人的社会责任,80后是社会的中流砥柱,90后是社会的后续力量,00后则是当前社会的重要力量,无论是哪一代人,经过成长历练,都会成为社会的顶梁柱,不会出现垮掉的一代。其实90、00后作为有个性、有思想的新时期青年,他们的成长见证中国的强盛发展,他们的"挑大梁"更彰显新时代青年的责任担当。

【齐歌唱,来明智】(3分钟)

## 我的未来不是梦

你是不是像我在太阳下低头　　　　　　对自己的承诺　对爱的执著
流着汗水默默辛苦的工作　　　　　　　我知道我的未来不是梦
你是不是像我就算受了冷漠　　　　　　我认真地过每一分钟
也不放弃自己想要的生活　　　　　　　我的未来不是梦
你是不是像我整天忙着追求　　　　　　我的心跟着希望在动
追求一种意想不到的温柔　　　　　　　我的未来不是梦
你是不是像我曾经茫然失措　　　　　　我认真地过每一分钟
一次一次徘徊在十字街头　　　　　　　我的未来不是梦
因为我不在乎别人怎么说　　　　　　　我的心跟着希望在动
我从来没有忘记我　　　　　　　　　　跟着希望在动

【设计意图】 在歌曲《我的未来不是梦》伴奏下,学生的歌唱将班会推向高潮!在学生心中种下行动的种子,发扬"撸起袖子加油干"的精神!

**【班主任总结、寄语】**（2 分钟）

过去的几年，我们风雨兼程，一路走来，有曲折，有坎坷；有辛酸，有欢笑……而不久以后，随着大家进入企业实习阶段，这一切将会留在我们心底，变成彼此此生珍藏的美好。作为你们的班主任，我自豪，我骄傲。希望通过今日的主体的班会课，帮助你们能以"自信而不自傲、诚实但不胆怯、勇敢而不鲁莽、坚强并不固执、热情却不失原则"的准则来完善自己，在以后的学习、工作中戒骄戒躁，潜心学好数控专业知识与技能，不断追求卓越，干出一番事业，做一个敢于担当，对社会有贡献的人。

**【总结与反思】**

在当前就业压力山大的背景下，特别是学生即将走出校园走向社会的时刻，召开此次班会显得非常必要。不要说十几岁的孩子，就是成年人在面对一个新的环境，面对决定人生发展的十字路口，有几人不会忐忑、害怕，甚至迷茫？那就需要有人给你指明方向，教授你解决问题的方法。对于学生来说，这个人就是老师，特别是班主任，学生的发展需要老师的引领。在开展班会的过程中，学生们很认真，能积极参与到活动中，在讨论中积极表达自己的想法和观点。望着他们那一双双如饥似渴，却又充满坚毅目光的眼睛，我想说，此次主题班会达到了预想的效果。

**专 家 点 评**

这是一个内容丰富、案例鲜活的主题班会，对学生未来发展有很大指导性的班会。学生马上要迈入社会，即将面对一个个相对陌生的环境，很多时候无所适从，不知如何应对，所以，召开这样的主题班会尤为有意义。本次主题班会，从学生普遍遇到的问题入手，结合职业特性和有针对性、指导性的案例、素材，通过分析、讨论、总结，让学生明白今后的人生之路应该如何走下去，同时，坚定自己的信念，从现在做起，从现在开始努力，把未来把握在自己手中，给学生的人生发展指明了方向。

# 撒播友谊的种子，收获美好生活

**【教育背景】**

人们相互之间的情感距离和亲密的人际关系都属于良好的人际关系，对于一个人的工作、生活和学习是有益的；相反，不和谐、紧张、消极、敌对的人际关系则是不良的人际，对一个人的工作、生活和学习是有害的。在现实生活中，有许多人尽管与人交往的欲望很强烈，但仍然不得不常常忍受孤独的折磨，他们的友人很少，甚至没有友人，因为他们在社交上总是采取消极的被动的退缩方式，总是等待别人来接纳他们。因此，虽然他们同样处于一个人来人往，熙熙攘攘的世界，却仍然无法摆脱心灵的孤寂。要知道，别人是不会无缘无故对我们感兴趣的。因此，我们要想赢得别人，同别人建立良好的人际关系，建立起一个丰富的人际关系世界，就必须做交往的始动者，处于主动地位。

在良好的人际关系基础上，会使我们交到很多朋友，获得友谊，朋友对一个人的影响很大。朋友见证了我们一路走过的历程。友谊给我们温暖，让我们活得更加自在；友谊让我们感受到自身的价值，多了一份对自己的欣赏；友谊让我们学会了更好地与人相处，享受交往的快乐。友谊的力量让我们更深刻地体悟生命的美好。

**【教育目标】**

1. 认知目标：了解真正的朋友的含义；

2. 情感目标：知道结交朋友上的利弊得失，培养为他人服务的良好态度；

3. 行为目标：积极主动地关心、帮助别人，乐于接近周围人，做一个被大家欢迎的人，与他人建立和谐的人际关系。

## 【班情分析】

基本情况：学生为初入学的机电专业的新生，他们大部分为男生，平时能够遵守校规校纪，班级整体氛围较好。

存在不足：部分学生性格内向，不擅交往；个别学生平时语言、行为等得不到同学的欢迎。

## 【设计思路】

本次班会课围绕友谊的重要性展开，联系学校的实际情况，对学生进行朋友、友谊的讨论，让学生明确朋友对自己人生发展的重要作用，最后通过学生行动达成共识：努力建立良好的人际关系；培养学生之间的互帮互助精神。

## 【活动准备】

1. 每个学生准备一张朋友的照片；

2. 师生动手，共同收集关于"朋友""友谊"的精彩例句或古今中外关于"朋友"的感人故事；

3. 事先将每个同学的名字写在小纸片上，装入一密封纸箱中。

## 【教育方法】

案例分析法；活动体验法；小组讨论法。

## 【内容安排】

导入篇：播放视频

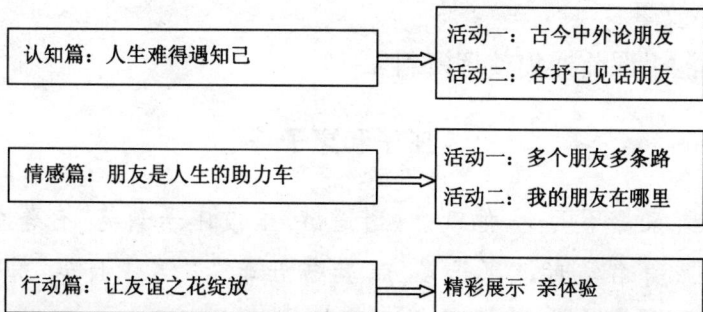

| 认知篇：人生难得遇知己 | → | 活动一：古今中外论朋友 |
| | | 活动二：各抒己见话朋友 |

| 情感篇：朋友是人生的助力车 | → | 活动一：多个朋友多条路 |
| | | 活动二：我的朋友在哪里 |

| 行动篇：让友谊之花绽放 | → | 精彩展示 亲体验 |

总结篇：总结与反思

## 【具体步骤】

### 导入:(3分钟)

1. 播放视频

播放周华健的《朋友》视频,再次感受视频中球队队员团结合作的场面。

2. 班主任引导

朋友,一个亲切的词语。在我们的生命中会遇到很多很多的人和事,需要我们经过努力来经历,在这个过程中,我们不是孤军奋战,会有很多的朋友亲人和我们站在一起。

【设计意图】　通过视频渲染,激发学生向往之情,引出主题。

### 认知篇:人生难得遇知己(10分钟)

*活动一:古今中外论朋友*

1. 名言学习

• 一生大笑能几回,斗酒相逢须醉倒。——岑参《凉州馆中与诸判官夜集》

• 同是天涯沦落人,相逢何必曾相识!——白居易《琵琶行》

• 莫愁前路无知己,天下谁人不识君。——高适《别董大二首》

• 世人结交须黄金,黄金不多交不深。——张谓《题长安壁主人》

• 洛阳亲友如相问,一片冰心在玉壶。——王昌龄《芙蓉楼送辛渐》

• 故人西辞黄鹤楼,烟花三月下扬州。——李白《黄鹤楼送孟浩然之广陵》

• 江南无所有,聊赠一枝春。——陆凯《赠范晔诗》

• 桃花潭水深千尺,不及汪伦送我情。——李白《赠汪伦》

2. 友情小故事

小组代表汇报课前搜集整理资料:

### 庄子和惠子

提起惠子大家都不陌生,他就是《逍遥游》里被庄子嘲笑"有蓬之心"的惠施,惠子是名家学派著名学者,"惠子多方,其书五车","学富五车"的成语,典出于此。惠子常常和庄子辩论,多半是居于下风。据说惠子热心用世,曾为梁相,怀疑庄子想取而代之,被庄子比喻成好吃腐鼠的鸱鸮。庄子对惠子非常不屑,其实

不然,他们是惺惺相惜,相互爱重的朋友。惠子先庄子而逝,庄子过其墓,悲不自胜,讲了一个著名的寓言故事来说明他们的友谊,那就是匠石运斤成风、削去郢人鼻端上的白垩的故事。"运斤成风"现在用来比喻技巧的娴熟。其实这个故事还有下文。后来,宋元君想叫匠石再示范一次,此时郢人已死,匠石说:"臣则尝能斫之。虽然,臣之质死久矣。"讲完这个故事,庄子沉痛地说:"自夫子(指惠子)之死也,吾无以为质矣,吾无与言之矣!"这个寓言感慨之深,非浅薄言辞所能尽释。有过惠子这样的朋友,庄子才能对朋友之间的关系有那样贴切的形容,原话引用:

相视一笑,莫逆于心——他们是朋友!

## 伯牙和子期

这是一个大家耳熟能详的故事。伯牙善琴,子期善听。伯牙志在高山,子期曰:"善哉,峨峨兮若泰山。"志在流水,子期曰:"善哉,洋洋兮若江河。"子期死,伯牙终身不复鼓琴。后来的人们根据想象,加上一个戏剧性的情节。据说伯牙专程探访子期,子期已死,他悲痛遗憾,不能自已,发之于琴,在子期墓前弹响,围观的男女老少,尽皆嬉笑。伯牙好不奇怪,说我这样的悲情倾注于琴声之中,你们为什么笑?大家回答他说,我们觉得好听,高兴得发笑,伯牙愤而摔琴。唉,除了那个人,其余的批评、讨论,甚至赞赏,都不能得其三昧,斯人已去,满世无其知者,鼓琴何益?

高山流水,千古知音——他们是朋友!

【小组讨论】 从资料来看,古人对待友谊的态度是什么样的?什么样的人才能称得上是朋友?对你有什么启发?

## 狼来了

傍晚,一只羊独自在山坡上玩。

突然从树木中窜出一只狼来,要吃羊,羊跳起来,拼命用角抵抗,并大声向朋友们求救。

牛在树丛中向这个地方望了一眼,发现是狼,跑走了;马低头一看,发现是狼,一溜烟跑了;驴停下脚步,发现是狼,悄悄溜下山坡;猪经过这里,发现是狼,冲下山坡;兔子一听,更是箭一般离去。

山下的狗听见羊的呼喊,急忙奔上坡来,从草丛中闪出,一下咬住了狼的脖子,狼疼得直叫唤,趁狗换气时,仓皇逃走了。

回到家,朋友都来了,牛说:你怎么不告诉我?我的角可以剜出狼的肠子。马说:你怎么不告诉我?我的蹄子能踢碎狼的脑袋。驴说:你怎么不告诉我?我一声吼叫,吓破狼的胆。猪说:你怎么不告诉我?我用嘴一拱,就让它拱下山去。兔子说:你怎么不告诉我?我跑得快,可以传信呀。在这闹嚷嚷的一群中,唯独没有狗。

真正的友谊,不是花言巧语,而是关键时候拉你的那只手。那些整日围在你身边,让你有些许小欢喜的朋友,不一定是真正的朋友。

而那些看似远离,实际上时刻关注着你的人,在你快乐的时候,不去奉承你;在你需要的时候,默默为你付出、关心你的人,那才是真正的朋友!

【小组讨论】　这是一则寓言故事,虽然里面的主人公是动物,但更折射出在人的一生中朋友的重要性。

【学生明确】　朋友的真正含义。

### 活动二:各抒己见话朋友

每个人人生中都会遇到几个真心的朋友,那么在你的心目中,什么样的人才能是真正的朋友呢?

【设计意图】　通过思辨讨论,学生明确朋友的真正含义。

## 情感篇:朋友是人生的助力车(12分)

设问:朋友难遇,知心朋友更难得,那朋友对我们的人生有什么好处呢?

### 活动一:多个朋友多条路

1. 看一看

(1)用5%的朋友来改变你的一生

有人说学历是铜牌,能力是银牌,人脉是金牌。良好的人脉对一个人的成功起到至关重要的作用。人的一生其实并不复杂。回顾一下你曾经的人生经历,无论是成功还是失败,导致你现在的结果的,就是那么几个"关键时刻",我们称之为"转折点"。对于成功的人而言,之所以成功,是因为那几个"转折点"把握得比较好,导致事业发展一直呈上升状态。

黄力泓先生曾经说过这样一段话:每个人都有250位朋友,他们分别出现在两种场合,一个是你的婚礼,一个是丧礼,而这些朋友有80%是对你毫无帮助的,他们通常不会给你正面、积极的影响,当你渴望有任何作为的时候,他们通常

会浇你冷水，告诉你种种的坏处和各种失败的可能。有 20% 的朋友，是属于较积极的，会给你正面影响的。有 5% 的朋友会帮助你，极大地改变你的一生。所以，你应该花 80% 的时间与会影响你一生的那 5% 的朋友在一起。

这样的言论或多或少过于冷酷，毕竟朋友的作用并不是仅仅用来提供实际利益的。但是现实生活中，很多时候朋友的帮助必不可少。

那么，我们凭什么去结交那 5% 的朋友呢？当你主动去结交别人时，别人为什么就一定会愿意结交你，愿意在你的人生"转折点"这样利益重大的事情上帮助你？

人际关系的本质之一是价值交换。虽然这话说起来比较不容易接受，但却是当前浮躁、功利的社会中一些人内心的认知。

能否结交到对自己有价值的人，一定程度上取决于自身的价值。每个人都会有自己的圈层，在结交另外一个人时，会判断对方是否属于自己的圈层，再决定是否与其交往以及交往的深入程度。如果你与对方的价值相等，属于同一个圈层，双方有建立人脉关系的基础，较容易有深入合作互相帮助的可能性；如果不相等，双方产生交集会有一定的难度。

所以，建立高效人脉的前提是认清自身拥有的价值。

拥有明确的职业生涯方向，围绕此方向不断提升自己的综合素质，构建自己的核心竞争力，成为有价值的人，在此基础上建立自己的人脉网络。

（2）沙漠中的一对朋友

曾经有两个人在沙漠中行走，他们是很要好的朋友。在途中不知道什么原因，他们吵了一架，其中一个人打了另一个人一巴掌。那个人很伤心很伤心，于是他就在沙里写道："今天我朋友打了我一巴掌"。写完后，他们继续行走。他们来到一块沼泽地，那个人不小心踩到沼泽里面，另一个不惜一切，拼了命去救他……最后那个人得救了，他很高兴很高兴。于是拿了一块石头，在上面写道："今天我朋友救了我一命"。朋友一头雾水，奇怪地问："为什么我打了你一巴掌，你把它写在沙里，而我救了你一命你却把它写在石头上呢？"那个人笑了笑回答道："当别人对我有误会，或者有什么对我不好的地方，就应该把它记在最容易遗忘、最容易消失不见的地方，由风负责把它抹掉。而当朋友有恩于我，或者对我很好的时候，就应该把它记在最不容易消失的地方，尽管风吹雨打也忘不了。"

2. 议一议：朋友不一定是对你唯命是从或者刻意讨好的人，而是对你真心相待的人。

预设:在漫长而又短暂的一生中,找一个知音真的不容易。而在日常生活中,就算最要好的朋友也会有摩擦,就算最亲的故人也会有误解,我们也许会因为这些摩擦、误解而分开;当夜深人静时,我们总会想起美好的过去,才会觉得他最了解你的心,而此时你在天涯,他在海角……

有时候朋友的伤害往往是无心的,而帮助却是真心的。然而,很多时候我们对那些芝麻大的伤害斤斤计较,对那些莫大的帮助视而不见,心里留下的也只有无穷的幽怨和烦闷。其实只要我们忘记那些无心的伤害,铭记那些对你真心地帮助,就会发现在这个世界上,我们有很多很多的知心朋友。朋友是我们一生中巨大的财富,我们可能贫穷可能苦难可能一无所有,但是我们不能没有朋友。

**活动二:我的朋友在哪里**

我们对朋友的定义是什么?什么时候最需要朋友?

学生讨论,小组归纳:

①困难的时候——需要获得朋友的帮助;

②苦恼的时候——需要获得朋友的安慰;

③孤独的时候——需要获得朋友的陪伴;

④快乐的时候——需要和朋友一起分享。

## 行动篇:让友谊之花绽放(18分)

开展"天使与主人"的服务活动,让同学体会相互帮助的意义,每一个人既是天使,又是主人,天使要在一周内为主人服务,项目主要指精神上的安慰,避免物质上的服务。

(1)活动规则:每位同学轮流在事先准备好的纸箱中抽取一位同学的名字,抽到自己者重抽,小纸条由教师写上抽取者名字保存(以备一周后总结)。你抽到的那位同学即是你主人,你就是他的天使,从现在起一周内,尽量找机会替主人服务。

(2)强调精神上、实质上的正当服务,避免物质上的服务,不可替主人写作业或作弊、打架。

(3)找主人给予适时的帮助,例如主人苦恼时,可以通过写信交谈去问候;主人做值日生,帮助他一起做好保洁工作;主人遇到困难时,可以和他一起解决;主人开口说脏话,或有不文明言行时,可以"善意"地给他指出来,协助其改正,天使尽量秘密地替主人服务。

（4）允许同学"善意"地干扰，可以去服务其他主人，让自己的主人不太能确定真正的天使，以促进全班同学互帮互助的团结精神，实现撒播友谊种子的目的。

3. 师生对话，探讨友谊的条件或范围。

（1）友谊得以发展的重要前提是什么？

（2）学生讨论。

**【班主任总结】**

人的一生不是孤独的，会遇到许许多多的人，真诚待人，善待朋友，必将为你的人生之路锦上添花。要得到真正的友谊，要想友谊天长地久，必须做到：真诚待人，热情助人，强调友谊是一个个具体的行动和汗水浇灌出来的花朵，需要我们每个人来爱护。

**【总结与反思】**（2分钟）

1. 反思。学生的参与积极性很高，通过本次班会，学生对朋友的认识、对友谊的认识更加清晰。活动过程中，讨论时间控制得不是很好，以后要注意。

2. 拓展。

读：继续搜索有关友谊的文章，组织阅读，书写读后感，上传至班级微信群并交流。

做：每天开展助人为乐达人活动，每个月评比出班级的"集体朋友"并颁发荣誉证书。

专 家 点 评

中职学生正处于青春期，是世界观、人生观、价值观形成的重要阶段，这个阶段的学生渴望朋友、渴望友谊，但是自我意识较强，在人际交往过程中往往不能正确处理好朋友的关系，很容易简单地把"义气"当成友谊，把"哥们"当成朋友。

本主题班会有针对性地从朋友的真正含义入手，理解真正的友谊带给人的帮助，并以此正确处理好人际关系。符合学生的心理需求，达到了较好的教育教学效果。

# 同学情，一世情

**【教育背景】**

常言道：百年修得同船渡，千年修得共枕眠，五世修得同窗读。在我们生活和学习的道路上，少不了同学的陪伴。在一个集体里，职校生能否与同学和谐相处，很大程度上决定着我们的学生时代是否开心，学业能否顺利发展。然而，当前有不少学生比较自我，遇事不能正确地处理好和同学的关系，这对学生的身心健康和道德走向产生极大的负面影响。因此，召开此次主题班会对学生的共同成长进步有着重要的指导意义。

**【教育目标】**

1. 认知目标：对"同窗情"能有更深的理解，认识到自己在处理同学关系中存在的问题和不足。

2. 情感目标：学生体会同学友谊，懂得珍惜同学情谊，并愿意不断改变自己，进而能够与同学手携手、心连心，共同拼搏，同奔未来。

3. 行为目标：能利用对同学情的认识，正确处理一些同学之间的矛盾，进一步增强班级的凝聚力。

**【班情分析】**

班级共有 32 人，全为男生。由于班级刚组建不久，同学间不是很熟，彼此间有待了解，友情有待培养。个别同学间已产生矛盾，甚至发生口角。有的同学不善于表达，有的较为内向，不善于人际关系的处理。加之正处于叛逆期，同学间的交往往往容易形成隔阂，产生矛盾，甚至造成摩擦。

## 【设计思路】

本次班会课围绕"认识、实践、价值"三个关键词展开，分别从"友谊的本质、真伪，掌握友谊的技巧，认知友谊价值"视角提出问题，分析问题，解决问题，使学生体会同学友谊，懂得珍惜同学情谊，并愿意不断改变自己，进而能够与同学手携手、心连心，共同拼搏，增强班级的凝聚力。

## 【活动准备】

教师：

1. 收集相关文字、图片、视频、音乐等资料。

2. 在准备期间加强和各个小组的沟通交流，及时把想要在班会中体现的意志与各个准备组衔接、反馈以确保本次班会的成功。

学生：搜集同学间互助友爱的故事，练习歌曲和朗诵。

## 【教育方法】

案例分析法；小组讨论法；游戏法。

## 【内容安排】

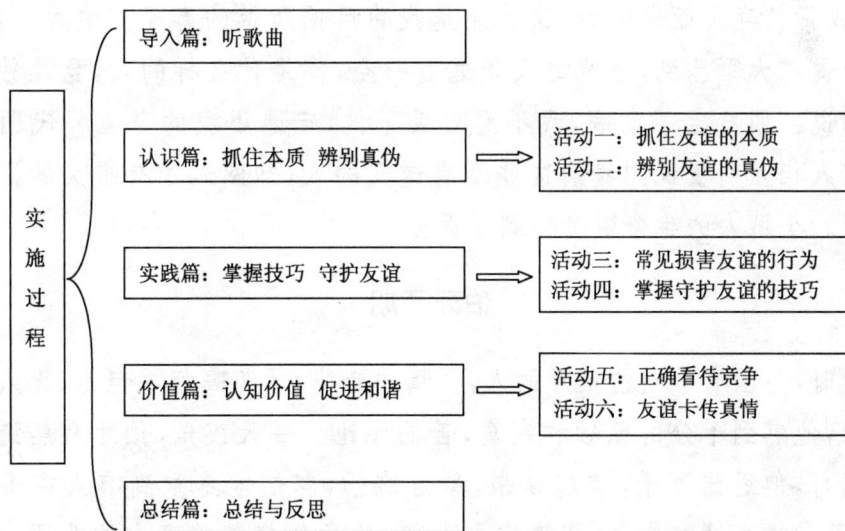

**【具体步骤】**

**导入：(3分钟)**

1. 歌曲欣赏

播放老狼演唱的歌曲《同桌的你》，同时多媒体呈现学生在校、班级学习生活的照片，网上搜集同学20年、30年聚会照片。

2. 学生思考

听完《同桌的你》，你有何感受？你觉得同学间最珍贵的应该是什么？

**【设计意图】** 让学生感受校园生活的幸福，认识到同学间友情的重要性，积极参与到班会中来。

**认识篇：抓住本质　辨别真伪(12分钟)**

*活动一：抓住友谊的本质*

### 荀巨伯看友退敌

荀巨伯从远方来探望生病的朋友，恰逢匈奴围攻这座城池。朋友对巨伯说："我现在快死了，你可以赶快离开了。"荀巨伯回答道："我远道而来看你，你让我离开，让我背信弃义而求活命，这怎能是我荀巨伯所做的事呢？"贼兵已经闯进，对荀巨伯说："大军已到，全城之人皆逃避一空，你是什么样的人，竟敢独自留下来？"巨伯说："朋友生了重病，我不忍心丢下他，宁愿用我的身躯替代朋友的性命。"匈奴人相互商量说："我们这些没有道义的人，却闯入了有道义的国家！"便率军撤回。全城人的生命财产得到了保全。

### 伯牙子期

春秋时，楚国有个叫俞伯牙的人，他精通音律，琴艺高超。但是，无人能听懂他的音乐，他感到十分的孤独和寂寞，苦恼无比。一天夜里，伯牙乘船游览。面对清风明月，他思绪万千，弹起琴来，琴声悠扬，忽然他感觉到有人在听他的琴声，伯牙见一樵夫站在岸边，即请樵夫上船，伯牙弹起赞美高山的曲调，樵夫道："雄伟而庄重，好像高耸入云的泰山一样！"当他弹奏表现奔腾澎湃的波涛时，樵夫又说："宽广浩荡，好像看见滚滚的流水，无边的大海一般！"伯牙激动地说："知

音。"这位樵夫就是后来人们所熟知的钟子期。不幸,子期早亡,俞伯牙得知后,在钟子期的坟前抚奏平生最后一支曲子,然后尽断琴弦,终生不复鼓琴。

**【小组讨论】** 荀巨伯去看望生病的友人,胡人打进友人所在的城,他也不离开,体现了怎样的人格品质? 是什么让伯牙和钟子期成为知己呢? 伯牙子期的故事体现了友谊的真正价值是什么? 请同学讲述发生在身边的友情故事并高度概括友情的真正价值。

**【设计意图】** 通过两个历史故事的讨论,探究友谊的真正价值,抓住友谊的本质,使学生明白友谊的本质是在一方需要的时候,另一方能不顾个人安危,真心实意无私付出。

### 活动二：辨别友谊的真伪

## 哥们义气的惩罚

2017 年 10 月 10 日,陈某容(另案处理)因与被害人张某志在 QQ 上发生口角,遂通过微信联络被告人陈某鹏、梁某俊,让其去殴打张某志。2017 年 10 月 11 日 2 时许,陈某鹏、梁某俊按照陈某容指示,去到浦北县泉水镇极速网吧外。陈某鹏、梁某俊在明知陈某容等在网吧外要殴打张某志的情况下,进入网吧将张某志叫出。张某志出网吧后,即被陈某容带到网吧旁的小巷子内殴打。张某志反抗时被陈某利(另案处理)用牛百叶尖刀捅中腹部等位置,于 2017 年 10 月 11 日 10 时抢救无效死亡。经鉴定,张某志是因被他人用单刃锐器刺伤前胸引起右心室破裂、下腔静脉破裂造成失血性休克并心包填塞而死亡。

浦北县人民法院审理认为,被告人陈某鹏、梁某俊故意伤害他人身体健康,致一人死亡,其行为已构成故意伤害罪,应当以故意伤害罪追究其刑事责任。在共同犯罪中起次要和辅助作用,是从犯,应当从轻、减轻处罚或者免除处罚。被告人陈某鹏、梁某俊实施犯罪时均未年满十八周岁,应当从轻或者减轻处罚。犯罪后被告人陈某鹏、梁某俊主动投案,并如实供述自己的罪行,构成自首。据此,法院遂依法作出上述判决。

**【小组讨论】** 都说作为朋友都应该讲义气,但该怎么样讲义气才是真正的友谊呢? 当朋友做错事的时候,我们应该怎么做?

**【设计意图】** 通过案例的探讨,一是让学生明白重情重义没有错,但是假借情义之名,强出头,惹是生非,拉帮结派逞一时之勇,就有可能触犯法律,铸成大错;二是让学生懂得交朋结友是人生重要的艺术,在交朋结友的时候,一定要多交益友而非损友,防微杜渐,理性正确处理好朋友之间的事情。

## 实践篇:掌握技巧　守护友谊(12 分钟)

### 活动三:常见损害友谊的行为

#### 一个外号引发的血案

在光山县二高读高二的刘鹏今年 17 岁了,因父母在外打工,他一直在姨妈朱有珍家寄宿。一天下午,刘鹏的班主任李老师给朱有珍打来电话,让她到学校去一趟。来到学校,朱有珍发现学校大门紧闭,任何人不能入内。直到两个多小时后,朱有珍才等来了李老师。李老师告诉她,下午上体育课时,学生杨敬炜拿刀把刘鹏捅死了。据出警的光山县公安局刑警大队副大队长杨颢介绍,当时刘鹏倒在操场一角,身上有十几处刀伤,水果刀还插在其右胸上。案发后,警方迅速在学校附近抓住了杨敬炜。据其交代,初中以来就有人戏称他为杨伟(阳痿),他对此非常反感,认为是一种极大的侮辱。案发当天上午,刘鹏曾在同学面前多次叫了杨敬炜的外号。杨敬炜非常生气,当天中午,他就从校外买了一把水果刀。下午的体育课上,杨敬炜将刘鹏骗到操场一角,掏出刀子对刘鹏捅了十几刀,将其杀死,并将刀插在刘鹏身上后离开。

#### 马加爵案

播放视频《马加爵案》。

**【小组讨论】** 酿成上述两起血案的原因是什么? 你身边有哪些损害朋友友谊的现象? 同学们遇到矛盾,采取的办法是什么?

**【设计意图】** 通过介绍案件细节,师生共同探讨发生悲剧的原因,使学生发现常见的损害友谊的行为,杜绝嘲笑、辱骂、殴打人,也不能对他人取或叫绰号,对待朋友一定要守信、真诚、宽容、尊重、热心,同学间应该通过沟通、理解、宽容、相互尊重来维护这份友谊。

### 活动四:掌握守护友谊的技巧

#### 团体游戏:信任背摔

游戏规则:

1. 首先,让一个队员站到高台上,蒙上双眼,双手交叉于胸前,背对着其他

队员。

2. 然后，其他的队员在后面两两双手紧扣搭成一个网。

3. 高台上的人在准备好后，自己大声喊"一、二、三"，然后再倒，下面的队友必须要稳定精准的接到队友。

游戏要点：

1. 背摔的人需要绑住双手，脚后跟 1/3 出台，身体重心上移保持垂直倒下，不能跳跃和小腿弯曲，要控制双脚并拢，不要踢腿；

2. 底下搭人桥的学员，第一组选择个子矮的女孩，第二、三、四组选择个高的男生，每个队员要肩膀紧挨，不要有缝隙，剩余的人在人桥的后面保护人桥的稳固；

3. 如果队员不敢自己向后摔，则队长可以让其闭眼后，倒数 1、2、3 后拉着绳子，慢慢让其倒下。

注意事项：此游戏具有一定的危险性，一定要做好游戏的指导，做好安全保护工作。

【设计意图】 通过该游戏可以培养团队统一步调，相互配合、协作的能力，并感受团队合力对目标完成具有的重要作用。也让每个学生学会不抱怨他人，专心做好自己的工作；学会换位思考，多站在对方的角度想一想；学会关心他人，互帮互助，学会感恩，心存感激。

### 价值篇：认知价值 促进和谐（13 分钟）

#### 活动五：正确看待竞争

#### 林丹与李宗伟"既生瑜，何生亮"

相比 5 岁就练习打羽毛球的林丹，11 岁才开始打球的羽毛球神童李宗伟，仅仅花了十年时间便悟道成功，技术臻于化境。在世界羽坛，2009 年以前是林丹、李宗伟、陶菲克三雄鼎立；2009 年 1 月陶菲克宣布退出印尼国家队之后，羽毛球男单的世界就只剩林丹和李宗伟两个人的名字。也许在一般人眼里，与林丹生在同一个时代，是李宗伟的不幸：作为世界羽坛的双子星，只要林丹参赛，李宗伟注定是亚军；只有林丹退赛，李宗伟才能夺冠。但实际上在他俩的眼里，对方既是惺惺相惜的对手，也是难得的好朋友：两人比赛时碰撞出的激情与精彩自不必说，李宗伟对林丹有十足的敬意："世界上只有一个林丹，我打林丹总有麻

烦,但我们多年来成为好朋友。"

【小组讨论】 林丹和李宗伟本是竞争对手,为何能成为好朋友?而这种"亦敌亦友"的关系在对两人的成长中又起到了怎样的作用?

【设计意图】 在班级中,同学之间的竞争是不可避免的。应该正确地对待同学之间的竞争,力争"双赢"甚至"多赢"。因此,要感谢和我们共同竞争的同学,在互相竞争中我们彼此共同成长,最后是多赢的结果。

**活动六:友谊卡传真情**

过渡语:因为缘分我们走到了一起,接下来的几年我们将朝夕相处、晨昏相伴,在共同的学习生活中将会结下了深厚的友谊,亲如兄弟。班会课上到此,相信每个人心中都有一种温馨的情愫在荡漾,相信在场的每个同学都会有真心话告诉身边的同学。现在就请同学拿出课前准备的纸,将平时想说又难以开口的谢谢、对不起、祝福写下来,送给自己最亲爱的同学!

此时,播放音乐《友谊地久天长》,播放学生在校、班级学习生活视频,学生在音乐声中写下真情话,并贴到黑板上,或把准备好的贺卡送给同学。

【设计意图】 激起学生情感,让学生在亲历活动的过程中获得感受、产生情感、领悟意义。

**【齐朗诵,来明智】**(3分钟)

## 同学情,一世情

同学情,是一世的情!

逆境中,同学是一把火,燃烧你的激情,教你屡败屡战,永不放弃;顺境里,同学是一块冰,劝你头脑别发热,宠辱不惊;风雨中,同学是相携相扶的臂膀,是遮风挡雨的那把伞;阳光里,同学是蓝天上飘荡的白云,是雨后的那道彩虹。同学是玉壶冰心,似银色月光,让人心透明,生温馨,没有名利的杂质,没有物欲。同学情,是一种默契的情意。无论在任何时候、在任何地方大家都会为你的喜悦而欢歌笑语,为你的忧伤痛苦而奉献一份温暖,一份爱心,一份慰藉,一份情意。

【设计意图】 营造氛围,共同参与,把情"煽"到极致,把班会推向高潮。

**【班主任总结、寄语】**（2分钟）

　　同学情是一种高尚、纯洁、朴素、平凡的感情，同时也是最动人、最坚实、最永恒的感情。每个人的成长初期，都是在学校和同学一起度过的，那些模糊而清晰的记忆，让人终生难忘。希望在以后的日子里，不管痛苦还是甘甜，我们都能一起分享，一起体会友谊在生命中每一次精彩的出演，在友谊中相互体谅，相互包容，共同进步，让深厚的友谊温暖我们的心灵，温暖我们每一个人！我相信：只要我们付出真心，只要我们付出爱心，定会有更多的朋友融入我们的世界！祝愿我们的友谊天长地久！

**【总结与反思】**

　　这次班会，总体上同学们表现得都很积极，达到了这次班会的目的，让同学们意识到同学间友谊的重要性，提高了班级的凝聚力。同学们对于如何处理朋友之间的交往问题也有了一定的了解。但此次班会也出现了一些瑕疵，比如在游戏环节，由于参加人员较多，场面比较混乱，还有一些同学对游戏规则掌握得并不是太熟，导致游戏的效果不能很好地展现出来，还有一些平时不积极的同学没有参与到这次班会游戏中来，希望以后改进和完善。

## 专 家 点 评

　　本次班会通过听歌、看图片、分析案例、讨论、游戏、得出结论、付出行动等环节来体现主题。首先引导学生感受同学情，思考同学关系，了解同学矛盾产生的原因和同学关系不和谐的因素；然后通过活动让学生意识到遇到困惑、矛盾时，要想法解决；接着在互相祝福的过程中增进同学间的友情；最后在参与活动之后，让学生认识到处理好同学关系对和谐人际关系构建的价值意义，加深了学生的印象，升华了活动主题。

# 文明交往，建立和谐人际关系

**【教育背景】**

1. 青春期出现对异性的爱慕，喜爱之情是普遍，正常的现象，如不进行正确及时地预防性引导，会导致不良后果。而此时部分老师家长对这一类现象有的采取回避的态度，有的进行强硬干涉，致使结果不容乐观。

2. "学习人际沟通的原则与方法，学会与异性健康交往"是《北京市中小学和职业学校心理健康教育工作纲要》中高中二年级阶段心理健康教育的内容及要点。

3. 本人所带班级处于广告设计专业二年级，个别学生处于男女生交往的困惑状态，不能明辨哪些是健康交往，哪些是不健康交往，同时引起了班级一些同学的议论，有的相互取笑，在某种程度上转移了一些学生学习的兴趣和注意力，影响了班级舆论和风气。

4. 社会的一些青年在处理男女生交往上有不妥行为，同时在思想上也存在误区，直接或间接地影响了班级学生的思想现状。

**【教育目标】**

1. 通过本次主题活动，使学生感受到哪些行为是男女生之间的健康交往，哪些行为是不文明、不健康的交往行为；同时明确中学阶段是人生中十分关键的时期，教育学生珍惜中学时代，自尊，自爱，迈好青春的步伐。

2. 在活动准备过程中，学生通过作问卷调查等形式扩大影响面，促使全校学生进行思考，学会与异性健康交往。

3. 学生全员参与，通过调查，分析，参与体验，在提高处理问题，分析问题能力的同时树立或明确自己的人生观、价值观。

**【班情分析】**

本班为广告设计专业二年级,班级总人数 36 人,其中男生 11 人,女生 25 人,个别学生处于男女生交往的困惑状态,不能明辨哪些是健康交往,哪些是不健康交往,同时引起了班级一些同学的议论,有的相互取笑。

部分同学自己缺乏"自信心",学习习惯和行为习惯较差,对未来没有树立具体的目标和理想,缺乏努力精神,情绪消极。

**【设计思路】**

本次班会课从职业学校广告专业二年级学生的实际问题出发,活动形式的设计符合职校生特点,既有助于解决职校生面临的青春期问题,树立正确的人生观和价值观,又帮助学生提高分析问题和解决问题的能力。

**【活动准备】**

1. 咨询心理老师有关青春期容易出现的问题及解决方法。

2. 班委会召开会议,讨论班会主题、方案等,班主任指导制定主题班会设计思路,成立主题班会创意筹备小组。

3. 创意筹备小组把全班其余同学分成四大组并分配不同的任务:

心动春天——在班级范围和全校范围做"我心目中的好男生/女生的标准"调查,进行归类,并对调查结果作分析评价。

迷茫夏日——调查职校生异性交往总体现状以及学生对待异性交往的态度、看法,并对职校生在异性交往方面遇到的困惑进行总结、分析。

明朗秋季——经小组讨论总结出解决交往问题的途径,并通过情景剧表现这些方法的实施效果,指导大家如何解决问题。

静心冬日——调查家长对职校生异性交往问题的态度、看法,并请家长、老师向大家赠送青春寄语(可现场采访)。

4. 创意筹备组收集调查结果分析、串稿、编排节目、制作课件、设计活动背景音乐及情景剧的排练。

5. 整个班会活动以情景剧的形式串联在一起,以一位高二女生的感情经历为线索展开,展示当代职校生在成长中如何走出感情的困惑并走上成熟的过程。

6. 布置班会活动教室。

【教育方法】

讲授法;小组讨论法;案例分析法。

【教学环节展示】

导入:

1. 放音乐《对面的女孩看过来》伴着这首阿牛的《对面的女孩看过来》,我们开始今天的讲座,在正式开始之前,我们先来做一张卷子,看看自己对异性同学了解多少。

2. 男女同学分别做卷子《你对异性同学了解多少?》

在下列词语中请做出你的选择:爱哭、勇敢、攻击性强、丢三落四、斯文、爱笑、不拘小节、细腻敏感、急躁、顺从、想象活跃刺激、想象具体多情、观察敏感细致、观察注重整体、语言运用流畅、语言注重理解推理、形象思维、逻辑思维、踢足球、写作、玩电脑、做手工艺、逛街、摄影。女生卷:你印象中什么样的人比较像男子汉? 在哪些方面男生比女生强? 男生卷:你印象中什么样的人比较像女孩子?在哪些方面女生比男生强?

【设计意图】 通过放音乐和问卷调查,使学生能够真正静下心来了解和回忆对异性的了解,对异性同学能够有正确的认识,敞开心扉,建立和谐的人际关系。

下面请跟随主持人同学的故事进入"文明交往,建立和谐人际关系"主题班会第一章。

### 青春旋律第一章——心动春天

1. 播放歌曲《窗外》:

今夜我又来到你窗外

窗帘上你的影子多么可爱

悄悄地爱过你这么多年

明天我就要离开

多少回我来到你的窗外

也曾想敲敲门叫你出来

想一想你的美丽

我的平凡

一次次默默走开

再见了心爱的梦中女孩

我将要去远方寻找未来

假如我有一天荣归故里

再到你窗外诉说情怀

再见了心爱的梦中女孩

对着你的影子说声珍重

假如我永远不再回来

就让月亮守在你窗外

从《窗外》这首歌词中，你得到了什么启发？（小组讨论，代表发言）

明确：

（1）爱情很美，也很苦涩；

（2）爱是一种权利，更是一种责任；

（3）爱不是占有，而是希望对方过得更好；

（4）也许我们不愿意接受，但是真正的爱有时候只能埋在心底；

（5）爱有时候会带给我们前进的力量。

2. 神秘礼物（班主任录像）：苏联伟大的教育家苏霍姆林斯基说："在每个孩子心中最隐秘的一角，都有一根独特的琴弦，拨动它就会发出特有的声音。"对我们处于成长期的职校生来说，也许它是一首美妙的青春旋律，也许是让我们困惑迷茫，走向低迷的梦魇之声。作为一名班主任，我愿意在必要的时候做大家的调音师。

【设计意图】  通过对歌词的鉴赏和神秘礼物，教师能感受到学生对爱情是有自己的认识的。爱情几乎承载了人们最温暖的想象，和最美丽的憧憬。然而，爱情不是一种稍纵即逝的感受，它是一种绵长起伏的感情，因此，它需要我们精心的培养与呵护。爱情不是几滴眼泪、几封情书，与它相伴随的还有我们对世界的理解和对生活的感悟。

### 青春旋律第二章——迷茫夏日

引语：爱情是人类永恒的主题，是一种美好的感情。歌德曾经说过"哪个少年不钟情，哪个少女不怀春"。职校生随着心理和生理的变化必然会对异性产生这种感情。在这被爱干扰的日子,伴随的是许多的迷茫与困惑。

1. 观看一段录像:(关于青春期职校生对异性爱慕引发的困扰)

2. 女生小合唱:《不想长大》

> 为什么就是找不到
> 不谢的玫瑰花
> 为什么遇见的王子
> 都不够王子啊
> 我并不期盼他会有
> 玻璃鞋和白马
> 我惊讶的是情话竟然
> 会变成谎话
> 为什么幸福的青鸟
> 要飞得那么高
> 为什么苹果和拥抱
> 都可能是毒药
> 还孤单的可怕
> 我从没想过有了他

3. 学生讨论并提出自己青春期的困惑并请代表发言。

4. 心理老师对录像案例进行点评以及对学生提出的一些疑问进行解答。

5. 模拟校园电视台节目:"迷茫夏日"小组代表呈现调查问卷的结果,主要涉及以下几个方面:

(1) 校园中存在的不文明交往现象;

(2) 职校生对于异性交往的态度;

(3) 职校生异性不文明交往的普遍性与影响。

结束语:小说《晚霞消逝的时候》中的主人公有这样一段独白:人生不同的阶段都有不同的幸福主题,童年享受父母的呵护,少年时代体验求学的充实,青年时代沉醉于爱情的浪漫,中年拥抱辉煌的事业,晚年享受天伦之乐。

【设计意图】　通过录像、合唱、校园电视台节目几个方面让学生领悟对于异性交往的态度,走出迷茫夏日,走出男女生交往的困惑状态,把精力转移到学习的兴趣和注意力上来,形成良好的班级舆论和风气。

**青春旋律第三章：明朗秋季**

引语：解决问题也有很多途径，明朗的秋日即将来临，让我们共同寻找解决问题的最佳途径，荡起双桨，快乐航行。

1. 小组讨论一：解决异性交往困惑的途径。（班主任老师总结、点评）

情景剧：展现主人公综合应用几种不同方法解决问题，从迷茫到走出困境的过程。

小组讨论二：男女生文明交往中应遵循的原则。（班主任老师总结、点评）

备注：男女交往应遵循的原则。

（1）大的原则：亲密有间。

（2）具体原则：

文明健康交往：第一，等距交往；第二，坦然交往；第三，公开交往。

结束语：走过迷茫，我们迎来了秋高气爽的季节，我们的眼中，不再只是看到一段林荫小道；我们的心里，不再只是装着想象的浪漫；正像泰戈尔所说"只顾一路前行，不要留恋眼前的鲜花，一路走过去，鲜花很多。"

【设计意图】 通过小组讨论解决异性交往困惑的情形，班主任老师进行总结和点评，让大家明白男女生文明交往中应遵循的原则——亲密有间，让学生在提高处理问题，分析问题能力的同时树立或明确自己的人生观，价值观。

**青春旋律第四章：静心冬日**

1. 班主任寄语

结束语：亲情、友情、爱情是人生必需的三大情感，任何一种情感的失调都会给人带来心灵的伤害。在这三大情感中，亲情、友情是人生自始至终都需要的，而爱情则是人发展到一定阶段才能培植和分享的甘果。除了精神依靠，两情相悦以外，更多的是意味着责任、奉献、忍让和忠诚。获取成熟的爱，需要成熟的条件，这就像一棵树的成长，需要浇水灌溉，需要施肥，需要修剪，需要除害虫一样，这都需要时间和精力。职校生无论从年龄、阅历、知识、成熟性方面，还是人生的精神和物质准备方面，都还不具备爱情所需要投入的资本。让我们将这份青春的期待藏在心底，静静地等待吧，等待一片能够让它开花结果的土壤，同时也给自己留一段纯真无瑕的回忆。

2. 结束

班主任寄语：放下心中沉重的背囊，才能在理想的路上快乐远航；成长的酸甜苦辣,我们共同品味;青春的春夏秋冬,我们共同走过;获取成熟的爱,需要成熟的条件,这就像一棵树的成长,需要浇水灌溉,需要施肥,需要修剪,需要除害虫一样,都需要时间和精力。

让我们将这份青春的期待藏在心底,静静地等待吧,等待一片能够让它开花结果的土壤,同时也给自己留一段纯真无瑕的回忆。

3. 全体合唱:《青春纪念册》。

【设计意图】 通过寄语和合唱,让学生明白亲情、友情、爱情是人生必需的三大情感,任何一种情感的失调都会给人带来心灵的伤害。在这三大情感中,亲情、友情是人生自始至终都需要的,而爱情则是人发展到一定阶段才能培植和分享的甘果。除了精神依靠,两情相悦以外,更多的是意味着责任、奉献、忍让和忠诚。而我们职校生,无论从年龄、阅历、知识、成熟性方面,还是人生的精神和物质准备方面,都还不具备爱情所需要投入的资本。

专 家 点 评

该主题班会方案设计针对性强,遵循时代要求和学生发展特征,学生在整个活动的准备过程中,充分地锻炼了各方面的能力。班会现场气氛活跃,学生积极踊跃地参与到各种活动与讨论中,有许多现场生成的鲜活的学生的感悟与感受。学生的精彩发言表明大部分学生有自己的思想与判断力,以及很好的心理调控能力,他们代表了当代职校生的主流。班会之后谈论或取笑异性交往的学生明显大幅度减少并逐渐消失,心动的男孩女孩开始受到触动,接触减少,尤其在公开场合有所忌讳和改善,取得了实际的效果。

# 我们成长的精神家园——班集体建设

**【教育背景】**

最近几年的中职校学生大多数是独生子女,他们缺乏与他人沟通与理解的能力,也缺乏团队互助的集体精神。在学校生活中,他们往往会以自我为中心,对班级的纪律漠不关心,对班级的荣誉也很不在乎。有的同学甚至为了一点小事,与他人争吵不休,严重者慢慢演变成群殴事件。如何让他们能主动遵守纪律,维护班级荣誉,并且不断提高班集体的凝聚力就成了班主任在工作方面经常思考的核心问题。因此,学生成长的精神家园——班集体建设自然也就成为班主任工作的重中之重。

**【教育目标】**

1. 学生能够在多种活动中认识到集体的重要性,并产生较强的责任感和荣誉感,激发自身为班集体共同目标而奋斗的热情。

2. 学生能够明白同学间应该互相关心、互相帮助的重要性,能感受到集体的温暖。

**【学情分析】**

中职校的学生行为习惯和集体意识不强。部分学生不服从班级管理,个人主义现象突出,常导致班级中很多活动无法组织或活动效果较差。但他们好奇心和动手能力较强,对游戏较为感兴趣。

**【设计思路】**

本次班会通过一系列小活动,使每位同学都能感受到班级的重要性,帮助每位同学认识、了解自己在学习和生活中对团队表现得不够主动积极的方面,转变观念,主动参与,无私贡献,共建和谐团结的集体。

## 【活动准备】

学生：

1. 回忆本学期为班级所做的贡献，记录下来。
2. 提前一天观看影片《拯救大兵瑞恩》。
3. 排练小品《为了班级的荣誉》。

教师：

准备"七巧板"游戏的素材。

## 【教育方法】

体验法；游戏法；小组讨论法。

## 【教育流程】

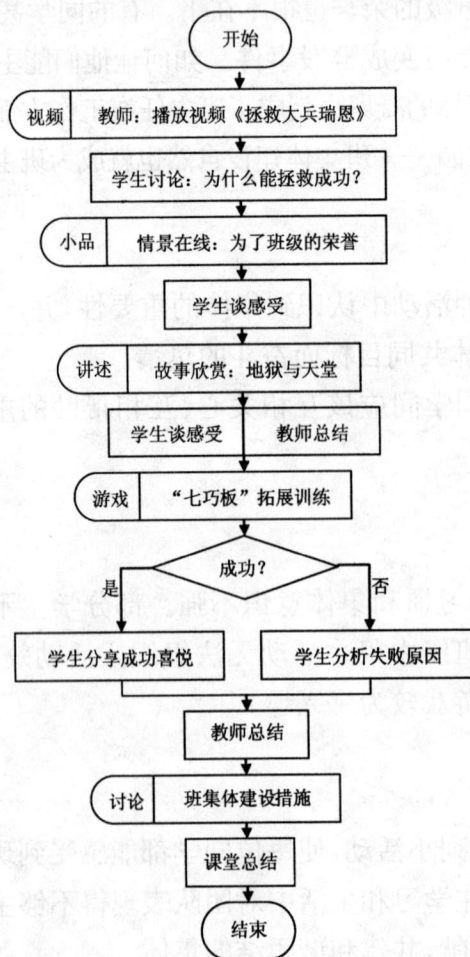

**【具体步骤】**

**一、课前热身活动**

1. "我手写我心"——让每个学生回忆并写下本学期为班级所做过的贡献。

2. 影片欣赏——集体观看影片《拯救大兵瑞恩》。

《拯救大兵瑞恩》影片介绍：诺曼底登陆后，瑞恩家4名于前线参战的儿子中，除了隶属101空降师的小儿子二等兵詹姆斯·瑞恩仍下落不明外，其他3个儿子皆已于两周内陆续在各地战死。美国陆军参谋长马歇尔上将得知此事后出于人道考量，特令前线组织一支8人小队，在人海茫茫、枪林弹雨中找出生死未卜的二等兵詹姆斯·瑞恩，并将其平安送回后方。

**二、课题引入**

1. 教师播放：课前学生观看的影片《拯救大兵瑞恩》精彩片段，启发学生根据影片结果，思考为什么最后能将大兵瑞恩成功拯救出来呢？

2. 学生讨论思考。

3. 教师针对学生讨论结果总结得出结论：

那些士兵在生与死的考验面前，认识到了只有彼此信任和依靠才有可能完成拯救大兵瑞恩这个艰巨任务的道理。

**三、集体精神及其重要性**

（一）学生懂得自己是班级的主要成员。

1. 小品表演：《为了班级的荣誉》。

小品《为了班级的荣誉》内容介绍：展现的是在学校大扫除与运动会两个场景下，班级中不同认识高度（思想觉悟）的同学在活动中的种种表现。

（小品形式可以多样，主要演员是班级学生，时间为5分钟）

2. 学生思考：

（1）谈谈观看完小品表演后的感受。

（2）你从小品中学到了什么？

（二）学生明白天堂是团结合作创建的道理。

1. 故事讲述：《地狱与天堂》。

有人和上帝谈论天堂和地狱的区别问题。上帝对这个人说："来吧，我让你看看什么是地狱。"于是，上帝带他走进一个房间，屋里有一群人围着一大锅肉汤，每个人看起来都营养不良、绝望又饥饿。他们每个人都有一只可以够到锅子的汤匙,但汤匙的柄比他们的手臂要长得多,足足有两米长,自己没法把汤送到嘴里。他们看上去是那么的悲苦。

"来吧,我再让你看看什么是天堂。"上帝又把这个人领到另一个房间:这里的一切和上一个房间基本上没有什么不同。一锅汤、一群人、一样的长柄汤匙。不同的是,这里所有的人精神焕发,大家都在快乐地唱着歌。

"为什么会这样?"这个人不解地问,"为什么同样的待遇与条件,天堂里的人是如此的快乐,地狱里的人却那么的悲惨?"

上帝微笑着说:"其实很简单,天堂的人会用自己的汤匙喂给别人,但地狱的人不会这样做。"

(教师讲解,配合图片、动画展示地狱和天堂里的情形)

2. 学生思考:在同样的条件下,为什么天堂与地狱里的人心理感受差别那么大?

3. 教师小结:

在我们的生活、学习、甚至人生当中,都离不开团队与集体,个人只有融入集体才能发挥最大作用,只有善于与他人合作、配合,才能大大提高效益。

(三) 游戏活动:"七巧板"。

1. 游戏规则:

(1) 把所有学员分成 7 个组,1—6 组间隔 1.5 米组成一个正六边形。7 组占据六边形的中心,如右图。

(2) 每组按照自己的任务书完成任务,所有组得分超过 1000 分(积分统计表参考附件 1),视为成功。

(3) 任务过程中学员不能移动自己的位置。

(4) 将七巧板分发给各组。(每组得到 5 套七巧板中的随机 5 块)

(5) 游戏时间:40 分钟。

(6) 将任务书(见附件 2)及所拼图案 1—7(见附件 3)按顺序分发给 1—7 组。

2. 学生分享游戏成功的喜悦或分析失败的原因。

3. 教师小结。

**四、班集体建设的措施**

1. 如何建设优秀班集体? 请同学们分小组讨论,并写在纸上。

2. 讨论后,派学生代表上台讲解具体可以建设优秀班集体的措施。

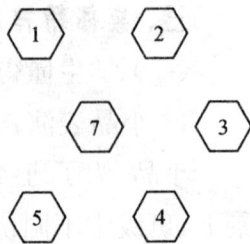

3. 制定《班级公约》。

**五、课堂总结**

教师：通过同学们们的讨论交流以及参与体验，我们了解了班集体建设的重要性，并提出了一系列建设优秀班集体的方法和策略，下面请大家在熟悉的歌声中，来表达我们和谐友爱、团结向上的情感以及为建设优秀班级的决心。（播放伴奏，齐唱歌曲《团结就是力量》。）

**附件1：积分统计表。**

| | 一 | 二 | 三 | 四 | 五 | 六 | 七 | 八 | 九 | 总分 |
|---|---|---|---|---|---|---|---|---|---|---|
| 1组 | | | | | | | | | | |
| 2组 | | | | | | | | | | |
| 3组 | | | | | | | | | | |
| 4组 | | | | | | | | | | |
| 5组 | | | | | | | | | | |
| 6组 | | | | | | | | | | |
| 7组 | | | | | | | | | | |

**附件2：任务书。**

**一组任务书**

1. 用五种颜色的图形分别组成图一至图六，每完成一个图案将得到10分。（每个图形需用五种颜色）

2. 用同种颜色的图形组成图七，完成后将得到20分。

3. 用三种颜色的七块图形组成一个长方形，完成后将得到30分。

   每完成一个图案请通知老师，老师确认后，将登记分数。

**二组任务书**

1. 用同种颜色的图形分别组成图一至图六，每完成一个图案将得到10分。

2. 用五种颜色的图形组成图七，完成后将得到20分。

3. 用三种颜色的七块图形组成一个长方形，完成后将得到30分。

   每完成一个图案请通知老师，老师确认后，将登记分数。

### 三组任务书

1. 用五种颜色的图形分别组成图一至图六,每完成一个图案将得到 10 分。(每个图形需用五种颜色)
2. 用同种颜色的图形组成图七,完成后将得到 20 分。
3. 用三种颜色的七块图形组成一个长方形,完成后将得到 30 分。

   每完成一个图案请通知老师,老师确认后,将登记分数。

### 四组任务书

1. 用同种颜色的图形分别组成图一至图六,每完成一个图案将得到 10 分。
2. 用五种颜色的图形组成图七,完成后将得到 20 分。
3. 用三种颜色的七块图形组成一个长方形,完成后将得到 30 分。

   每完成一个图案请通知老师,老师确认后,将登记分数。

### 五组任务书

1. 用五种颜色的图形分别组成图一至图六,每完成一个图案将得到 10 分。(每个图形需用五种颜色)
2. 用同种颜色的图形组成图七,完成后将得到 20 分。
3. 用三种颜色的七块图形组成一个长方形,完成后将得到 30 分。

   每完成一个图案请通知老师,老师确认后,将登记分数。

### 六组任务书

1. 用同种颜色的图形分别组成图一至图六,每完成一个图案将得到 10 分。
2. 用五种颜色的图形组成图七,完成后将得到 20 分。
3. 用三种颜色的七块图形组成一个长方形,完成后将得到 30 分。

   每完成一个图案请通知老师,老师确认后,将登记分数。

### 七组任务书

1. 领导团队在规定时间内完成任务,达到 1000 分的目标。
2. 指挥其他各组成员,用所有的 35 块图形组成 5 个正方形,每个正方形必须由同种颜色的 7 块图形组成。每完成一个正方形,你将得到 20 分,组成正方形的那个组将得到 40 分。

附件3：图案。

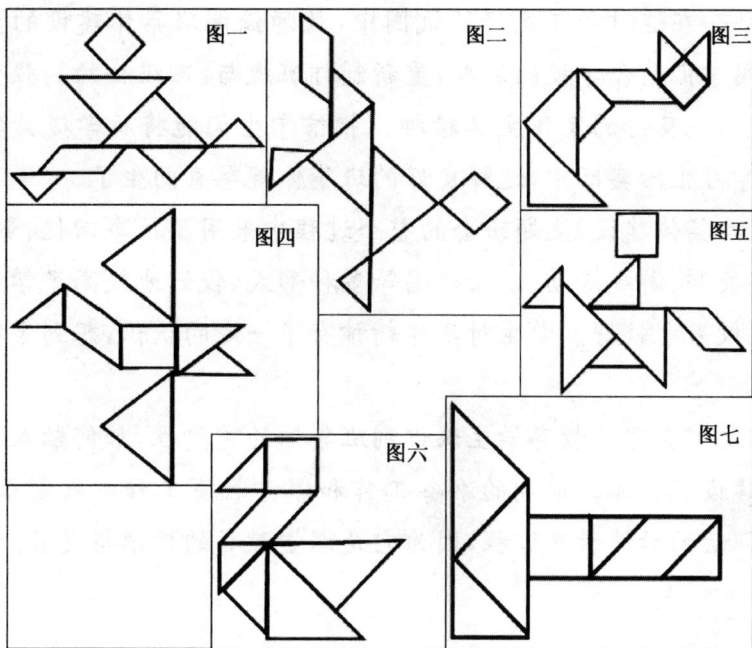

专 家 点 评

　　中职一年级学生，由初中进入职校，面临着与新同学交往沟通障碍及合作不主动的新问题，很多同学都表现出团队精神不强，自我封闭，做事不够主动积极。部分老师首先想到的就是要严格批评学生的自私行为，教育他们要上进，或是通过班会课直接教给学生一些团队精神的方法。而本主题班会主要是让学生通过体验生活中的小活动，感悟生命的成长，成为一个积极向上、富有团队精神的人。这样不但自己可以树立团队精神，而且可以影响他人，从而构建一个团队精神自强的班集体，让同学们以团队精神面对生活，面对人生。本主题班会采用多个"小活动"，围绕着培养学生"提升团队精神"的能力而逐步推进。

　　班会课之前，通过回忆"为班级所做的贡献"以及观看影片《拯救大兵瑞恩》将集体观念带进内心，为班会课正式开始做好铺垫。课堂上，讨论影片《拯救大兵瑞恩》的剧情，让学生在电影中能体会到，团队精神可能改变一个人的一生。学生表演的小品《为了班级的荣誉》和故事讲述《地狱与天堂》，进一步让学生敞开了自己的内心世界，已经初步了解了自己的问题所在。"七巧板"游戏更是将班会课的活动带入高潮，学生们深深地认识到：拥有团队精神、合作互助和卓越

的领导干部是多么的重要！游戏结束后，学生们急于想知道如何才能更好地解决自己的问题。在这种积极良好的氛围中，教师强调班集体建设的重要性和必要性。接着同学们结合学校的制度，重新制订班规与《班级公约》，强化正面积极的行为，促使形成良好的集体主义精神。相信学生们能将所学提升集体精神的方法运用到学习生活实际中，这样良好的班集体就孕育而生了。

在这次《班集体建设》主题班会的整个过程中采用了往事回忆、影片欣赏、故事讲述、小品表演、游戏活动、歌曲合唱等多种形式，较好地提高了学生的兴趣和参与度，教育效果也较好。学生对集体精神有了一定的认识，想到了很多班级建设的措施。

建议：这次班会课是教育学生认识到班集体的重要性，如何融入班集体以及如何更好地建设班集体。前期的准备工作和课堂教育工作效果都很明显，但不能忽视班会课后的后续教育过程，因为它是课堂教育的后续与发展。

主题七：健康篇

# 吸烟有害健康

**【教育背景】**

相对来说,职业学校的男生抽烟现象还是比较严重的。吸烟有很大的危害,不仅危害吸烟人的身体健康,还危害吸二手烟人的身体健康,同时存在极大的火灾隐患,因此非常有必要给学生上一次"吸烟有害健康"的主题班会,在这样的教育背景下,我给我们班学生开设了以"吸烟有害健康"为主题的班会。

**【教育目标】**

1. 认知目标:认识到吸烟的危害,让班级内吸烟的同学知道吸烟行为对自身都有哪些危害。

2. 情感目标:认识到戒烟的重要性与紧迫性。

3. 行为目标:能够自觉地戒烟。同时,希望同学们在看到身边的同学甚至是老师和家长在吸烟时,能够劝阻。

**【班情分析】**

我班为会计专业二年级,其中男生 3 名,女生 31 名。经问卷调研和观察我班没有学生抽烟,但是他们身边的朋友和家长有抽烟的,因此很有必要给他们打个预防针,意识到吸烟的危害,防止自己以后染上抽烟的坏习惯,同时也希望他们在身边的朋友和家长吸烟时,能够进行劝阻,让身边的人也少抽烟。

**【设计思路】**

本次班会课通过导入主题、危害探讨、烟雾分析、全球禁烟、班级宣誓等环节来让学生明白吸烟危害健康,深入地学习烟草方面的知识,保持现在及以后都能

自觉地不吸烟。

## 【活动准备】

教师：抽烟情况调研，了解班级学生抽烟情况。吸烟有害健康相关资料的搜集。

学生：搜集吸烟危害健康的相关资料，分组。

## 【教育方法】

探究启发法；案例讨论法；小组讨论法。

## 【内容安排】

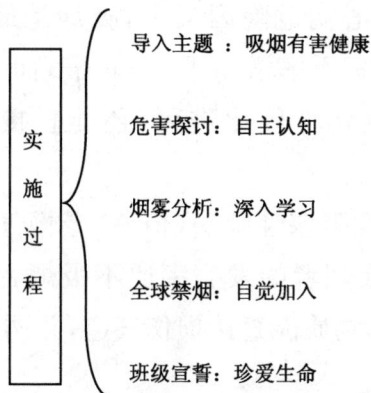

实施过程
- 导入主题：吸烟有害健康
- 危害探讨：自主认知
- 烟雾分析：深入学习
- 全球禁烟：自觉加入
- 班级宣誓：珍爱生命

## 【具体步骤】

### 导入主题：吸烟有害健康（3分钟）

师：大家听过吸烟有害健康背后的故事吗？

曾经有一个美国人因为过度吸烟而去世了，医生鉴定为尼古丁中毒而死。于是，他的家人就把造烟厂告上了法庭，说烟厂有责任，明知道香烟会致人死亡，为何不在烟盒上标明，此事得到了法院的认同，并且规定以后任何的香烟盒上都得标明此条。从此，世界上的每个烟盒上面必须标明此条。2005年8月28日，世界性《国际烟草控制框架公约》在我国生效，我国正式履行该公约规定的义务。《国际烟草控制框架公约》规定：在烟草制品的包装上必须标注吸烟有害健康的警示语，其面积不得小于包装可见部位面积的1/3。

大家现在知道烟盒上为什么要印上"吸烟有害健康"的字样了吧！那么吸烟到底有哪些具体的危害呢？之前我让大家搜集吸烟有哪些危害的资料，现在我们分组来讨论一下，并请各组派代表跟我们讲一讲！

【设计意图】 通过这个问题来引出本次班会课的主题：吸烟有害健康，同时让学生初步了解吸烟的危害，为下面的学习做个铺垫，激发学生求知的欲望。

## 危害探讨：自主认知（15 分钟）

预设学生代表展示：吸烟可以引起的疾病举例。

1. 癌症：香烟烟雾中，含有 69 种已知的致癌物，多种癌症与吸烟有关，如肺癌、消化道癌症、泌尿系统癌症等等，其中，肺癌首当其冲。据统计，85％的肺癌患者与吸烟有关。

2. 冠心病：在众多冠心病危险因素中，吸烟是最主要的一个。较不吸烟相比，吸烟者的患病率及病死率增高了 2—6 倍，而且与吸烟数量正相关，吸烟不但能引发并加速动脉粥样硬化进程，还能直接引起冠状动脉痉挛及损伤心肌。

3. 慢性支气管炎、慢性阻塞性肺病（俗称"老慢气"）：吸烟是慢性支气管炎最重要的环境发病因素，吸烟者的发病率比不吸烟者高 2—8 倍。香烟中的焦油、尼古丁和氢氰酸等化学物质能直接损伤气道，并诱发肺气肿。青少年哮喘也和吸烟有明显关系。

4. 对女性影响：吸烟能降低女性受孕机会，影响胎儿生长、导致流产。

5. 对男性影响：香烟可导致阳痿。

6. 增加糖尿病风险：有证据表明，吸烟可以导致Ⅱ型糖尿病，并且可以增加糖尿病患者发生血管并发症的机会。

7. 其他：吸烟增加牙周炎、白内障、消化道溃疡、痴呆的发病风险，影响手术伤口愈合，加速皮肤老化等等。

一个每天吸 15 到 20 支香烟的人，其易患肺癌，口腔癌或喉癌致死的概率，要比不吸烟的人大 14 倍；其易患食道癌致死的概率比不吸烟的人大 4 倍；死于膀胱癌的概率要大 2 倍；死于心脏病的概率也要大 2 倍。

吸香烟是导致慢性支气管炎和肺气肿的主要原因，而慢性肺部疾病本身，也增加了得肺炎及心脏病的危险，并且吸烟也增加了高血压的危险。

肺中排列于气道上的细毛，通常会将外来物从肺组织上排除。这些绒毛会

连续将肺中的微粒扫入痰或黏液中,将其排出来,烟草烟雾中的化学物质除了会致癌,还会逐渐破坏一些绒毛,使黏液分泌增加,于是肺部发生慢性疾病,容易感染支气管炎。

……

师:经过刚刚各组的讨论,及各组代表讲述后,老师将吸烟的具体危害进行归纳如下:

1.肺癌 2.膀胱癌 3.骨质疏松症 4.心脏病和中风 5.生殖问题 6.眼睛状况 7.脉管炎 8.牛皮癣 9.慢性肺部障碍性疾病 10.咽喉,口腔,食道癌 11.皱纹,精神不振 12.降低免疫力 13.牙齿健康问题 14.空空如也的钱包 15.火灾隐患。

师:现在给大家看看一组图片,来更加直观地认识吸烟对我们身体的危害到底有多大(强化学生对吸烟危害的认识)。

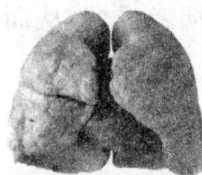

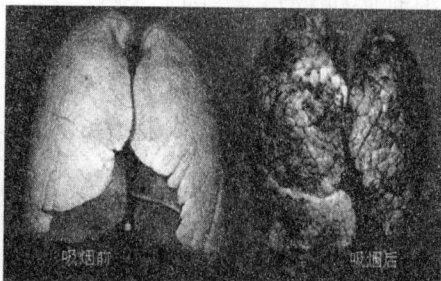

健康者的肺　　　　吸烟者的肺

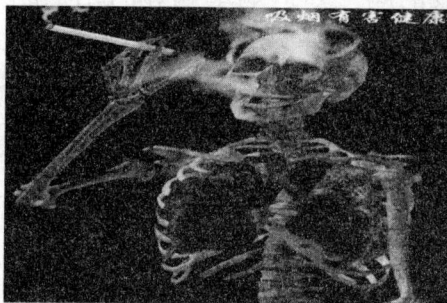

师:总而言之,吸烟好处没有,坏处却一大堆,劝身边的所有亲戚朋友,戒之。那么怎么戒烟才是最有效的办法呢?下面我给大家简单介绍几个办法,供大家学习并帮助身边的吸烟人成功戒烟!

递减法:想要有效戒烟不能要求戒烟者能够三天两天就戒烟成功。在戒烟初期,戒烟者的生理、心理都处于空虚煎熬状态,如果强行一次切断,让戒烟者一开始就杜绝接触烟,很容易让他们的身心防线打破,戒烟失败。有效戒烟的方法是慢慢减少吸烟的次数,慢慢拉大两次吸烟间的时间间隔,用这样的递减法,能够让戒烟者的身心都有充分的接受适应时间。

替代疗法:想成功戒烟的烟民不妨试试寻找个替代品,比如想抽烟的时候可以嚼口香糖,让自己的嘴巴忙起来。还可以咨询医生寻找尼古丁的替代治疗产品,但是使用药物的前提一定是向医生详细咨询后进行的。

饮茶疗法:中国药膳中有一种戒烟茶,想要成功有效戒烟的人不妨试试。为确保其健康有效,试用之前可以咨询中医医生,也可以直接去药店买清肺戒烟茶泡服。

大量饮水:想要有效戒烟还可以大量的饮水,比如在两顿饭之间的时间喝上6杯水。这样身体中灌入的大量的水能够帮助体内的尼古丁洗出体外,但是要注意喝水最好选用白开水,酒精饮料类不能喝。

【设计意图】 学生通过搜索资料、现场讨论、总结展示等环节,能够比较深入地认识到吸烟的危害,内心会有一定的共鸣,从而达到自主认知,自觉行为的效果。同时介绍几种简单的戒烟方法可以帮助身边的吸烟者戒烟,从而达到戒烟目的。

## 烟雾分析:深入学习(15分钟)

师:经过我们的讨论和老师的总结,大家现在都知道吸烟会给我们带来哪些危害,但是你们知道这些危害是怎么造成的吗? 知道烟草烟雾的化学成分都有哪些吗?

吸烟者在吸入香烟的时候,香烟在不完全燃烧的过程中会发生一系列的热分解和热合成的化学反应,形成大量新的物质,其化学成分很复杂,从烟雾中分离出有害成分高达3000余种,其中主要的有毒物质为尼古丁(烟碱)、烟焦油、一氧化碳、氢氰酸、氨及芳香化合物等一系列有毒物质。

师:下面我们就来一一具体学习这些物质是如何毒害我们的!

### 一、尼古丁

尼古丁又称烟碱,是一种无色透明的油状挥发性液体,具有带刺激性的烟臭味。

尼古丁是主要的成瘾源。吸入纸烟烟雾中的尼古丁使吸烟者感到一种轻柔愉快的感觉,它可使中枢神经系统先兴奋后抑制。当尼古丁低于稳定水平时,吸烟者会感到烦躁、不适、恶心、头痛并渴望吸一支烟以补充尼古丁。

另外：

△尼古丁还可引起胃痛及其他胃病；

△尼古丁可造成血压升高、心跳加快、甚至心律不齐并诱发心脏病；

△尼古丁损害支气管黏膜,引发气管炎；

△尼古丁毒害脑细胞,可使吸烟者出现中枢神经系统症状；

△尼古丁可促进癌的形成。

## 二、一氧化碳

一氧化碳是一种无色无味的气体,人们常说的煤气中毒,就是指一氧化碳中毒。

一氧化碳与血红蛋白的亲和力比氧气高 250 倍,当人们吸入较多的一氧化碳时,一氧化碳与血红蛋白结合形成大量的碳合血红蛋白,而氧合血红蛋白大大减少,造成组织和器官缺氧,进而使大脑、心脏等多种器官产生损伤。

不吸烟的正常人体内碳合血红蛋白浓度大约为 0.5%,而吸烟严重者体内的碳合血红蛋白高达 15%—20%,也就是说有 15%—20% 的血红蛋白丧失了输送氧气的功能,从而导致缺氧。

## 三、烟焦油

烟焦油是一种棕黄色具黏性的树脂,俗称"烟油子"。

烟焦油含多种致癌物。而且可附着于吸烟者的气管、支气管和肺泡表面产生物理、化学性的刺激,损害人体的呼吸功能。

## 四、苯并芘

苯并芘是强致癌物,它还存在于煤、石油天然气中,但可被大气稀释,而香烟中的苯并芘被吸烟者直接吸入或弥漫于室内,浓度很高。在燃烧一包香烟中,可产生 0.24—0.28 微克的苯并芘。有调查结果表明,空气中的苯并芘含量每增加 1 微克/1000 米$^3$,就会使肺癌发病率增加 5%—15%。

## 五、放射性物质

卷烟烟雾中含 210 铝、201 钋两种放射性同位素,吸烟时可被吸收入肺并沉积体内。它们不断放出射线,长期损伤肺组织。一个每天吸 20 支烟的人,1 年吸入的放射性元素的辐射量,相当于吸烟者 1 年拍了 300 张 X 线胸片。

【设计意图】 老师通过 PPT 向学生展示香烟烟雾成分分析,深入学习了解吸烟的危害,对自觉抵制吸烟行为有一定的帮助。

## 全球禁烟：自觉加入（10 分钟）

师：通过上面的学习，我们知道香烟烟雾里原来有这么多有害物质，因此我们需要积极加入禁烟队伍。

自 20 世纪 50 年代以来，全球范围内已有大量流行病学研究证实，吸烟是导致肺癌的首要危险因素。为了引起国际社会对烟草危害人类健康的重视，世界卫生组织 1987 年 11 月建议：

将每年的 4 月 7 日定为"世界无烟日"，并于 1988 年开始执行。

自 1989 年起，世界无烟日改为每年的 5 月 31 日。

师：下面我们再来了解一下全球其他国家的禁烟情况是怎么样的呢？

法国：成立烟警和"戒烟培训班"。

法国成立了一支全球独一无二的警队——"香烟警察部队"。这些警察是从全法国的民警、交警及特警中特别任命的，他们负责在全国落实各项禁烟令。香烟警察如果在商场、咖啡馆等公共场所看到有人叼着香烟，他们先会毫不留情地让你掐掉香烟，然后给你再撕下一张"违规吸烟"的罚款单，最低 30 欧元，最高 200 欧元。

英国：给戒烟者发奖金。

英国政府为鼓励戒烟，将为戒烟者每周提供 12.5 英镑（1 英镑约合 8.9 元人民币）的补贴。输入到戒烟者电子卡上的这笔钱，可用于在超市购买任何食品，当然无法购买香烟。补贴期最长可达 12 周。

日本：凭身份证买烟。

日本禁烟主要针对的是未成年人与公众场所，制定了各种相关法律、条例。

2000 年，日本修订了《未成年人吸烟禁止法》，将禁止向 20 岁以下的未成年人出售香烟的对象范围从原本的销售者扩大到公司或商店的经营者、管理者以及员工，并要求他们要有能够确认买烟者的措施。如果商家随意将烟卖给未成年人，罚款的上限也提高至 50 万日元。

为了进一步防止未成年人从便利店或香烟自动贩卖机买到烟，2008 年 3 月开始，日本开始全面导入一种叫 taspo 的成人识别 ID 卡，卡是免费制作发放的，但只有成年人凭身份证明才能申请，同时改造了几乎所有的香烟自动贩卖机，在贩卖机上买烟，必须刷成人卡，并限制成人卡不得转借或贩卖给他人。法律还规定便利店的店员若觉得买烟的顾客年龄小，应要求顾客出示可确认年龄的身份

证明。

【设计意图】 通过介绍其他国家禁烟情况，让学生明白全球都在禁烟，而且知道每年的 5 月 31 日为世界无烟日，进一步强化学生自觉禁烟的意识。

## 班级宣誓：珍爱生命(2 分钟)

师：在我们全面了解"吸烟有害健康"之后，我们需要全体起立，举起右拳，我们全班宣誓：远离香烟、珍爱生命，无烟校园、从我做起！

师：好，全体坐下，吸烟不仅会给我们的身体造成伤害，如不注意甚至会造成严重的消防事故。吸烟所引发的危害多种多样，对我们每一个人，对我们的社会都是一个十分严重，急待解决的问题。作为我们学生能够做到的就是不吸烟，同时杜绝身边同学有吸烟的行为。

【设计意图】 前后呼应，围绕主题，让学生始终牢记"吸烟有害健康"，杜绝吸烟，从我做起。

## 专 家 点 评

从班会组织上来看，可以看出老师课前准备还是比较充分的，其中包括课前让学生搜集相关资料；对班级情况的调研；还有一些教学案例、图片、资料等的搜集。从班会内容上来看，主要是通过导入主题、危害探讨、烟雾分析、全球禁烟、班级宣誓等环节来让学生明白吸烟有多危害健康，深入地学习烟草方面的知识，激发学生自觉禁烟意识，以实现本次班会课的目的。从本次班会课的形式上来看，形式相对单一，是以教师的讲授为主，这样容易造成学生学习疲劳，从而影响学习效果。总的来说，还是比较全面地介绍了吸烟危害的相关知识，而且分析得也比较透彻，可以在心灵上给学生一个震慑作用，帮助实现珍爱生命，远离香烟的愿望！

# 珍爱生命　远离毒品

**【教育背景】**

6月26日是国际禁毒日,但班级问卷调查的结果显示,全班只有27%的人了解这一信息。据《世界卫生组织》统计,全世界每年因吸食毒品而丧失生命的人达到约14万,另有1000万人因吸食毒品而丧失了正常的智力和工作能力。目前,我国登记在册的吸毒人员将近300万,而超过75%的吸毒者是35周岁以下的青少年,其中年龄最小的吸毒者仅有12岁。这些惊人的数字表明,毒品的肆意泛滥,青少年已经成为主要的受害群体。而职校生正处于十七八岁的花样年龄,他们年轻气盛,容易意气用事,好奇心强,缺乏一定的防范意识,很容易被外界不良风气所感染,是容易被毒品侵害的主要群体,也是贩毒分子瞄准的主要目标。另外,家庭环境的影响以及学校对毒品防范意识教育课程设置的不完善,也是导致学生容易被毒品侵蚀的原因之一。所以,加强学生毒品防范意识教育,珍爱生命,防止学生误入歧途,是本次班会活动的主旨。

**【教育目标】**

1. 认知目标:了解毒品对身心健康的危害性,掌握防范措施;
2. 情感目标:明确珍爱生命,远离毒品是人生幸福的前提;
3. 行为目标:远离毒品,并做好防范和宣传。

**【班情分析】**

1. 基本概况:

我班是学前教育专业二年级,班里女生居多,其年龄基本都在十六七岁,目前正处于世界观和人生观的形成时期。他们好奇心强,朋友义气重,容易接受新

鲜事物,受外界一些不良因素的诱惑,缺乏一定的安全防范意识。他们对毒品的了解仅限于道听途说,并不真正了解它,对其危害性认识不足。

2. 存在不足

(1) 部分同学的好奇心强,自控能力较差,对新鲜事物缺乏一定判断力,防范意识欠缺,容易受外界一些不良因素的蛊惑。对毒品仅有概念上的了解,认为毒品距离自己很遥远,对毒品的危害性了解很少。

(2) 有的同学情感比较脆弱,遇事不够冷静,喜欢通过网络或极端的方式解决问题,很容易上当受骗。他们对毒品了解甚少,很容易被贩毒分子和别有用心的人利用。

## 【设计思路】

本次班会课围绕"认清毒品的危害,培养防范意识,自觉进行抵制"三个方面展开,让学生从认知到防范,再到抵制,最终让学生远离毒品,珍爱生命。

## 【活动准备】

教师:名人故事;专业教师;PPT 视频;思维导图。

学生:材料搜集;编制顺口溜。

## 【教育方法】

案例分析法;活动法;小组讨论法。

## 【内容安排】

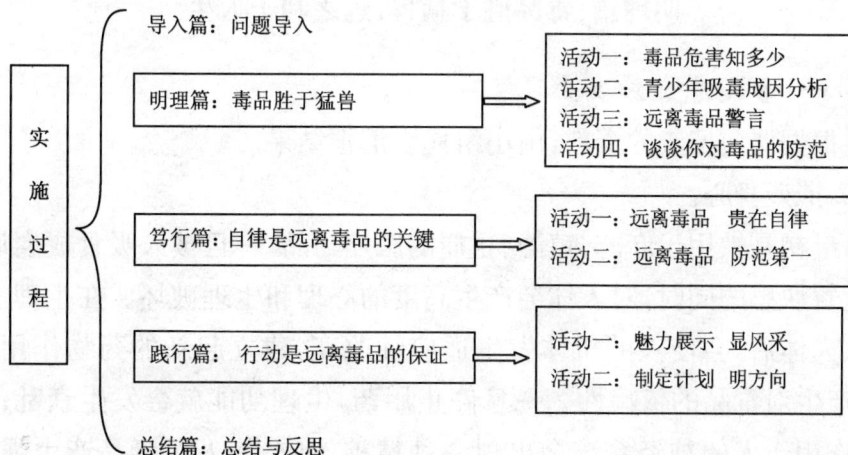

**【具体步骤】**

问题导入：

6月26日是什么日子,你知道吗？全世界每年有多少人因为吸毒而丧生,你知道吗？你知道毒品距离你有多远吗？

6月26日是国际禁毒日,据统计,全世界每年因吸食毒品而丧失生命的人达到14万人,另有1000万人因吸食毒品而丧失了正常的智力和工作能力。《2015年中国毒品形势报告》显示,当前我国登记在册的吸毒人员中,35岁以下的吸毒者有146.5万人,而且青少年吸毒人数呈逐年上升趋势。

问题:世界上为什么会有那么多人参与吸毒？而且为什么吸毒的绝大多数是年轻人？

学生思考、回答。

班主任引导：

毒品对人体神经具有一定的刺激作用,短时间内能让人感到亢奋,而且会让人形成依赖性。有些人因为出于好奇或为了彰显个性而去接触毒品；有的人为了满足自己空虚的心理去接触毒品；有的人抱着吸一次不会上瘾的心态去接触毒品等等。岂不知,毒品只要吸了就很难戒掉,它像魔鬼一样折磨着人的肉体和灵魂。而青少年好奇、追求个性、防范意识不强是导致他们吸食毒品的重要原因。

**【设计意图】** 通过数据展示及设计问题,激发学生的紧张感和好奇心,让学生感受到毒品离我们并不遥远,而且危害极大。

### 明理篇:毒品胜于猛兽,远之利于人生

**活动一：毒品危害知多少**

学生根据课前搜集的资料,由小组代表汇报结果。

第一,摧残身心。

毒品最初是被用于麻醉、镇静、止痛的医疗药品,一旦被人吸食成瘾后,在给人带来短暂快感的同时,对人体会产生高度的心理和生理破坏。在生理上,这些毒品进入人体后,会使人的机体发生适应性改变,建立起新的药物作用下的平衡,从而产生对毒品的依赖性。一旦停止用药,生理功能就会发生紊乱；在心理上,毒品作用于人的神经系统会出现一种精神效应,使人对毒品产生强烈的渴

求。久而久之,毒品会摧毁吸毒者的精神和意志,使其堕落、道德沦丧。

第二,引发刑事犯罪。

吸毒是一种高额消费。一般来说,凭着正常的合法收入来维持吸毒是不可能的。为了支付巨额的毒资,吸毒者不得不采用非法的手段来获得钱财,从而诱发多种违法犯罪,给社会带来极大的危害。

第三,传染多种疾病。

吸毒者常常采用静脉注射、肌肉或皮下注射的方式吸毒。在采取这种方式吸毒的过程中,常常因多人共用未经消毒的注射器和针头而传播皮肤病、性病甚至艾滋病。

第四,导致家破人亡。

吸毒者所需的高额毒资,一般家庭是根本无法承受的。因此,一个人吸毒,往往会把全家的积蓄迅速耗光。当吸毒者毒瘾发作而又无钱买毒时,吸毒者就会不顾一切地变卖甚至偷拿家中的财产,使家庭变得一贫如洗。倾家荡产必然导致家庭成员之间关系的不和睦,并最终导致家庭破裂,妻离子散,父子反目成仇,甚至残害家庭成员。

【小组讨论】 毒品危害如此之大,为什么仍然有那么多人参与吸毒？青少年参与吸毒的主要原因具体有哪些呢？

活动二：青少年吸毒成因分析——小组讨论、分析、总结。

1. 自身方面

(1) 强烈的好奇心理:抱着"吸着玩玩""尝尝新鲜"的心态,放任自己的好奇心,从而走上吸毒的道路;

(2) 盲目的认同心理:不慎交了"毒友"后,为了不让别人"排挤"自己,参与吸毒;

(3) 追求刺激和享乐心理:把吸毒看成是时尚和前卫的行为,盲目追求刺激和快感而吸毒;

(4) 缺乏对毒品的基本认识:偏听偏信一些谣言,认为毒品能治病,尝试吸毒;

(5) 无知的侥幸心理:认为偶尔吸一次不会上瘾,没什么危害,结果一发而不可收。

2. 家庭方面

(1) 家长疏于管教:很多家长在外务工,对孩子缺乏管理和教育;

（2）家长行为失范：有的家长自身行为不端，给孩子行为习惯造成偏差；

（3）家庭突遭变故：父母离婚或遭受重大变故，导致孩子心理失落和迷茫而误入歧途。

3. 其他方面

（1）学校对毒品防范教育课程设置不完善，对学生进行毒品预防教育打下的烙印不深；

（2）一些社会场所见利忘义，为青少年吸毒提供场所和机会。

**【学生明确】** 造成吸食毒品的原因有很多，但作为青少年需要从心理上洁身自好，自觉远离毒品。

**活动三：远离毒品警言**

小组代表展示汇报课前搜集的远离毒品警言名句：

1. 毒品危害名言

（1）毒品，一颗糖衣炮弹，它会在你最幸福的时候，将你一步步推入深渊。

（2）一朝染毒品，一生难自拔。

（3）毒品，一个有着美丽外衣的无形杀手，靠近了只有死。

（4）冰毒，冰住的不只是你的良知，还有你的灵魂；摇头丸，摇走的不单是你的快乐，还有你的生命。

（5）吸食毒品，就是把恶魔请来吸食你纯洁的灵魂。

……

**【小组讨论】** 吸食毒品除了会给我们自身带来极大伤害？还可能会带来哪些危害？

**【学生明确】** 毒品不仅危害个人，造成家庭破碎，还可能会引发犯罪，给社会带来一定的危害。

2. 禁毒名言

（1）分分秒秒抵制毒品，时时刻刻远离毒品。

（2）知毒识毒避毒，戒毒禁毒无毒。

（3）珍爱生命，拒绝毒品。

（4）拒毒品，爱自己，享未来。

（5）远离毒品，亲近美好人生。

……

【小组讨论】 从资料来看,毒品危害极大,而且离我们并不遥远,我们如何做才能抵制毒品的诱惑呢?

【学生明确】 毒品危害极大,要想远离毒品,首先要加强对毒品的防范意识,远离吸毒贩毒人员,最终做到防患于未然。

*活动四:谈谈你对毒品的防范*

毒品种类繁多,而且会以多种方式隐藏在我们身边,我们如何识别并远离隐藏在我们身边的这些"炸弹"呢?

1. 认清毒品的面目

投影展示:毒品大麻、可卡因、摇头丸、冰毒、K粉、海洛因等图片,但它们有时会被伪包装成"雀巢咖啡""立顿奶茶""跳跳糖"等。

【设计意图】 通过投影展示,让学生认清毒品的真面目,便于学生防范心理的加强,并自觉远离毒品。

2. 集思广益防毒品

【设计意图】 小组代表汇报讨论结果

(1)直接拒绝吸食陌生人提供的"新奇"物品;

(2)找借口溜走,远离不健康的公共场所;

(3)提出相反意见或转移话题;

(4)秘密报案,寻找机会偷偷告诉你信得过的人,或者秘密拨打110报警;

(5)当毒贩或毒友逼你吸毒并威胁你时,要第一时间告知师长。

【设计意图】 通过学生小组讨论,探讨防范毒品的方法,培养学生的防范意识和解决问题的能力。

## 笃行篇:自律是远离毒品关键

宋朝诗人周敦颐的《爱莲说》中有一句诗:出淤泥而不染,濯清涟而不妖。表明诗人洁身自好的高尚品德。那么我们如何才能做到洁身自好,远离毒品呢?

*活动一:远离毒品,贵在自律*

1. 看一看

许衡:我国古代杰出思想家、教育家、天文历法学家。一年夏天,他与许多人一起逃难。长途跋涉,加之天气炎热,所有人都感到饥渴难耐。当有人发现一棵结满清甜梨子的梨树时,大家都你争我抢跑去摘梨,唯有许衡岿然不动。因为在许衡的心里,梨树虽然没有主人看管,自己也不能随意去摄取别人的东西。许衡自律的故事也被后人传为佳话。

张学良:少帅张学良曾被日本医生注射了毒品,但为了抗拒日寇,救国救民,他毅然决定戒毒。戒毒的过程是极其痛苦的,张学良宁愿把自己关在一间屋子里,即使被毒品折磨得满地打滚,撞得头破血流,他也绝不沾一口毒品,最终凭借着顽强的自律意识和坚强的意志远离了毒品。

议一议:这些故事给你什么启发? 在远离毒品方面,你打算如何做到自律?

预设:自律意识＝坚强的意志＋执着的坚持……

师生明确:坚持自律可以磨炼人的意志,控制自己的欲望,自觉做到远离毒品。

### 活动二:远离毒品,防范第一

1. 小组讨论:在日常生活中,你对新奇物品的防范意识存在哪些问题? 如何加强防范意识?

(1) 防范意识存在缺陷:容易被人蛊惑、意志力不强、喜欢尝试新奇的东西、任性、心情不好的时候容易放纵自己……

(2) 明确做法:

经常反思自己的行为,学会甄别一些新奇事物和物品,提高防范意识。

克制:对自己身上存在的一些不好的习惯及时做出调整或改正,加强自控力的调整,远离一些不利因素,拒毒品于千里之外。

### 践行篇:行动是远离毒品的保证

#### 活动一:魅力展示,显风采

按小组设计《珍爱生命,远离毒品》宣传活动方案,并请评委老师对各小组的活动方案进行评价,评出最佳活动方案。

#### 活动二:制定计划,明方向

1. 定目标,我能行

教师:大家通过学习,知道了远离毒品需要从现在做起,现在请同学们思考完成个人《珍爱生命,远离毒品》计划书,课后张贴在班级教育活动栏中。

| 认清毒品 规避危害 | 姓名 | | 目标确立 | | 坚持促 成功 |
|---|---|---|---|---|---|
| | 原有认识 | | | | |
| | 现有认识 | | | | |
| | 规避方法 | | | | |
| | 督查方法 | | | | |
| | 自我激励 | | | | |

2. 齐背顺口溜，激发热情

一齐背诵学生自编的《禁毒宣传顺口溜》，把本次班会活动推向高潮。

罂粟花，真美丽，开在山中明艳艳；

制毒者，利用它，制成毒品害人命；

贩毒者，丧天良，祸害他人害自己；

罂粟花，虽有毒，人心叵测比花毒。

职校生，认清毒，将来不要入迷途；

一朝吸，十年戒，万万不能小看它；

好奇心，不能有，一旦沾染鬼缠身；

吸毒者，莫接近，以免踏上不归路。

政府管，重拳出，不仅查毒还禁毒；

吸毒者，迷途返，戒毒所里获新生；

违法者，贩毒者，法网恢恢罪难免；

中国梦，靠大家，禁毒健康笑哈哈！

【设计意图】 通过展示、专家点评纠正、制定计划、背诵记忆等方式，帮助学生进一步了解毒品的危害性及参与禁毒的迫切性。

【班主任总结】

毒品是人类社会的公害，它不仅危害人民群众，特别是危害青少年的身心健康，而且严重威胁社会安定，影响经济发展和社会进步。我们正处于人生成长的关键时期，好奇心强，容易接受新鲜事物。但我们也很容易会被一些事物蒙蔽了眼睛而误入歧途。因此，在人生的十字路口，我们务必要擦亮眼睛，辨清是非，排除一切影响我们健康成长的不良因素。为了我们未来的美丽人生，让我们擦亮眼睛,坚定意志,远离毒品,努力做一名身心健康的职业人。

**【总结与反思】**

1. 反思:在学生制定活动方案这个环节,由于课上时间比较紧,学生设计的方案可能不够精细。为了保证教育效果,将会让学生课后进一步完善设计方案,并上传到学校教育平台。

2. 拓展:

(1) 制作《珍爱生命,远离毒品》宣传海报,张贴到校园和社区公示栏内。

(2) 参加禁毒宣传志愿者活动。

专 家 点 评

青春期的学生好奇心理较重,容易接受新鲜事物,但又缺乏一定的防范意识。加之学生对毒品的危害性认识不足,导致青少年成为毒品侵害的主要群体。该主题班会针对学生对毒品认识不足、防范意识不强等问题组织活动,旨在让学生学会珍爱生命,远离毒品,具有较强的现实教育意义。

本活动设计意图明确,条理清晰,案例选择教育针对性强。让学生通过认清毒品面目,加强防范意识培养,自觉抵制等环节,逐步达到教育的目的。最后活动采取诵读自编《禁毒宣传顺口溜》和制作《珍爱生命,远离毒品》宣传海报的方式结尾,更是本活动的一大亮点,提高了学生的参与度,教育效果较好。

主题八：守法篇

# 学法、懂法、用法——做守法职校人

## 【教育背景】

中职学生朝气蓬勃,在晨风中奔跑,在暮霭中咏唱,他们是祖国的未来,是民族的希望。但是,中职学生也是社会上的一个身份很特殊的群体。从年龄上看,他们的社会阅历浅、经历少,对法律的理解和认识还处于模糊阶段;从知识经历上看,他们之前没有经过系统科学的法制教育,对法律知识一知半解;从心理素质上看,他们的情感和思想还比较脆弱,心理承受能力较差;从社会关系上看,他们是家中的宠儿,却是中考失败者。又由于广大青年学生的法律素质水平直接决定着我们全民族的法律素质水平,所以,对青年学生的法律教育就成为我国推进依法治国进程的一个重要标志。基于以上分析,中职学生需要加强法律意识的培养,提高其对法律的认识水平。

## 【教育目标】

1. 知识目标:增强学生的学法、守法、用法意识,进行预防犯罪教育;

2. 能力目标:使学生明辨是非,提高自我约束、自我保护能力,预防和减少违法犯罪行为;

3. 情感目标:通过法制宣传教育促使全班学生有"有法可依、有法必依、执法必严、违法必究"的正确思想,能辨明"真善美丑"的各种情感倾向。

## 【学情分析】

中职学生大多是中考的落榜者,他们不仅在文化基础上,而且在人生观、价值观方面都有一定的缺陷。其身心发展稍显幼稚,受中考落榜的打击,情绪波动较大。另外,他们大都离开父母住校,课程又相对轻松,他们渴望独立却经验不

足,具有较强的好奇心,而自控力却很差,遇到事情容易冲动和动怒。面对社会上形形色色的诱惑,他们无法抵挡。

## 【设计思路】

本次班会围绕学法、懂法、用法、守法主题循序渐进开展。遵循以学生为主体,教师为主导的教学原则,以学生的活动为载体,充分调动他们的积极性,让他们参与进来,去体验和感悟学法、懂法、用法、守法的重要性。

## 【活动准备】

学生:

排练小品:《超市里的尴尬》。

教师:

1. 课件:《法律知识介绍》和《情景案例》。

2. 试题:《法律知识竞赛》。

3. 视频:《青少年学生违法犯罪的原因分析》。

## 【教育方法】

案例分析法;竞赛法;小组讨论法。

## 【具体步骤】

### 一、课题引入

1. 主持人宣布班会开始

同学们,随着我国经济的不断发展,我们的生活在一天天地发生着改变,我们身边也随之出现了形形色色的不同群体或个人,并且他们的行为有时会侵犯到我们的权利,如果我们不懂法也可能侵犯到他们的权利,为了增强我们的法律意识,培养遵纪守法的能力,为此我们今天召开一期《学法、懂法、用法——做守法职校人》的主题班会,看一看同学们是否知法、懂法,还要看看同学们会不会在实际情况中,运用法律保护自己。下面,我宣布"学法、懂法、用法——做守法职校人"主题班会正式开始。

2. 情景表演:《超市里的尴尬》

情景表演内容为:我们班的几位同学去超市买东西,大家挑完商品正准备付款时,被保安拦住了,硬说我们身上藏了超市的东西,要搜身。这时,周围站了许多围观的人,保安要强行翻看这几位同学的口袋,几位同学却表现出了不同做法,主要有:(1) 主动将口袋翻开让保安检查;(2) 拒绝被检查,并辱骂保安;(3) 打电话给老师及家长;(4) 打电话报警。

(小品形式可以多样,主要演员是班级学生,时间为5分钟。)

3. 学生思考讨论

(1) 谈谈观看完情景表演后的感受。

(2) 如果你遇到这样的情形,应该怎么办?

4. 教师总结

法律时刻在我们青少年学生身边,法律对我们意义重大。我们要好好学习法律,做到懂法,并能够很好地运用法律。

二、学法

1. "比一比"活动:法律名称知多少?

活动形式:将班级同学分成若干小组。

活动内容:小组讨论自己知道的法律名称,并进行汇总。

活动目的:看看哪组写的法律名称最多且较为规范,最后进行交流展示。

2. 法律知识讲解

主持人带领学生一起学习部分法律,并对情景引入中涉及的法律问题进行讲解:超市的做法是极不正确的。《中华人民共和国宪法》第37条规定:禁止非法拘禁和以其他方式非法剥夺和限制公民的人身自由,禁止非法搜查公民身体。《中华人民共和国消费者权益保护法》第25条规定:经营者不得对消费者进行侮辱,诽谤,不得搜查消费者的身体及携带的物品,不得侵犯消费者的人身自由。教给学生遇到此类事情的指导性处理办法,让学生一定要掌握法律知识,要学会用法律武器保护自己的合法权益。

三、懂法

1. "赛一赛"活动:法律知识知多少

活动形式:将班级同学分成若干小组。

活动准备:主持人准备10道法律知识相关试题。

活动内容:学生分组讨论,回答试题内容。

活动目的:主持人进行评价,选出最佳小组。

**试题内容：**

（1）我国的根本法律是（　　），其他任何法律都不能与其相抵触。

A.《刑法》　　　　　　　　　　　B.《未成年人保护法》

C.《中华人民共和国宪法》　　　　D.《教师法》

（2）下列哪种场所或者机构所在地，除寒假、暑假和星期日外，应当每日升挂国旗？（　　）

A. 北京天安门广场、新华门　　　B. 全国人民代表大会常务委员会

C. 外交部　　　　　　　　　　　D. 全日制学校

（3）法律规定：国徽及其图案可以用于下列哪种情况？（　　）

A. 商标、广告　　　　　　　　　B. 日常生活的陈设布置

C. 私人庆吊活动　　　　　　　　D. 法院

（4）在马路的十字路口，尽管车杂人多，可由于行人车辆各行其道。红灯停绿灯行，穿梭有序，结果是有条不紊，道路畅通无阻。它告诉我们（　　）。

A. 要遵守交通规则

B. 社会生活要有规则

C. 遇事要互相礼让

D. 如果两边没有车，即使是红灯也可以通过

（5）当"我"独自在家时，下列哪个行为容易发生危险（　　）。

A. 要锁好防盗门

B. 不要给陌生人开门

C. 入夜开灯后拉好窗帘

D. 当有人敲门时，先打开门，再问对方是谁

（6）中华人民共和国（　　）在法律面前一律平等。

A. 人民　　　　　　　　　　　　B. 公民

C. 群众　　　　　　　　　　　　D. 自然人

（7）公民的姓名权、肖像权、名誉权、荣誉权受到侵害时，下列说法中，错误的是？（　　）

A. 有权要求停止侵害　　　　　　B. 有权要求恢复名誉

C. 有权要求消除影响　　　　　　D. 有权要求解决升学、就业问题

（8）应当对未成年人免费或者优惠开放的场所不包括（　　）。

A. 博物馆　　　　　　　　　　　B. 科技馆

C. 图书馆　　　　　　　　D. 歌舞厅

（9）学生王某偶然得知同学李某有尿床之疾，便在同学中广而告之，王某的做法的（　　）。

A. 侵犯了李某的隐私权　　　B. 侵犯了李某的人格尊严

C. 侵犯了李某的人身安全　　D. 没有侵权

（10）父母因外出务工或者其他原因不能履行对未成年人的监护职责，（　　）委托有监护能力的其他成年人履行监护职责。

A. 可以　　　　　　　　　B. 应当

C. 不可以　　　　　　　　D. 无需

2. 情景分析

情境一：大军觉得放假独自在家太闷，便上网，开始是打游戏机，后来玩腻了，便打开尝试破解别人的 QQ 号。

情境二：小夏到商场购物，看见一个装饰物很精致，趁售货员不在意，悄悄拿了放进自己的书包，若无其事地走出商场。

情境三：小可听了税法宣传员的动员，回家后，劝爸爸买东西时记住开发票。他爸爸说："我们要发票干啥？又不能报销。"小可告诉爸爸："这是避免商家偷税、漏税的好办法，也是为国家做贡献嘛。"

情境四：小雨随老师、同学们到一旅游胜地秋游。当他见到一棵古树上刻有名字，在好奇心的驱使下，他也拿出小刀在树上刻上自己的大名，然后满意地离开。

学生根据以上情境，分组讨论判断哪些是正确的？哪些是错误的？从而来培养其规则意识，让他们树立是非观，成长为懂法守法、阳光向上的人。

主持人总结：通过以上情境讨论分析，我们学习了相关法律知识，增强了自己的法制意识和法律观念，知道什么是合法的，什么是违法的，什么是犯罪的。也懂得了要自觉地履行法律规定的义务，用法律约束自己的行为，法律禁止做的坚决不做；法律鼓励做的，积极去做；法律要求做的，必须去做。

**四、用法**

1. 主持人强调用法的重要性。

2. 话题讨论。

（1）话题内容为：在校园内有人向你强要钱物怎么办？

（2）遇到什么情况拨打 110 电话？

3. 主持人归纳总结，提出建议。

（1）同学们在校内被人强要钱物的情况，相信有些同学也遇到过。这些向你施加威胁的人往往是那种沾染了不少恶习的、出了名的"坏孩子"，有可能你认识他，或是他认识你。他让你给他钱，或是要你的其他物品，不然就说要打你，甚至还可能说"以后见你一次打你一次！"他敢在学校里做这种事情，就不怕老师吗？就不怕学校处理他吗？是不是胆子太大了？同学们，并不是他胆子大，而是他在利用你的胆小怕事吓唬你。他觉得你不敢对抗他，不敢声张，不敢告诉老师，怕把事情闹大；他觉得你可能这样想：这次乖乖听他的，免得今后他老找你碴，老欺负你；他还可能觉得他们"坏孩子"圈子里的某些说法可能也影响到了你，那就是"有事不能告诉老师，告诉老师就不算好汉"。其实，他心里虚得很，他是非常怕老师知道的，有些现象可以说明这一点，那就是学校里的班干部、优秀学生就很少遇到这种威胁，因为"坏孩子"知道这些学生和老师关系密切，是什么都会跟老师说的！现代社会是法制社会，有了矛盾，有了冲突，要找老师解决或是请有关组织和部门解决！

（2）"110"是报警电话号码，遇有歹徒拦劫、入室抢劫、被绑架、流氓强暴、行凶杀人等特殊情况，可迅速拨打"110"电话，寻求警方的紧急救援。110 电话台，有公安干警昼夜值班。接电话后，会立即通知警察赶赴案发地点，采取必要行动。

拨打"110"电话时，要冷静不要慌乱，最好用普通话，向值班民警说明发生了什么案件以及案发的时间、地点、情况，有什么要求等。但是，不能轻易拨打"110"电话，一般的并非紧急的情况，用不着拨打 110，应该采取其他适当的办法处理。如果视拨打"110"电话为儿戏，必然扰乱公安部门的工作，会受到法律处理。

**五、守法**

1. 视频观看：《青少年学生违法犯罪的原因分析》

（视频内容可以从网络上搜索下载，截取片段，时间约为 5 分钟。）

2. 交流讨论

（1）说一说自己在学习生活中，有哪些地方是做得比较好的？有哪些地方需要改进？

（2）今后，你打算怎样去做一个守法的职校人？

3. 主持人总结并提出殷切的希望

（1）勤奋学习，掌握必要的政治、文化、科学、法律知识和劳动技能，提高辨别是非和抵制不良影响的能力。

（2）遵守社会公德，爱祖国、爱人民、爱劳动、爱科学、爱社会主义，敬爱父母、尊重老师、敬老爱幼，艰苦朴素，不做损害国家、社会、集体的事情，应当诚实谦虚，接受别人的帮助教育，克服缺点，改正错误。

（3）遵纪守法，不吸烟、不饮酒、不打架骂人、不赌博、不早恋、不逃夜逃学，不参加封建迷信活动，不进入仅向成年人开放的娱乐场所，不观看不良的影视读物，不做其他危害自身和他人身心健康的事。

（4）努力锻炼身体，讲究卫生，增强体质。

（5）同学之间应当团结友爱，互学互助，共同进步。

### 六、课堂总结

主持人总结：法律法规时刻在我们身边，约束我们每一个人的言行。作为社会的一员，我们要认真学法、懂法，这样才会知道自己所作所为到底有没有违法，同时，用法律规范我们的言行也是我们每个人的责任和义务。我们的社会是一个公平正义、诚信友爱、充满活力、安定有序、和谐相处的大集体，必须依靠逐步完善的法制来推进和构建。我们的班级也是个积极向上、团结紧凑的小集体，我希望同学们积极学习法律知识，用眼睛去看法律事件，用耳朵听法律知识，用心去学习法律制度，用笔尖去写身边的法律故事，知法、懂法、用法、守法，走好青春每一步。

#### 专 家 点 评

本次主题班会主要分为六个环节：导入、学法教育、懂法测试、用法讨论、守法交流以及课堂总结。条理清晰，线索明朗，内容选材也比较符合中职学生的认知特点，有些事例能够较好地引起学生的兴趣，增加了趣味性，也使学生从课堂上、生活中受到潜移默化的影响，进而达到学法、懂法、用法、守法的目的。

从形式上看，这次班会采用了多种形式。例如，利用情景剧表演让同学们感受法律的重要性，学会运用法律武器维护自己的合法权益。通过知识竞赛，巩固学生对法律的掌握和认识。通过案例分析让同学们从平时的学习生活中感知法律，懂得守法。交流讨论始终贯穿班会全程，通过学生的参与，调动了学生的积极性，提升了学习效率，学会了用法律武器保护自己。

从学生主体地位上来看，基本上能够做到以学生为主体，让学生去体会、感

知、寻找和发现问题，进而懂得用法律武器维护自己的合法权益。

通过这次班会，同学们的心中都感触颇深，认识到法律与我们身边的每个人都息息相关，并且时时刻刻规范着我们的言行举止；认识到学法、懂法、用法、守法的重要性，作为职业学校学生，掌握必备的法律知识，增强法律意识，是学生自身的重要使命。

在班会过程中同学们各抒己见，积极踊跃地发言，指出了很多平时学习、生活中的问题。主持人最后的总结也很到位，并对同学们提出了殷切期望，要求同学们在平时的生活学习中要时刻做一个守法的职校人。

总之本次主题班会有效地增强了学生的法律意识，增强了学生的法制观念，对把学生培养成一个守法的职校人起到了很好的促进作用。

# 预防校园欺凌

**【教育背景】**

近年来,校园欺凌事件频发,造成了严重社会影响与法律后果。李克强总理指出:校园应是最阳光、最安全的地方。校园暴力频发,不仅伤害未成年人身心健康,也冲击社会道德底线。

为了贯彻落实国务院教育督导委员会《关于开展校园欺凌专项治理的通知》精神,加强法制教育,规范学生行为,促进学生身心健康发展,打造平安校园,有效预防和处置校园欺凌事件的发生,及时开展"反校园欺凌"主题班会活动就显得尤为重要。

校园欺凌是指同学间欺负弱小、言语羞辱及敲诈勒索甚至殴打的行为。在欺凌过程中,欺凌者会对受害者构成心理问题,影响健康,甚至影响人格发展。应该让学生深刻体会到校园欺凌行为对同学所造成的生理和心理伤害,让学生明白校园欺凌不可怕,只要正确应对,就能做到零校园欺凌,共创互助友好校园氛围。

**【教育目标】**

1. 认知目标:让学生认识校园欺凌(暴力)产生的原因,认清校园欺凌带来的负面影响;

2. 情感目标:通过恰当地引导和暗示教会学生察觉自己的攻击意识,并合理控制与调整不合理的观念;

3. 行为目标:当面对他人的攻击时能够尝试用温和和理智的态度处理矛盾,有效化解危机。掌握应对校园欺凌的正确方法,从而提高防欺凌能力,进而学会保护自己。

**【班情分析】**

1. 基本概况

由于专业的原因,班级学生全部为女生,绝大部分学生正处于青少年时期,年龄不满18周岁,正处于人生的叛逆期。班级有近21％的学生是单亲或父母离异家庭,从小由爷爷奶奶抚养长大,还有部分学生是留守学生,父母常年工作在外,这些学生普遍缺少良好的家庭教育。

2. 存在的不足

(1) 由于学生使用手机普及,学生接触网络暴力的机会大大增加,这些学生的法律意识淡薄,对校园暴力产生的危害认识模糊,遇到事情容易意气用事,用暴力解决问题。

(2) 由于这些学生初中阶段成绩不理想,对老师的教导普遍存在逆反心理,且对老师缺乏信任,遇到同学之间或与陌生人之间的矛盾,第一时间想到的不是通过老师帮助解决,而是诉诸暴力,容易导致校园欺凌事件的发生。

**【设计思路】**

本次班会课紧紧围绕"预防校园欺凌"这样一个主题展开。由走近校园欺凌,分析校园欺凌产生的原因及危害、如何预防校园欺凌三个环节组成,加强对学生的法制教育,规范学生的行为,促进学生身心健康发展,让学生在活动中,认识校园欺凌,深刻体会校园欺凌行为对同学所造成的生理和心理伤害,以期能让学生自主展开自查和反省,最终达到坚决打击各种校园欺凌行为、全力打造平安和谐校园、努力为学生创造一个健康快乐的环境的目的。

**【活动准备】**

1. 教师精心制作活动课件,并提前把班级分组;
2. 精心准备两幅校园欺凌的漫画图片;
3. 准备一些小奖品,为回答问题表现好的同学给予一定的鼓励。

**【教育方法】**

游戏法;小组讨论法;讲授法。

**【内容安排】**

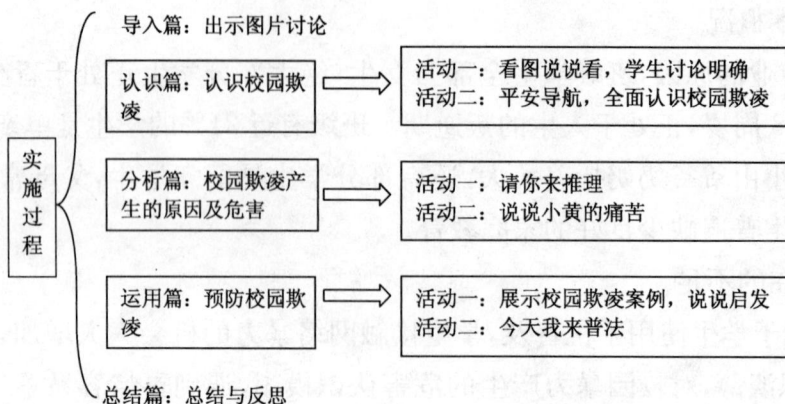

**【具体步骤】**

## 导入:(3分钟)

(主持人上场,电教委员做好准备)PPT展示:《保护费》《我就看你不顺眼》两幅图,请大家说说发生了什么事情?

　　**【设计意图】**　通过展示两幅图片和主持人的语言导入,让大家初步认识校园欺凌。

## 认识篇:认识校园欺凌(12分钟)

*活动一:看图说说看*

　　课件继续展示:《保护费》《我就看你不顺眼》两幅图,请大家讨论,图中这两个现象都有什么共同特点,你想对图中的某人说点什么?

　　(根据已有的班级分组,各小组根据出示的两幅图片展开讨论)

　　**【学生明确】**　校园欺凌的两方多为学生;表现形式以多对一为主,多涉及故意伤害,侵占财物;被害学生多为"老实学生",遭遇校园暴力时,忍气吞声、逆来顺受。

　　**【小组展示】**　各组竞相到前面表达自己小组的看法,主持人点评。

　　**【设计意图】**　通过对两幅校园欺凌图片的展示及学生的讨论,让学生认识校园欺凌的一些特点及初步表达自己面对校园欺凌的看法。

活动二：平安导航

【小组分组讨论】 什么是校园欺凌（暴力），它常见的表现形式有哪些？（小组分组竞答）

【学生明确】 校园欺凌是指同学间欺负弱小的行为，校园欺凌多发生在中小学；受害者会长期受到欺凌。表现形式常见的有：起绰号、污言秽语喝骂、殴打、嘲笑等，这些行为即构成欺凌。

【教师补充】 欺凌行为包括：叫受害者侮辱性绰号；指责受害者无用，粗言秽语、喝骂；重复地无理攻击受害者身体或物件；拳打脚踢、掌掴拍打、推撞绊倒、拉扯头发；干涉、损坏受害者的个人财产、教科书、衣裳等，或通过这些行为来嘲笑受害者；传播关于受害者的消极谣言和闲话；恐吓、威逼受害者做他或她不愿做的事，威胁受害者听从命令；让受害者遭遇麻烦，或令受害者招致处分；中伤、讥讽、贬抑评论受害者的体貌、家人或其他；拉帮结派孤立或排挤受害者；敲诈金钱或物品；画侮辱画等行为。

【小组分组讨论】 我们身边有没有校园暴力现象？谈一谈。（小组分组竞答）

【小组分组讨论】 请各小组分析校园暴力容易发生的时间、地点、对象。

【学生明确】 欺凌者明显地比受害者强势，而欺凌是在受害者未能保护自己的情况下发生；欺凌行为具有隐蔽性，一般不易觉察；具有反复性。

【设计意图】 通过平安导航活动，让学生认识校园欺凌的一些常见的表现形式。

## 分析篇：校园欺凌产生的原因及危害（14分钟）

（主持人设问）古人说：人之初，性本善。这些学生欺负别的同学的原因是什么呢？请各小组完成下面第一个活动：读案例，请你来推理。

活动一：请你来推理

1. 小丽的父亲经常赌博，从小时候起，小丽就多次目睹父亲因赌博被警车抓走的经历。读初二时，小丽找到自己的好友对班级身材比较瘦小的小文进行谩骂殴打，导致小文嘴角撕裂，身体多处受伤，事发后小丽竟然在朋友圈公然发布警车与警察的照片，并配发"已经对警车免疫""这是第几次"等调侃性文字。

2. 小华的父母在小华很小的时候就离异，小华由自己的爷爷奶奶带大，初一时，小华伙同朋友多次对同年级比较瘦小的同学收取保护费。

3. 洋洋父亲是当地有名的老板,从洋洋记事起就发现,只要自己提出的要求父亲总能给予满足,洋洋虽然才读初二,就已经换了多部手机,自己换下的旧手机,总是慷慨地送给身边的好朋友,洋洋的身边每天都有一群朋友在围着,洋洋被他们尊称为"老大",洋洋只要看谁不顺心,都有朋友替他出手"教训"。

【小组讨论】 说说对上面案例中欺凌者出现欺凌行为的原因。

【让学生明确】 从小家庭教育环境不健康,心理不健康,精神空虚,法律意识淡薄是产生校园欺凌行为的常见原因。

【教师补充】 校园欺凌的产生原因比较复杂,受多方面的影响。有家庭原因,有社会因素,也与教育工作者和学校管理有关。除了同学们说出的原因外,以下几个方面也是常见原因:(1)学习压力大,无法通过正常渠道排解。(2)传媒渲染(网络、电视、电影、广播、报刊等),社会暴力文化的影响。(3)其家庭互动模式或家庭成员间的沟通模式可能就是拳脚相向,如被家长、兄弟姐妹暴力对待。(4)寻求存在感和价值感,吸引关注。(5)物质利益的驱使也会造成某些欺凌行为等。

【设计意图】 通过"请你来推理"活动,让学生分析校园欺凌产生的主要原因,并锻炼了学生分析问题的能力。

**活动二:说说小黄的痛苦**

1. 案例展示

(主持人)各位同学,刚才我们讨论了校园欺凌产生的原因,大家谈了自己的看法。下面让我们走近一个真实的案例,一起来讨论,校园欺凌产生了哪些危害。

【案例】 初三男生小黄遭围殴脾被切除,此前被同学欺凌4年。

本月10日上午,16岁的永泰县东洋中学初三学生小黄,在结束中考语文科目考试后,忍着剧烈腹痛继续参加中考,考完后才向父母道出了一个隐藏4年多的秘密:自小学五年级起,他就经常被其他同学无故殴打。8日晚,小黄再次遭同班同学夏某、林某和张某围殴,忍痛2天后被送医,发现脾脏出血严重,于11日晚,经手术切除了脾脏。

【学生明确】 对受欺凌者产生巨大的危害。

【教师总结并拓展】 校园欺凌在很多人的心里都留下很深的烙印。这种不良影响,不仅仅体现在受害者身上,也对施暴者的心灵成长和社会前途产生了不良的影响。对于施暴者而言:给他人带来伤害,要承担治疗费用甚至赔偿,要受

到学校老师严肃批评教育，甚至无法继续完成学业。他们的行为很难获得社会（主要是学校和家庭）的认可，那些常在中小学打架，特别是加入到暴力帮派的学生，最终大多走上犯罪道路。对于受害者而言：带来肉体损伤甚至残疾；易造成性格懦弱、自卑，缺乏信心和勇气；造成心灵的阴影和伤害；厌学甚至辍学。

**【设计意图】** 通过"说说小黄的痛苦"活动，让学生分析校园欺凌产生的主要危害，校园欺凌的危害不仅仅产生于受欺凌者，也产生于欺凌者，是双向的危害。

### 运用篇：预防校园欺凌（14分钟）

*活动一：展示校园欺凌案例，说说启发*

1. 福建南安两初中女生暴力3分钟，小学女生被扇25巴掌。6月29日，福建南安，一小学女生被打视频流出，父亲认出女儿后报警。视频中，这段流出的视频，时长共3分40秒。视频显示，女生扎着长长的马尾辫，白衣黑裙，被10多个学生围着，两名女生断断续续，前后共朝其脸部扇了25巴掌。通过视频声音可知，其中一名女孩，一边动手扇巴掌，嘴里还振振有词地质问："你不是说见我一次打我一次吗？"

2. 多名男子在露天公厕内围殴学生。5月6日下午，一条多名男子在露天公厕内围殴学生的视频在网上引发热议。视频中，学生遭多人连番踢踹，被按进粪坑，被打得满脸是血。记者从山西夏县晋新中学校方负责人处得到证实，该学生系该校初三学生，目前当地警方和教育部门均已介入调查。（主持人）各位同学，刚才这两个案例都是真实的事情，请大家说一说，面对校园欺凌，我们该怎么做？

**【教师点拨】** 应对原则：当我们遭遇校园暴力时，千万不能忍气吞声、逆来顺受。要保持清醒的头脑，敢于同邪恶势力做斗争，但最好不要进行正面搏斗，以免受到不必要的伤害。可以采取及时告知老师、家长的措施，有必要时要寻求法律的保护。不能以暴制暴、以牙还牙，恶意报复只会导致雪上加霜。近期和几个好友一起行动，避免落单；如有伤口，及时到校医务室或医院处理。（学生小组内讨论）

**【教师总结】** （1）安全第一，预防为主

①与同学友好相处。有的同学遇到矛盾时，不愿意吃亏，认为忍让就是没了面子失了尊严，最终只能使得矛盾不断升级，不断激化。我们应该宽宏豁达，不

应为一丁点儿小事僵持不下，斤斤计较，甚至拳脚相加，做出降低人格的事情。

②避免自己成为施暴者的目标。我们平时不要随身携带太多的钱和手机等贵重物品，不要公开显露自己的财物。学校僻静的角落、厕所或楼道拐角都是校园暴力的多发地带，我们在这些地方活动时尤其要注意，最好结伴而行。

③养成善于观察的好习惯。多留意身边发生的事，很多暴力事件的信息可以从校园同学间的交流中得到。为了保障我们自身的人身安全，避免施暴人对我们打击报复，我们可以通过电子邮件的形式匿名报告。预防暴力重于应对暴力，而这一切需要我们共同参与。

（2）应对暴力，临危不乱

①遭受语言暴力时的自救。

应对语言暴力，我们通常可以采取以下方式：

一是淡然处之；二是自我反省；三是无畏回应；四是肯定自己；五是调整心理；六是法律维权。

②遭受行为暴力时的自救

如果被攻击者殴打，我们该怎么办？

一是找机会逃跑；二是大声呼救；三是借助一些小动作给自己寻找逃跑的机会；四是求饶，求饶不是懦弱的表现，是减少伤害的策略；五是如果以上退路被攻击者截断，那么应双手抱头，尽力保护头部，尤其是太阳穴和后脑。在受到人身和财产双重危险时，应以人身安全为重，舍财保命，以免受到更激烈的伤害。

（3）及时报告，以法维权

由于校园暴力事件的随机性，许多同学对其产生了恐惧和焦虑。一些同学不敢把事情告诉家长和老师，更不敢报警，甚至警方破案后也不敢出面作证，成为"沉默的羔羊"。忍气吞声往往会导致新的暴力事件的发生。

自己或发现他人遭遇紧急情况时，一定要在第一时间向家长、老师或警察求助，采取最有效的救助措施。

要应对暴力，我们必须增强五个意识：

第一，要有依法的意识。违法行为是不受法律保护的。

第二，要有强烈的自我保护意识。

第三，要有方法和策略意识。在力量悬殊的情况下，切记不能蛮干。

第四，要有见义勇为、见义智为、见义巧为的意识。在保护自身安全的前提下对他人实施救助。

第五，要有强烈的报告意识和证据意识。及时上报并注意搜集证据，以便在需要的时候出示。

【设计意图】 通过"案例展示"活动，让学生直观分析面对校园欺凌该采取自我保护的方法。

### 活动二：今天我来普法

《江苏省预防未成年人犯罪条例》选取条款进行解读。

## 【班主任总结】

同学们，我们一定要记住：当自己的安全受到威胁时不轻言放弃；当他人的生命遭遇困境需要帮助时，在确保自己安全的情况下，尽自己所能及时伸出援助之手。我们除了要学会保护自己，还要注意决不做校园暴力的施暴者。

## 【总结与反思】（2分钟）

反思：本节课案例较多，时间要合理把握，多注意每个案例活动要解决的课堂目标。

拓展：

组织同学出一期：《拒绝校园欺凌》主题黑板报。

## 专 家 点 评

校园暴力是人际冲突的一个极端，对我们来说是双重伤害，同时也体现出人际交往的问题。我们青少年共同生活在一起，就应当相互帮助，相互谅解，相互宽容，仇恨的种子长不出和平的芽，校园暴力解决不了真正的问题。

本次班会课每次活动都有一个主题，并能结合学生实际展开活动，既让学生认识到校园暴力产生的原因与危害，让学生学会了面对校园暴力自救的办法，也让学生锻炼了分析问题、解决问题的能力。本次班会课设计由浅入深，环环相扣，设计合理。

# 量入为出，适度消费——树立正确的消费观

## 【教育背景】

即将到来的圣诞节、元旦节，大家是准备怎样庆祝呢？我相信，很多同学的回答都会是：在买礼物和送礼物中度过。有些同学，甚至买了一百多张贺卡，上课写，下课写，上自习课的时候还在写。这不仅浪费了金钱，还浪费了大把大把的时间。当然，节日的祝福还是必要的，我们可以用精神上的祝福代替物质上的礼物，一个真诚的微笑，当面说一句节日快乐，都是很好的祝福方式。随着经济的不断发展，社会上刮起了一阵浮夸风，人们越来越注重物质上的享受，越来越注重形式上的东西，高调请客、豪华宴会、送礼等现象屡见不鲜。与此同时，更加重要的精神消费却往往被人们忽视。作为中学生，我们应该从现在开始树立合理的消费观念，多通过精神消费来陶冶自己的情操，不贪图物质上的享受。

## 【教育目标】

1. 认知目标：通过对学生零用钱的调查，让学生了解在消费心理形成过程中，社会文化、社会风气、家庭是影响他们的三大主要因素。

2. 情感目标：分析各种消费心理和消费观念，提高比较、鉴别的能力。

3. 行为目标：通过学习，加强"勤俭节约，艰苦奋斗"的思想政治教育，帮助学生树立正确的消费观，养成良好的消费习惯。

## 【班情分析】

1. 基本概况

我班为汽修专业一年级，学生们正处于习惯养成时期，部分同学存在跟风消费的心理。

**2. 存在不足**

（1）校园里，生活中，不合理的消费现象常常会出现在我们身边；

（2）部分同学攀比严重，无法体谅父母的苦心。

## 【设计思路】

通过本次主题班会的学习，加强"勤俭节约，艰苦奋斗"的思想政治教育，帮助树立正确的消费观，养成良好的消费习惯。树立环保和绿色消费的理念以及可持续发展、人与自然和谐相处等观念。

## 【活动准备】

教师：问卷调查、访谈、课堂观看的视频等。

学生：搜集铺张浪费的事迹材料和勤俭节约的典故材料。

## 【教育方法】

案例分析法；榜样示范法；小组讨论法。

## 【内容安排】

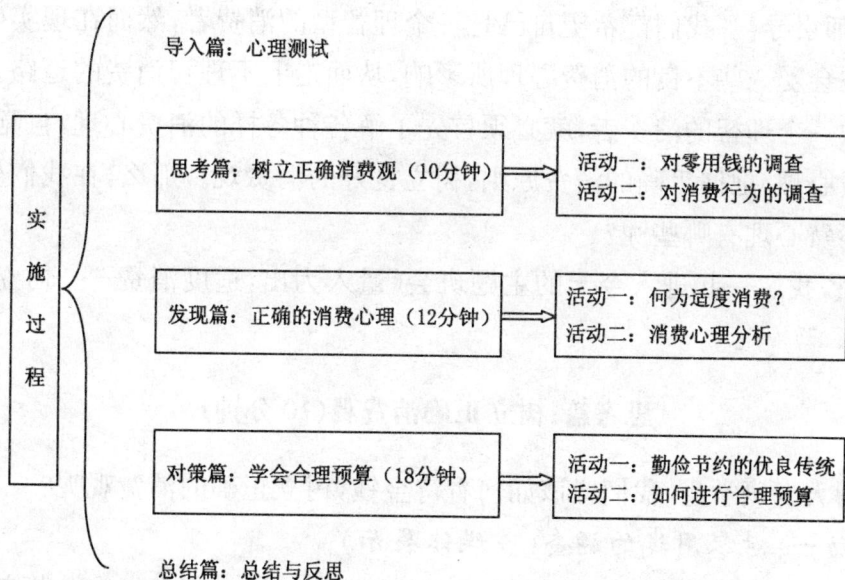

## 【具体步骤】

### 导入:(3分钟)

**【心理测试】**

同学们的压岁钱是怎么花的呢?下面三种方式中,你属于哪一种?

**【多媒体展示】**

A. 立刻去商店把自己一直想要的东西全买回来,反正是"意外"之财,花光也行。

B. 列一份购物清单,买一些自己切实需要的东西,合理分配。

C. 尽量不花,也许以后有急用,把钱攒起来。

**【教师过渡】** 我们花压岁钱的方式,往往反映了我们是什么类型的消费者,同学们可以看一看自己属于哪种类型的消费者?

**【多媒体展示】**

A. 大手大脚的奢侈型消费者

B. 理智型的消费者

C. 吝啬鬼型的消费者

**【教师引导】** 我们都希望自己是一个理智型的消费者,然而在现实生活中,我们往往会受一些不良的消费心理所影响,从而走上不理智消费的道路。所以,我们要做一个理智的消费者,就必须首先了解各种各样的消费心理,自觉克服不良的消费心理,把握正确的消费原则,树立良好的消费观。那么,在我们生活中,常见的消费心理有哪些呢?

下面,我们一起进入今天的主题班会《量入为出,适度消费——树立正确的消费观》。

### 思考篇:树立正确消费观(10分钟)

作为大专班学生,我们应该如何看待金钱,树立正确的消费观呢?

*活动一:对零用钱的调查(多媒体展示)*

教师在课前对班级部分学生进行(问卷)调查,并对调查内容分析归纳。得出结论:寄宿生一般都有零用钱,但是零用钱的多少不同,来源不同,自由支配的程度不同,使用也不同。

86％的学生每月都能得到父母给的零用钱,尽管零用钱的多少不同,但他们的零用钱的来源是稳定的,这为他们的消费提供了物质基础。有 20％的学生每周零用钱在 50 元左右,60％的学生每周零用钱在 20—30 元之间,20％的学生每周零用钱在 10—20 元之间。加之同学们每月生活费 200—380 元不等,这笔开支不算小。如果说有零用钱是消费的稳定基础,那么有一定数量的零用钱便是消费的坚实基础。班级多数同学是来自农村的孩子,应该能体会到父母挣钱的艰辛,部分同学能够或大多能够自由支配自己的零用钱,并且有部分同学是有计划地使用的,还有一部分同学是没有计划但能有节制地使用零用钱。可见,现在不少父母对于子女使用零用钱给予了较大的支配空间,没有过多地干涉。这也反映出学生在消费时的灵活性、随意性。

66.7％的同学把零用钱用于购买学习用品,35.7％的同学用于其他或娱乐。从所占比例最大的两项消费可以看出,添置学习用品仍然是作为学生的一项最主要的消费。

对学生零用钱状况的调查结果呈现出两个特点:经济来源稳定;数量可观。正是由于存在这两个特点,所以学生在消费时可以自由支配、随心所欲。在零用钱的各方面体现出来的特点很大程度上影响了学生的消费行为。

【小组讨论】 同学们,你们认为零用钱应如何支配使用呢?

教师提示:做好规划,适度使用。

【学生明确】 虽然零用钱是父母给的,但是我们应该体谅父母的不易,将零用钱用在该用的地方,不能浪费……

*活动二:对消费行为的调查*

职业学校学生消费十大恶习(网络消息显示)(虽然下面一些现象在我们学校还没有,听一听——注意)

教师让学生在全班范围内充分讨论并发言后再做归纳。

1. 饮食消费:跟着广告走

不是广告品牌的食品不吃,不是广告流行的饮料不喝,这在学生中成为一种普遍现象。

2. 服装消费:跟着名牌走

校园里名贵衣衫已不鲜见,名牌产品更是比比皆是。部分学生把时间放在"精品屋""服装城"里。

3. 娱乐消费：跟着新潮走

无论游戏厅或歌舞厅，不难发现学生的身影。尽管学校对此明令禁止，可部分同学仍难以拒绝诱惑，甚至以逃课为代价。

4. 人情消费：跟着大人学

庆贺生日是学生最普遍的人情消费。而日常人情消费的花样也不少：考试得了第一名，要请客；在某项比赛中获奖，要请客。

5. 促销消费：跟着赌博走

零食、玩具等小商品的促销，总是能吸引学生们的注意。促销一是分散了学生精力；二是滋长急功近利思想；三是诱发赌博心理。

6. 手机消费：副作用明显

上课时此起彼伏的手机铃声干扰了教学秩序，手机不良短信的泛滥给学生成长带来危害。医疗部门资深专家指出手机辐射对少年的发育成长具有一定危害作用。

7. 网吧消费：越陷越受伤

中职学生自控能力较差，抗拒游戏诱惑能力较弱。隐藏在居民楼等地的含有赌博、淫秽内容的网吧，令一部分学生迷恋不归。

8. 重复消费：同学搞攀比

七八成新的书包、文具说扔就扔，只有新的才好。很多人说，同学都换了流行的，我不换就太老土了。

9. 时尚消费：要的就是"酷"

在商场化妆品专柜经常可以看到同学们流连忘返，护肤品也上了学生的梳妆台，连男生也开始佩戴项链、戒指等饰物。

10. 颠倒消费：舍本逐末为赠品

很多学生对零售商品附送的卡片、玩具感兴趣，有学生甚至花了钱根本不吃里面的食品。

预设：我们有上面的这些消费行为吗？怎么去杜绝呢？……

【设计意图】 通过列举这些消费行为，让学生引起重视。

### 发现篇：正确的消费心理(12分钟)

**活动一：何为适度消费？**

展示新闻"郑州小夫妻办15张信用卡透支40万为还款打2份工"。

思考：你赞成这对夫妻的消费方式吗？为什么？

学生讨论后，总结出理性消费的原则：量入为出，适度消费。

师：这里的"入"是指当前收入＋未来收入。现在很多人贷款买房，贷款消费是否与适度消费矛盾？

学生结合之前学过的知识进行讨论，得出：适度消费与贷款消费是不矛盾的。

**活动二：消费心理分析**

教师让学生进行小组讨论，并归纳出中职学生消费心理大致有几种情况？

学生代表发言：

①从众心理引发的消费；

②攀比心理引发的消费；

③求异心理引发的消费；

④求实心理引发的消费。

教师针对学生归纳的几种消费心理，进行引导分析：

（1）从众心理引发的消费。

教师点评：有从众心理的人，看到许多人在做同一件事情，便不由自主地加入，这种消费会受别人行为、别人评价的影响。人们追随时尚的心理，往往能够引发对某类、某种风格的商品的追求，并形成流行趋势。商家往往利用消费者的这种心理来推销商品。所以，我们是否消费应该从实际出发，不能盲目从众。

（2）求异心理引发的消费。

教师点评：青年人应该有自己的个性，个性的展示往往通过自己的消费行为体现出来。这虽然推动了新工艺和新产品的不断出现，但展示个性要考虑社会的认可，还要考虑代价。为显示与众不同而过分标新立异，是不值得提倡的。

（3）攀比心理引发的消费。

教师活动：多媒体播放中职学生现在消费状况的情况调查，特别指出：中职学生在穿戴上讲究名牌，在电子产品上不断升级，并且这种攀比之风还有进一步蔓延的趋势。

学生活动：就此现象展开讨论，并发表见解：这是典型的攀比心理引发的消费行为，这种消费心理是不健康的。

（4）求实心理引发的消费。

教师活动：多媒体播放有些消费者的消费行为，即在消费时综合考虑商品的价格、质量、售后服务等各方面情况,从实际出发,而不是跟风买,搞攀比。设问:大家怎么看待这种消费行为?

学生活动:就此现象展开讨论,并发表见解。

教师总结:这是求实心理引发的消费行为,这种消费行为,讲究实惠,考虑自己的实际情况,是一种理智的消费行为。

师生明确:总之,人们的消费行为往往受到多种消费心理的影响。当然,不同的消费心理既有区别又有联系,它们常常共同影响人们的消费行为。因此,我们在日常生活中要树立正确的消费心理,使我们的消费向合理、健康、文明的方向发展,做一个理智的消费者。

【设计意图】 通过消费心理的讨论总结,让学生知道消费行为往往受到多种消费心理的影响,要做一个理智的消费者。

## 行动篇:学会合理预算(18分钟)

### 活动一:勤俭节约的优良传统

1. 从历史来说,勤俭节约、艰苦奋斗是我国的传统美德。

(一粥一饭当思来之不易,半丝半缕恒念物力维艰。)

2. 从国情来说,我国是一个发展中国家,面临人口、资源的压力,要提倡勤俭节约、艰苦奋斗。

(历览前贤国与家,成由勤俭败由奢。)

3. 从个人成长来说,勤俭节约、艰苦奋斗是成就事业的条件。

(勤能兴家,俭能创业。)

4. 从勤俭节约、艰苦奋斗和合理消费的关系来说,勤俭节约、艰苦奋斗反对铺张浪费但不抑制消费。

教师总结:社会主义核心价值观,强调消费不仅仅是个人的事情,浪费可耻,不文明,不利于国家富强。

### 活动二:如何进行合理预算?

1. 引导学生进行合理的消费,第一步是教会学生能进行合理的预算。首先,让学生将自己每月的消费进行归纳分类,统计一下哪些属于生存性消费,哪些属于享受性消费,哪些属于发展性消费。三种消费各占比例是多少? 其次,组织学生座谈自己的购物经历,讨论各人的消费构成,从中了解消费是否合理。

疏通途径——引导学生进行合理的消费,要树立正确的消费观和消费心理。

第一，根据自己的实际需要适度消费，不要盲目从众和攀比。同学们购买日常学习、生活必需品，要根据自己的需要而定。自己需要的才是合理的。某同学爱好音乐，家里给买了电子琴或钢琴，你没有这个爱好或专长就没必要去买，买了也只能闲置一旁。要适度消费，就是克服盲目从众和攀比的消费偏向，所以买东西要有自己的主见、计划，保持冷静头脑，避免盲目性。

第二，对日常生活要有正确的认识。在衣食住行各方面都要有正确的认识，才能保证正确合理的消费。首先，着装应以大方为主，不应该刻意追求名牌。学生就是学生，应该保持朴素、纯洁的本色，穿衣打扮应量力而行，无论家庭条件好与不好，都不应过于奢侈，只要干净、舒适、大方即可。其次，不要过分追求时尚。人生活在社会中，不可避免地要受到社会时尚的影响，从生活中最基本的方面如衣着服饰，到人们与社会接触的方方面面如语言、行为、意识形态等等，都会留下时尚的印迹。学生在顺应时尚的过程中，要有选择地进行消费，避免花冤枉钱，要结合自己的实际情况。社会上流行的不一定就适合你，你也没有必要去赶这个潮流。要根据自己的现有条件来消费。如果随意地挥霍父母的血汗钱，我们的良心也会不安。

第三，控制在交往应酬上的消费。在同学相处的过程中，会有一定的开销，但要控制。比如，同学过生日，完全可以送张贺卡，写上祝福的话，没有必要非得送昂贵的礼物。因为你还没有经济来源，送东西花的是父母的钱，没什么值得炫耀的。何况同学之间真正的友谊也不是靠金钱来维持和衡量的。一个懂事的孩子，是不会也不应该乱花父母的辛勤劳动所得的。

2. 齐宣誓，来明智

班长：我提议，全班齐读——

盲目从众不可取，过分标新吓死人。

虚荣攀比活受罪，理智求实乐融融。

【设计意图】 有位经济学家说："你省下来的一块钱，大于你赚进的一块钱。"其实俭朴的人生也是富裕的人生。正如谚语所说：节俭朴素，人之美德；奢侈华丽，人之大恶。劳动是幸福的左手，节俭是幸福的右手。

通过分析总结合理消费的重要性，引导学生进行合理的消费，要树立正确的消费观和消费心理！

【班主任总结】

抵制无节制购物，抵制铺张浪费，从小养成正确的消费观，树立节约光荣，浪费可耻的思想观念。并且要求学生回到家里,检查父母的购物车,是不是有些可买可不买的东西,是不是有些买了根本用不上的东西。花了钱买用不上的东西就是浪费。协助家长在家庭中树立节约光荣的思想。

**【总结与反思】**(2分钟)

1. 反思:在小组讨论环节中,学生讨论的时间不好把控,如果讨论时间较长,就要把剩下的内容延伸到课后完成,以保证教育效果。

2. 拓展:

(1) 写《树立正确的消费观》读后感,上传至班级微信群并交流。

(2) 每月跟踪总结《我是节俭能手》,评选出"合理消费"达人,并颁发荣誉证书。

## 专 家 点 评

该主题班会方案设计突出的亮点是针对性强,遵循时代要求和学生发展特征,结合汽修专业学生的特点设计活动,所选用的事例既能凸显班会主题,又与专业技能有机地融合在一起。格式规范,思路清晰,表达准确。

通过三个篇章来让学生认识"勤俭节约,合理消费"的重要性,三位一体的设计非常新颖,导入部分通过心理测试,激发学生的学习兴趣,从作为大专班学生,我们应该如何看待金钱,树立正确的消费观呢? 到正确消费心理调查研究和引导学生学会合理预算,一步步递进,从而使学生懂得量入为出,适度消费,真正树立正确的消费观。

# 绿水青山就是金山银山

**【教育背景】**

黄河流域是我国古老文明的发祥地,4000多年前,这里森林茂盛、水草丰富、气候温和、土地肥沃。据记载,周代时,黄土高原森林覆盖率达到53%,良好的生态环境,为农业发展提供了优越条件。但是,自秦汉开始,黄河流域的森林不断遭到大面积砍伐,使水土流失日益加剧,黄河泥沙含量不断增加。宋代时黄河泥沙含量就已达到50%,明代增加到60%,清代进一步达到70%,这就使黄河的河床日趋增高,有些河段竟高出地面很多,形成"悬河",遇到暴雨时节,河水便冲决堤坝,泛滥成灾,黄河因此而成为名副其实的"害河"。与此同时,这一带的沙漠面积日复一日地扩大,生态环境急剧恶化。在农业社会,生态破坏已经到了相当的规模,并产生了严重的社会后果。

环境是人类生存和发展的基本前提。环境为我们生存和发展提供了必需的资源和条件。随着社会经济的发展,环境问题已经作为一个不可回避的重要问题。保护环境,减轻环境污染,遏制生态恶化趋势,成为政府社会管理的重要任务。

可持续发展是中国彻底摆脱贫穷、人口、资源和环境困难的唯一选择。

**【教育目标】**

1. 认知目标:了解环境污染、破坏生态环境对人类带来的危害。

2. 情感目标:明确保护环境对人类生存和发展的重要性,引导学生关心自己的生活环境。

3. 行为目标:能树立保护环境的意识,培养学生能自觉地用实际行动来保护生活、学习环境。

## 【班情分析】

1. 基本概况:

我们班级是二年级轨道交通专业的中职学生,他们在自己的行为习惯和生活习惯方面相比同龄人来说表现较差,思想意识淡薄。

2. 存在不足:

(1) 现在大多数孩子都是独生子女,习惯生长于有家长和长辈呵护的环境之中,对环境保护的意识较差;

(2) 部分同学虽能认识到环境保护的重要性,但是在落实到实际行动时,总不具备一定的自觉性。

## 【设计思路】

本次班会课围绕环境保护的"感受、认识、行动"三个环节展开,通过一步步地深入教学,让学生把环境保护从意识层面提升到行动层面,最后归结到对身边生活环境——校园的保护,从而达到做力所能及之事、保护环境的目的。

## 【活动准备】

教师:通过广泛阅读报纸杂志、借助丰富的网络资源搜集环境污染的事例和图片资料。

学生:绘制环保宣传画,用废品制作环保手工艺品,学唱一首有关环保的歌曲。

## 【教育方法】

案例分析法;小组讨论法。

## 【内容安排】

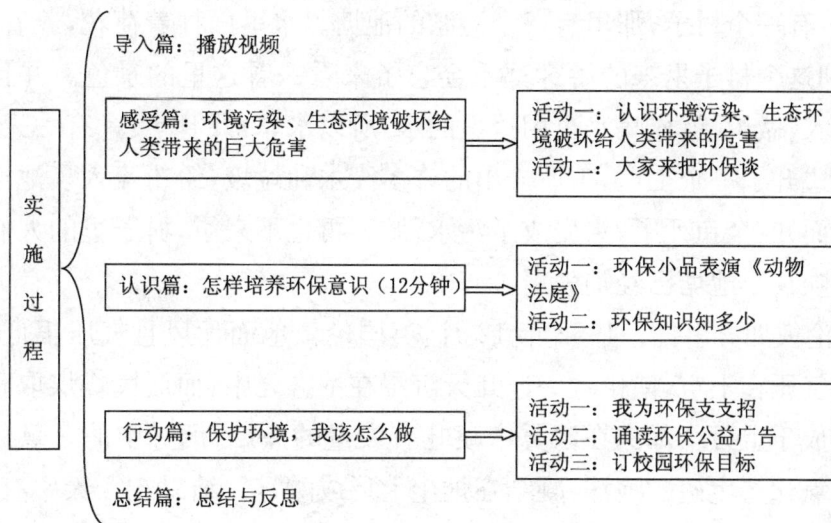

## 【具体步骤】

### 导入：(3分钟)

1. 播放环境污染的视频

2. 班主任引导

习总书记在全国生态环境保护大会上指出："加大力度推进生态文明建设、解决生态环境问题，坚决打好污染防治攻坚战，推动我国生态文明建设迈上新台阶。"我们作为青年一代，要有环境保护的意识、要有改善生态环境的担当，这样国家就有前途，民族就有希望。我们职校生更要争做好青年、有理想、敢奋斗，要有绿水青山就是金山银山的环保意识。

【设计意图】 通过视频播放，激发学生保护环境的意识，引出主题。

**感受篇：环境污染、生态环境破坏给人类带来的巨大危害(10分钟)**

*活动一：认识环境污染、生态环境破坏给人类带来的危害*

小组代表汇报课前搜集整理的资料。

1. 生活中污染环境的事例：

(1) 使用一次性筷子，对人体有害，浪费木材，扔塑料袋，不可降解，白色

污染。

(2) 许多工厂的废弃物也在污染着环境,但是最严重的是水的污染,有这样一个故事:有一个村子,那里有一个清澈的池塘。水里面种着荷花,养着金鱼,非常美丽,到这个村子里来的游客都不会忘了来看一看这里的景色。并且村子里的人们洗衣、做饭,就连喝水也用这里的水,所以水非常的珍贵。有一天,一个商人在池塘边开了一个工厂,工厂排出的许多废水和垃圾,纷纷流入了池塘里……后果可想而知:金鱼死了,水变成了污水,游客再也不来了,村子里的人们纷纷搬走了……唉! 小池塘已经消失了。

(3) 伦敦烟雾事件。1952 年 12 月,英国伦敦地面无风且气压很低,潮湿而沉重的空气压在上空,使伦敦一连几天沉浸在浓雾之中,而居民烧煤取暖和工厂烧煤用的成千上万个烟囱在浓雾中喷吐着大量的黑烟,烟雾中的三氧化二铁使二氧化硫氧化产生硫酸泡沫,凝结在烟尘上形成酸雾。结果在 4 天中有 4000 余人死亡,之后的两个月中又有近 8000 人死亡。

【小组讨论】 环境污染是指什么? 对我们生活构成了哪些危害?

【学生明确】 环境污染、生态环境破坏对我们的生活产生了巨大的影响,威胁到了人类的生存,环境污染防治与整治刻不容缓。

2. 我们校园内环境污染的例子:

(1) 在操场周边的绿化带内,出现了一些垃圾,渐渐地有许多人往那里扔垃圾,那里就成了一个垃圾堆了。原来,那里绿树成荫,花儿和小草茂盛地开着,蜜蜂和蝴蝶都在那里安了家,那里到处散发着迷人的气息……可是现在,那里寸草不生,臭气熏天,连人都不愿意在那里多待一会儿。

(2) 随地乱丢垃圾、随地吐痰、践踏草坪……

(3) 学生在教室、寝室等公众场合吃辣条、方便面等刺激性较大的食品,影响着别的同学的生活环境。

【小组讨论】 我们身边的这样的事例还有哪些? 对我们的生活、学习有什么影响?

【学生明确】 环境是大家的,需要每一个同学爱护。我们必须树立人人保护环境的意识,才能真正还给我们一个清新的生活环境。

*活动二:大家来把环保谈*

每个人都生存在一定的环境之中,或多或少都受到过环境污染的影响,请写下你对环境污染的感受。

【设计意图】 通过小组汇报和讨论,让学生切身感受环境污染对自己的影响,从而自发产生保护环境的意识。

## 认识篇:怎样培养环保意识(12分)

设问:习总书记指出"绿水青山就是金山银山",那么我们对环境保护到底懂得多少?

**活动一:环保小品表演《动物法庭》**

人:我来到这片森林,是要寻找可恶的豹子,它吃我的牛羊,威胁我的家人。我要杀了它,剥了它的皮,吃了它的肉。咦,猴子你在树上做什么?告诉我,见到豹子了吗?

猴甲:大兄弟,我好想你,求求你帮我消灭一个天敌:豹子,它跑得快,爬得高,猴肉是他最爱吃的东西。

猴乙:不长尾巴的亲戚,你讲得好,说起豹子我就心惊肉跳,它比狮子灵巧,追得我们无处可逃。

大树:我们使森林繁荣富饶,我们为众生提供食宿。我鲜嫩的枝芽是猴的午餐,可猴子太多,会把我们吃得光秃秃的。幸亏有豹子控制猴子的数量,维持了森林的平衡,应当给它发绿色守护奖。

······

【设计意图】 让学生明确,无论是人类还是动物,我们生活在同一个家园里,我们在一起,互利互惠,长期共存,缺一不可。保护地球也应该保护动物!

**活动二:环保知识知多少**

【设计意图】 通过问题抢答,提升学生对环保知识的了解,为树立环境保护意识打下基础。

## 行动篇:保护环境,我该怎么做(18分)

**活动一:我为环保支支招**

1. 投影一组环境保护的图片资料

2. 小组交流:把保护环境的好习惯、好方法告诉大家

【设计意图】 通过图片展示和小组交流,让学生能学习一些环境保护的方法,从而能在学习和生活中自发地进行环境保护,将环境保护的意识真正落实在实际行动中。

**活动二：齐声诵读一组环保公益广告**

——水是生命之源，请节约每一滴水，如果人类不节约水，那么最后一滴水将是人们的眼泪。

——天空是小鸟的家，河流是鱼儿的家，地球是我们的家。

——把绿色带到世界的每一个角落，让绿色流入人们心中。

——保持地球生态平衡，就是保护人类自身。

——爱护环境，保护地球，让我们用双手共同撑起一片蔚蓝的天空。

**活动三：提要求、订目标、我能行**

教师：通过学习，大家知道了环境保护对我们以及子孙后代的重要性，那我们是不是须从现在做起，须从我们身边做起？请大家完成《我的校园环保誓言》，课后张贴在班级墙上。

| 姓名 | 校园环保誓言 |
|---|---|
|  |  |
|  |  |
|  |  |
|  |  |

**【设计意图】**　让大家意识到平时没注意到的生活细节，认识到只有共同创设一个良好的环境才能更好地学习和生活。环保并不遥远，我们可以从身边的小事做起，为了地球的山更青，水更绿，让我们奉献出自己的一份力，发自己的一分光！

**【班主任总结】**

同学们，环保是现代人的标志，作为新世纪的青少年，我们要有时代责任感。心系地球母亲，着眼身边眼前，立足校园。多弯弯腰捡捡果皮纸屑，不要随地乱扔乱吐，多走几步，不要穿越绿化带，不践踏草坪绿地。多留几个眼神，随手把不用的水、电开关关掉。"勿以善小而不为，勿以恶小而为之。"从你我做起，从小事做起，从身边做起，从现在做起。

**【总结与反思】**（2分钟）

1. 反思：在环保小品表演和学生书写校园环保誓言这两个环节中，时间不

好把控,如果时间较长,只能把剩下的内容延伸到课后完成,以保证接下来的教学环节。

2. 拓展:

绘制环保宣传画,用废品制作环保手工艺品,学唱一首有关环保的歌曲,师生之间交流学习。

**附件:**

**抢答题:环保知识知多少**

1. 眼睛劳累了,看一看(B)色对眼睛有好处。

A. 红色 　　　　　B. 绿色 　　　　　C. 黄色

2. 为保护蓝天,我们在出门时,应该(C)

A. 尽量选择乘坐舒适的交通工具

B. 使用私人车

C. 尽量选择乘坐公共交通工具

3. 减少"白色污染"我们应该(A)

A. 自觉地不用、少用难降解的塑料包装袋

B. 乱扔塑料垃圾

C. 尽量使用塑料制品

4. 随着绿色消费运动的发展,全球已逐渐形成一种(B)的生活风尚

A. 追求时尚　破坏环境

B. 保护环境　崇尚自然

C. 保护环境　盲目消费

5. 21世纪是(C)世纪

A. 科技 　　　　　B. 经济 　　　　　C. 环保

6. 选无磷洗衣粉(B)

A. 保护衣物 　　　B. 防止污染 　　　C. 保护双手

7. 1972年联合国人类环境会议把(C)定为环境日

A. 4月5日 　　　　B. 5月5日 　　　　C. 6月5日

8. 生物圈一般是指包括(B)所形成生物系统的边界圈与大自然边界圈的相互关系、影响。

A. 人类、动物 　　B. 人类、动物、植物 　　C. 动物、植物

9. 一节 1 号电池能使 11 平方米的土地永远失去利用价值,一粒纽扣式电池可污染(C)

A. 1 立方米水　　　　B. 1000 立方米水　　　　C. 6 万立方米水

10. 当前人类社会面临六方面的严重环境问题之一是(B)

A. 生态环境恶化问题

B. 生态环境恶化与新资源开发带来的环境问题

C. 新资源开发的问题

## 专 家 点 评

一、从主题及其教育目标确定的角度而言,本节班会课能围绕主题,设置行为和情感多元目标,总体设计上比较合理,符合学生身心发展的特点,使学生能通过这样的教育活动认识环境保护的重要性。

二、形式生动多样。有朗诵,有交流,有议论,有游戏,有欣赏……内容很丰富。整个课堂开展得有声有色,既锻炼了学生的组织能力、写作能力、编演能力,展现了班级学生的青春和风采,又体现了班级德育工作的"三性、三寓"——"德育工作的思想性、知识性和趣味性","寓德育于教学之中、活动之中、管理之中"。

三、精心准备。班会活动的选题很重要,不在于活动多,关键在于结合实际体现主题,本节班会课班主任和同学们都进行了精心设计,选题切合实际,整个班会依照主题有序进行,一步一步地扣紧主题。班会课充分发挥学生的主体作用,以学生为中心,让学生现身表演,让学生在参与活动中体会到主题,而老师走到了幕后,这也充分体现了现代教育的理念:老师只是学生学习的一个"助手",学生才是自己成长的主人。

四、总结深刻。本节主题班会课,班主任能积极参与到活动中去,并能借助结束时的总结发言来深化教育效果。班主任的总结能结合实际,具有深度,言简意赅,并富有鼓舞性,让学生产生共鸣。